2018 年湖南省普通高等学校教学改革研究项目“小学课堂教学案例研究”阶段性成果（序号：417）
2019 年“湖南省民族地区基础教育发展研究基地”资助项目
高校初等教育专业人才培养与开放教育规划教材

小学课堂教学案例分析

主　编：刘艳芳
副主编：杨　华　石艳平　向　芬　徐桂荣　周露芳
编　委：王　芸　刘小娟　汪　鑫　朱志鹏　罗　啸
龙　琳　刘兰娥　龙晓飞　杨建湘　向　洁
沈　进　杨翠娥　彭继媛　周　昱　罗　勇
黄永正　杨冰滴　杨　竹　黄　蔚

西南交通大学出版社
·成都·

图书在版编目（CIP）数据

小学课堂教学案例分析 / 刘艳芳主编. —成都：
西南交通大学出版社，2020.1
高校初等教育专业人才培养与开放教育规划教材
ISBN 978-7-5643-7286-6

Ⅰ. ①小… Ⅱ. ①刘… Ⅲ. ①课堂教学－教案（教育
）－小学－高等学校－教材 Ⅳ. ①G622.421

中国版本图书馆 CIP 数据核字（2019）第 280324 号

高校初等教育专业人才培养与开放教育规划教材
Xiaoxue Ketang Jiaoxue Anli Fenxi
小学课堂教学案例分析

主　编 / 刘艳芳
责任编辑 / 武雅丽
特邀编辑 / 曾文付
封面设计 / 何东琳设计工作室

西南交通大学出版社出版发行
（四川省成都市金牛区二环路北一段 111 号西南交通大学创新大厦 21 楼　610031）
发行部电话：028-87600564　028-87600533
网址：http://www.xnjdcbs.com
印刷：成都蜀通印务有限责任公司

成品尺寸　185 mm × 260 mm
印张　18.75　　字数　470 千
版次　2020 年 1 月第 1 版　　印次　2020 年 1 月第 1 次

书号　ISBN 978-7-5643-7286-6
定价　49.00 元

课件咨询电话：028-81435775
图书如有印装质量问题　本社负责退换

目 录

第一章　绪　论

小学课堂教学案例分析，是小学课程与教学，小学课堂与案例的集中体现，融小学各学科课程标准、小学教师专业标准及小学各学科教材于一体。在案例教学研究对象和方法的基础上，把握案例教学的特点，遵从案例教学的历史演变，了解案例教学的价值意义，进而在高等师范学科教学论课堂教学中，提升学生对小学课堂的深入研究，通过分析各个案例教学，形成对小学课堂的教学理念、教学思路、教学目标、教学方法、教学过程、教学反思等实践操作性的认识，让学生的教学理论和教学实践得到明显提高。本书编写目的，一是搜集小学各学科课堂教学的典型案例；二是进行一定的小学课堂教学案例创编，并依据小学各学科课程标准及各学科教材（某种版本），针对两类案例进行深入解读和分析，从而构建一种基于案例学习的高师课堂教学样式。

第一节　案例教学简介

“案例教学”是指以案例背景材料为出发点，在教师的引导与组织下，在熟悉案例材料的基础上，调研并查阅相关资料，对案例材料所明示和隐含的问题进行思考、分析、讨论和交流，提高学习者发现问题、分析问题和解决问题的能力，加深对基本原理和概念的理解的个案教学，它是以案例为基础的开放式、互动式的新型教学方式。“案例教学”由美国哈佛法学院前院长克里斯托弗.哥伦布.朗代尔（C. C. Langdell）于 1870 年首创，后经哈佛企管研究所所长郑汉姆（W. B. Doham）推广，并从美国迅速传播到世界其他许多地方。

“案例教学法”是在“案例教学”的基础上形成的一种教学方法，又称“哈佛教学法”，它运用实践中的实际案例分析基本的概念和原则，从而将专业理论与专业实践恰当而有效地结合起来。“案例教学法”起源于 20 世纪 20 年代，由美国哈佛商学院所倡导，是一种以案例为基础的教学方法。1986 年美国卡内基小组提出《准备就绪的国家：二十一世纪的教师》的报告书中，特别推崇“案例教学法”在师资培育课程方面的价值，并将其视为一种相当有效的教学模式；而中国教育界则是在 1990 年以后才开始探究“案例教学法”。由此可见，“案例教学法”最早是指围绕一定培训目的，把实际中真实的情景加以典型化处理，形成供学员思考分析和决断的案例，它是通过独立研究和相互讨论的方式，来提高学员的分析问题和解决问题能力的一种方法。而课堂教学中的“案例教学法”就是通过把教学内容编成案例形式进行教学的一种教学方式。本书的小学课堂教学案例研究，则是针对小学各学科课程，精心挑选主题内容，用心收集编写典型案例，在案例教学中融进数字化教学实践，并提供典型案例教学学习指导。

第二节　研究对象

一、小学语文教学案例

小学语文教学案例是依据《小学语文课程标准》，针对人民教育出版社和语文出版社等出版的各版教材具体内容，在拼音教学、识字教学、阅读教学、口语交际、习作教学、综合实践教学等领域进行案例研究。

二、小学数学教学案例

小学数学教学案例是依据《小学数学课程标准》，针对人民教育出版社出版的教材具体内容，在数与代数、图形与几何、概率与统计、综合与实践等领域进行案例研究。

三、小学英语教学案例

小学英语教学案例是依据《小学英语课程标准》，针对湖南少年儿童出版社出版的教材具体内容，在语言技能教学、课言知识与文化意识、情感态度与学生策略等领域进行案例研究。

四、小学音体美教学案例

小学音体美教学案例是依据《小学音乐课程标准》《小学体育课程标准》以及《小学美术课程标准》，针对人民教育出版社出版的音体美教材具体内容，在音乐方面的音乐鉴赏、练唱教学、即兴创编、音乐与相关文化；在体育方面的运动参与、运动技能、身心健康与社会适应；在美术方面的造型-表现、设计-应用、欣赏-评述与综合-探索等领域进行案例研究。

五、小学道德与法治及科学教学案例

小学道德与法治及科学教学案例是依据《小学品德与生活（社会）课程标准》《小学科学课程标准》，针对科学教育出版社出版的教材具体内容，在小学品德与生活（社会）方面的儿童与自我、儿童与自然、儿童与社会；在小学科学方面的物质科学、生命科学领域、地球与宇宙科学、技术与工程等领域进行案例研究。

六、小学其他学科教学案例

小学其他学科教学案例依据《中小学信息技术课程指导纲要》《中小学心理健康教育

指导纲要》，针对湖南教育出版社和北京师范大学出版社教材的具体内容，在小学信息技术方面的信息技术简介、操作系统简单介绍、用计算机画画、网络的简单应用、用计算机制作多媒体作品以及 LOGO 绘图；在小学心理健康教育的行为习惯主题和心理健康主题等领域进行案例研究。

第三节　研究方法

案例研究发展至今，已经不仅仅是一种研究工具，更是一种重要的研究思路与方法。案例教学研究是一种行之有效的研究方法，它可以获得其他研究手段所不能获得的数据、经验知识，并以此为基础来分析不同变量之间的逻辑关系，进而检验和发展已有的理论体系。同时，案例研究作为一种教学方法，它有助于提高学生的判断力、沟通能力、独立分析能力和创造性解决问题的能力，其具体的研究方法主要有以下五种。

一、探索性案例研究方法

探索性案例研究往往会超越已有的理论体系，运用新的视角、假设、观点和方法来解析社会教育现象。

二、描述性案例研究方法

在已有理论框架下，当研究者希望对教育实践活动做出详尽的描述时，可以采用描述性案例研究方法。

三、解释性案例研究方法

运用已有的理论假设来理解和解释现实中教育实践活动的研究方法。

四、例证型案例研究方法

当研究者希望阐述教育实践活动的新趋势时，可以采用例证型案例研究方法。

五、实验型案例研究方法

当研究者希望检验教育活动中的新实践、新流程、新技术的执行情况并评价其效益时，可以采用实验型案例研究方法。

第四节 案例教学特点

一、客观真实性

所谓“案例”，就是为了一定的教学目标，围绕选定的一个或几个问题，以事实为素材而编写的对某一实际情境的客观描述。其中的事实、实际情境、客观描述等都体现了真实性的原则，案例教学取材于工作学习生活中的实际，而不是凭个人的想象力和创造力杜撰出教育事例，编写者仅仅原原本本地描述事实发生的情节和过程。

二、典型代表性

案例是为教学目标服务的，因此它应该具有代表性，代表着某一类事物或现象的本质属性，且必须与所对应的教学内容有直接的联系。这种案例一定是经过深入调查研究，来源于实践，绝不可由教师主观臆测，虚构而作，所以教师一定要亲身经历、深入实践、采集真实案例，才能让学生从案例中获得知识、启迪智慧、训练能力。

三、综合分析性

案例教学中的案例较之一般的举例内涵丰富，案例的分析和解决过程也较为复杂，需要学生综合运用各种知识和灵活的技巧来应对不同的案例问题。而案例的分析有助于对现实中某一复杂和具体的问题进行深入和全面的考察，通过案例分析，帮助学生建立新的理论，或是对现存理论进行检验、发展或修改，进而找到解决问题的方法。

四、实践操作性

在案例教学中，它没有直接简单地告诉学生真实的课堂是什么，而是让学生在案例教学中去体验各学科教学的规律，让学生运用已有的知识，通过自己的分析、思考，得出自己的判断，做出自己的决策，实现从理论到实践的转化，从而使学生在课堂上就能学到实践有效的教学经验，进而弥补实践的不足和实际运用能力匮乏的缺陷。

五、学生主体性

在案例教学中，学生是主体。教师的职责是精心选择、编写案例，并指导课堂讨论；学生在教师的指导下，积极参与讨论，独立自主地深入案例分析，在案例所描述的情境中，充分体验案例。

六、结果多元性

案例教学的答案或结论，往往不是固定唯一的，而是具有多元性，它不刻意去寻找唯一的答案。学生虽然了解的是同样的情境与信息，但对同一问题，每个人都会有不同的见解和不同的解决方法。在同一情况下，教师通过引导学生讨论，从多个答案中得出一个大家公认的最佳答案。案例教学主要培养学生在一定的情境和条件下分析问题、思考问题和解决问题的能力。

第五节　案例教学研究的历史演变

一、启蒙时期的案例教学

（一）中国：最早进行案例传播的国家之一

早在春秋战国时期，诸子百家就大量采用民间故事来阐发事物的内在规律。这些民间故事如“龟兔赛跑”“守株待兔”等，就是最早的案例故事，这些案例故事可以揭示一些道理。另外，中国的史书如《春秋》《战国策》《史记》《资治通鉴》等，都以一事一议，以事论理的案例形式，记载各代较有影响的人物和事件，使读者得到借鉴和启发。而《黄帝内经》《本草纲目》等医学著作，书中都使用了大量的案例，读者可以根据一个个案例，了解病症，对症下药。[①]

（二）西方：苏格拉底开案例教学之先河

案例教学的启蒙，可以追溯到两千年前的古希腊时代，古希腊哲学家、教育家苏格拉底创造的“问答法”教学就是案例教学的雏形，从而开创案例教学之先河。[②]

二、19 世纪的案例教学

（一）哈佛法学院：率先进行案例教学的尝试

19 世纪后期，“苏格拉底方法”被时任哈佛法学院院长的克里斯托弗·歌伦姆布斯·朗德尔引入哈佛大学的法学教育中。1870 年，其创立了案例教学法，被誉为“案例教学法”的先驱者[③]。朗德尔的教学思路受当时盛行的经验主义的影响，他认为“律师能像科学家

---

① 杨光富，张宏菊：《案例教学：从哈佛走向世界——案例教学发展历史研究》，《外国中小学教育》，2008 年第 6 期。

② 杨光富，张宏菊：《案例教学：从哈佛走向世界——案例教学发展历史研究》，《外国中小学教育》2008 年第 6 期。

③ David A.Garvin, Making the Case: Prossional education for the world of practice[J]. Harvard Magazine, 2003(9-10): 58.

一样，依靠对某种原则或原理内核的深入认知来开展工作。这种认知最好通过对法院判决的案件教学学习，得以最好的发展。”[①]朗德尔所提倡的案例教学法是在课堂上让学生充分地参与讨论，特别重视对案例的阅读，非常重视图书馆在案例教学中的作用。朗德尔1895年不再担任院长职务时，案例教学法已经在哈佛及其他六所大学牢固地建立，朗德尔的学生们也不断地广泛传播这种方法。[②]

三、20世纪的案例教学

（一）哈佛医学院：成功地引进案例教学

在朗德尔在哈佛大学法学院大力推行案例教学法的同时，哈佛医学院也引入了案例教学法教学模式，对当时传统的医学教学进行改革[③]。

1910年，美国著名教育批评家和改革者亚伯拉罕·弗兰克斯纳发表了《弗兰克斯纳报告》，在报告中，他向美国医学院协会提出有关医学教学方案的建议：“在四年制的医学教育，前两年以学习医学化学、解剖学、药理学等基础医学及理论课程为主，大部分教学应在教室里进行，以老师授课的方式进行。而后两年以临床医学教育为主，必须在医院面对病人进行，学生要学会如何写病历，如何进行身体检查以及如何诊断等。”[④]由此确立了医科训练的严格标准，医学院开始使用临床医学模式的案例教学法。所以，“促使美国医学院改革是弗兰克斯纳一生对美国高等教育的主要成就之一”。[⑤]

哈佛医学院的案例教学分为临床实践和临床病理学会议两种形式。临床实践让学生在临床医生指导下进行检查、诊断、记录，这种临床实践的场合成为学生进行观察和探究的场合，成为医学院学生研究病历的场合；而临床病理学会议也就是将医生对病历的详细记录，交由病理学专家、临床医生、教学人员和医学院学生共同参与研究，进而进行全面系统的分析，让学生获得相关的经验。丰富的病历使案例教学法超越了临床教学实践的局限性，病历案例的成功运用，使得案例教学在医学院大量运用成为可能。[⑥]

（二）哈佛商学院：案例教学最终的确定和推广者

1921年，哈佛商学院正式推行案例教学，在哈佛法学院和哈佛医学院的基础上，进

---

① Christopher Columbus langdell, A Selection of cases on the Law of Contracts, Boston[M]. little, Brown, 1871: vi.

② 杨光富，张宏菊：《案例教学：从哈佛走向世界——案例教学发展历史研究》，《外国中小学教育》2008年第6期。

③ 杨光富，张宏菊：《案例教学：从哈佛走向世界——案例教学发展历史研究》，《外国中小学教育》2008年第6期。

④ David A.Garvin, Making the Case: Prossional education for the world of practice[J]. Harvard Magazine, 2003(9-10): 63.

⑤ 许晨：《立足现代 追求卓越——弗莱克斯纳的现代大学理念与普林斯顿高等研究院的建立》清华大学教育研究，2005版第79页。

⑥ 杨光富，张宏菊：《案例教学：从哈佛走向世界——案例教学发展历史研究》，《外国中小学教育》2008年第6期。

行案例教学的推广，并把商学院的教学法“问题法”正式定名为“案例法”。1954 年，哈佛商学院编写出版了《哈佛商学院的案例教学法》，建立了“校际案例交流中心”，并开展客座教授案例法项目，从而使案例教学真正从哈佛大学走向世界，案例教学最后得以确定和推广。①

第六节 案例教学研究的价值和意义

案例教学是围绕具体的典型案例，基于数字化教学理念，在教师的精心策划和指导下，通过学生的独立思考或集体协作，研究典型案例的教学实践，训练学生课堂教学的核心素养，灵活运用各教学模式及教学方法，从而构建典型案例、教材课本、课堂情境三位一体的教学过程体系，其价值和意义不可小视。

一、案例教学有利于深化课堂教学改革

课堂教学改革是一项长期而艰巨的工程，其终极目标直指学生学习效果的达成。而案例教学十分重视学生的主体性、主动性和积极性的发挥。在教学过程中，学生是课堂活动中的主角，教师的角色是指导者和推动者。教师启发学生通过典型案例的分析推导，运用教学理论知识解决教学实践问题。这种教学将教学方法理论与实践相结合，与教育教学规律一致，符合深化课堂教学改革的要求。

二、案例教学有利于培养综合教学技能

学生综合教学技能是学生基本核心素养的集中体现，是阅读与表达、思维与逻辑、艺术与审美、品德与修养等能力的完整呈现。而小学课堂教学案例集小学各课程标准于一体，融通于小学教师专业标准里，是小学教育教学中书写技能、表达技能、课堂教学技能、绘画技能、课件制作技能等多种技能的综合体现，它加速了学生由知识向综合技能的转化。联合国教科文组织曾对课堂讲授、案例研究、研讨会等九种教学方法进行研究，分别就知识传授、分析力培养、态度转变、提高人际技巧、接受度和知识保留力六个方面对各国专家做了广泛调查，结果发现案例研究的教学方法综合效果名列第一。

三、案例教学有利于促进学生学会学习

小学教师专业标准倡导终身学习的理念，学会学习是终身学习的基础。在案例教学中，教师除了必要的引导和典型案例的操作示范外，主要是让学生独立研读典型案例、查找资料，依据典型案例的学习提出个人见解，然后进行小组讨论。在案例的多轮反复训练操作之后，学生学会自主学习的方法，使学会学习成为现实，学生的学习力得到极大提升。

---

① 杨光富，张宏菊：《案例教学：从哈佛走向世界——案例教学发展历史研究》，《外国中小学教育》2008 年第 6 期第 4-5 页。

四、案例教学有利于提高教师业务教学水平

与传统教学方法相比，案例教学法对教师的要求更高，一方面教师要结合典型案例对学生进行有效的引导，另一方面典型案例实施过程中，教师要依据课堂情境和教材课本与案例教学进行渗透和融合。教师要激励学生参与案例教学的活动过程，启发学生创新性思维，并写出对典型案例的分析报告。所以，教师不仅要对相关专业理论知识有很深的造诣，而且还要对相关学科的知识有广泛的涉猎，这样才能在案例教学过程中因材施教培养学生的教学潜力。

五、案例教学有利于更精准地使用教材课本

案例教学是典型案例、教材课本、课堂情境三位一体的教学过程。课堂教学的对象是学生，教学的载体是教材，教学的灵魂是教师。案例教学，让教师成为导演，让学生成为“演员”，而让教材变成真正讨论的焦点，所以找准教材的原始点、案例的生发点，才能实现教材与案例的有机结合，完成由学生到先生的蜕变。

六、构建一种基于案例学习的高师课堂教学新样式

小学课堂教学案例研究，是针对小学课堂不同学科的教学案例，对其主题来源、案例来源、案例教学模式、案例教学方法等进行案例简析，分析解读不同的教学案例所要呈现的逻辑层次。为高师学科教学论课程提供有力的案例支撑，从而构建一种基于案例学习的高师课堂教学新样式。

综上所述，运用案例教学有助于激发学生学习兴趣，发挥学生作为教学主体的主观能动性，理论与实践相结合，培养学生的实际操作能力，并发挥教师在教学过程中的主导作用，达到理想的教学效果，在案例教学中学生的主体性和教师的主导性达到了高度的一致。但案例教学也存在一定的局限性，主要体现在：一是难以对发现（结论）进行归纳。案例研究的归纳不是统计性的归纳而是分析性的归纳，具有一定随意性及主观性。二是技术上的局限和研究者的偏见。案例教学研究没有一种标准化的数据分析方法，证据的提出和数据的解释带有可选择性。三是大量的时间和人力耗费。从研究者的角度来看，密集的劳动力和大量的时间耗费，是案例研究中一个非常重要的现实问题。

第七节　“小学课堂教学案例研究”教材使用说明

一、教材简介及教材特色说明

（一）教材简介

小学课堂教学案例研究，是针对小学各学科课程教学实际、课堂教学前沿，收集或编

写真实可信、富有启发性的经典数字化教学案例，通过学生自主学习、自我发现，研读小学各学科教学案例中的课程性质及课程标准、教学目标及教学重难点、教学模式及教学方法、教学流程及板书设计等，构建一种基于案例学习的高师课堂教学新样式。

（二）教材特色

一是教学案例与数字化有机结合。小学课堂教学案例采用数字化的呈现方式，在各个主体案例文本中，都辅以数字化的教学视频、教学音频、教学指导、教材内容扫描等，学生通过手机终端扫二维码进入相关数字化内容的学习，简单方便快捷，学习效率大大提升。二是课程标准与教学案例内容深度融合。在收集或编写数字化教学案例中，小学各学科的课程标准是教学案例内容中的教学目标、教学理念设计、学情分析、教学思路设计、教学模式和教学方法等的主要来源，而教学案例内容中的教学流程和板书设计等必定也是课程标准内容的具体体现。三是高师课堂与小学课堂有效对接。小学课堂教学案例研究是在高师课堂开设的一门教法案例研读课，使所有在校高等师范学院各专业学生受益，而其案例的研读则是针对小学课堂中的各学科教学，因此，高师课堂与小学课堂自然形成了一种很好的对接态势。四是学生主体性学习与教师点拨式教学相互统一。小学课堂数字化经典案例教学的学习方式是以学生研读为主，在数字化教学思维的引导下，学生通过扫描二维码进入相关教辅材料，再对照文本案例内容进行自主学习、自我发现、自我思考，教师最后答疑解惑、点拨重点难点，教师的主导作用与学生的主体学习浑然一体。

二、教材使用对象及范围说明

（一）使用对象

所有在校高等师范学院各专业学生。

（二）实施范围

高等师范学院所有各专业教师、在校学生以及小学教师。

（三）教材使用方法及手段说明

首先，依据《小学课堂教学案例研究》教材目录，查找小学课堂教学所在学科的课程标准及案例。

其次，根据小学各学科课程标准，对小学各学科教学案例中的教学目标及教学流程等各环节进行具体的研读，关注其主题来源、案例来源、案例教学模式、案例教学方法以及案例简析等要素。

再次，用手机扫描教材中的相关二维码，进入小学各学科课文内容、视频播放、操作步骤、声频视听等有针对性的教辅材料信息链接，辅助其更完善地进行小学课堂教学案例分析解读。

最后，由研读者撰写一份3000字以内的“小学课堂教学案例研究”具体学科的某一个案例研读分析报告（例：《×××小学课堂教学案例分析报告》），主要包括案例背景、案例涉及的主要教育教学问题、案例中的主要教育教学理论及方法、案例教育教学问题解决方案、案例分析总结等。

三、教材使用数字化思路说明

第一，随着现代网络技术不断发展和完善，教育正走向信息化和现代化，远程教学平台为网上案例教学提供了技术保障。网上案例教学不受时空限制；不受班级学生人数限制，学生参与程度高；学生摆脱一些不必要的思想束缚，充分发挥他们的想象力和创造力，充分表达自己的想法，学习兴趣高；师生间、学生间互动性好；利用网络平台可实现案例库资源共享。

第二，小学课堂教学案例分析，主要借助数字化教学思路，提供数字化的教学案例新模式，并通过二维码的设置，让学生在手机终端自行扫码进入小学各学科课文内容、视频播放、操作步骤、声频视听等有针对性的教辅材料信息链接，教师也可选择类似于在“微助教系统”上进行“小学课堂教学案例分析”教学。微助教系统是由华中师范大学心理学院教师田媛和华中科技大学专业团队在2016年3月推出的一款课堂互动型应用工具，它强调的是操作简便、方便实用、有趣味性的过程性评价和教学。微助教系统能够为教师带来“控制感”，给学生带来“参与感”，给教育管理者带来“安全感”。

第三，“微助教系统”上进行“小学课堂教学案例分析”教学实施步骤：一是案例的选择和发布。选择案例通常要遵循以下原则：典型性、启发性、目的性、实践性。教师在相关课程主页的教学辅导栏目上发布案例，包括案例文本、附思考题、相关背景资料和难点提示等，供同学们阅读、下载。二是案例网上讨论。学生网上学习的时间往往是不同步的，一个案例教学任务难以在一个课时内完成，结合这种现实情况可以限定一段讨论时间（一周），在案例讨论区学生通过发帖或留言的方式发表自己的见解或提出问题，展开非实时讨论，课程辅导教师每天上网浏览讨论内容，回答学生提出的问题，并对学生的见解及时给予评价。同时，学生之间也可以在论坛或QQ群互相讨论。三是撰写案例分析报告。讨论结束后，各小组学生将思路梳理清楚，将小组讨论结果形成分析报告。由组长发送给课程辅导老师，案例报告也是评估学生学习成绩的重要参考依据。四是学习评价。老师根据学生的网上学习时间、参与讨论的次数、与其他同学的协作讨论情况、师生互动及案例分析报告等综合情况给予每个学生评价，进行成绩评定。

四、案例收集编写及案例分析指导说明

（一）案例收集

教学案例的收集取样需要依据小学课堂的不同学科进行，分为小学语文教学案例、小学数学教学案例、小学英语教学案例、小学音体美教学案例、小学道德与法制及科学教学

案例及其他学科小学课堂教学案例。

（二）案例编写

小学课堂教学案例的编写,则主要针对小学各学科的课程标准,围绕各模块学习主题,选取一两个案例，用不同的教学模式和教学方法进行编写。

（三）案例分析指导

首先，对小学课堂教学案例进行分析解读。小学课堂不同学科的教学案例，需要对其主题来源、案例来源、案例教学模式、案例教学方法等进行案例简析，分析解读不同的教学案例所要呈现的逻辑层次。其次，对小学课堂教学案例的价值进行评价。小学课堂教学案例，有利于把理论教学和实践教学衔接起来；有利于教师之间的沟通和交流，实现教学资源共享；有利于增强学生的综合能力，帮助学生更直观形象地进行学习。

第二章　小学语文教学案例

第一节　识字教学

教学内容提示：

（一）热爱汉字

（二）基本笔画、笔顺、偏旁部首、字的间架结构

（三）构字法

（四）独立识字能力

（五）良好的识字、写字习惯

一、模块主题内容

二、模块课标要求

1. 喜欢学习汉字，有主动识字、写字的愿望。（第一学段“识字与写字”1）

2. 认识常用汉字 1 600 个左右，其中 800 个左右会写。（第一学段“识字与写字”2）

3. 掌握汉字的基本笔画和常用的偏旁部首，能按笔顺规则用硬笔写字，注意间架结构。初步感受汉字的形体美。（第一学段“识字与写字”3）

4. 努力养成良好的写字习惯，写字姿势正确，书写规范、端正、整洁。（第一学段“识字与写字”4）

5. 学习独立识字。能运用部首检字法查字典。（第一学段“识字与写字”6）

6. 对学习汉字有浓厚的兴趣，养成主动识字的习惯。（第二学段“识字与写字”1）

7. 累计认识常用汉字 2 500 个左右，其中 1 800 个左右会写。（第二学段“识字与写字”2）

8. 有初步的独立识字能力。会运用音序检字法和部首检字法查字典、词典。（第二学段“识字与写字”3）

9. 能使用硬笔熟练地书写正楷字，做到规范、端正、整洁。用毛笔临摹正楷字帖。（有条件的地方，可学习使用键盘输入汉字）（第二学段“识字与写字”4）

10. 有较强的独立识字能力。累计认识常用汉字 3 000 个左右，其中 2 500 个左右会写。（第三学段“识字与写字”1）

11. 硬笔书写楷书，行款整齐，有一定的速度。（第三学段“识字与写字”2）

12. 能用毛笔书写楷书，在书写中体会汉字的优美。（第三学段“识字与写字”3）

三、模块训练点

1. 掌握汉字的音、形、义。
2. 汉字的基本笔画、笔顺、偏旁部首、间架结构。
3. 正确的书写姿势、书写习惯培养。
4. 掌握汉字基本的构字法（象形字、会意字、指事字、形声字等）。
5. 多认少写，识写分流，累计认识常用汉字 3 000 个左右，其中 2 500 个会写。
6. 强调独立识字能力培养。
7. 部首检字法查字典、词典。
8. 硬笔、毛笔书写楷书。

四、模块教学案例简析

● **案例一**

案例 1～4

《小书包》①识字教学设计

执教人：黄雯雯

（一）教材简析

《小书包》是小学语文部编版教材一年级上册第五单元识字 8 的内容，由 6 个词语和一首轻快、活泼的儿歌组成，儿歌节奏明快、浅显易懂，不仅展示了“小书包”里的各种文具，还告诉学生这些学习用品是他们读书写字的好伙伴，从而引导学生要好好爱护它们，养成整理、爱惜文具的好习惯。

（二）学情分析

一年级的学生有意注意时间短，抽象思维能力弱，在集中学习较多汉字的时候容易混淆、遗忘。因此，在教学过程中要注意生字教学方法的多变，且尽量兼顾形、义结合的字理教学以吸引学生的注意力，提高他们的学习积极性。同时，小学阶段是学生行为习惯养成的最佳时期，在教学时要注意培养他们爱护、整理文具的好习惯。

（三）教学目标

知识与能力：

1. 正确、流利地朗读课文。
2. 认识“书、包”等 11 个生字；会写“早、书”等 5 个字。
3. 学习“包字头”“单人旁”“竹字头”3 个偏旁。

---

① 小学《语文》部编版一年级上册，人民教育出版社，第五单元识字 8，第 70-71 页。

过程与方法：通过自主探究，学会用多种方法识记生字。

情感态度与价值观：养成爱护、整理文具的好习惯。

（四）教学重点

通过多种方法识记生字；掌握学习用品的名称。

（五）教学难点

养成爱护、整理文具的好习惯。

（六）教学方法

朗读法、直观演示法、字理教学法、联系法。

（七）教学过程

1. 猜谜导入，学习“书包”。

（1）“猜一猜”：老师展示谜语让学生猜，引出“书包”，学生齐读课题“小书包”。

（2）学习“书”字。

① 出示带有拼音的生字卡片“书”，让学生拼读后提问：你有什么好方法记住它，根据学生回答板书识字方法：组词、想象。

② 老师介绍“编儿歌”的方法：让学生观察“书”的字形和阶梯的关系后出示儿歌：“书是小阶梯，一竖到顶点。”让全班齐读，接着老师带领学生做动作读儿歌。

③ 书写“书”字：教师在黑板上的田字格中示范书写，学生观察，思考写的时候要注意什么，再在课本上描摹并书写“书”字，最后展示学生书写，请其他学生当小评委评价写得怎么样。

（3）学习“包”字。

① 引导学生拼读“包”字，相机介绍“包字头”。

② 提问学生在哪里见过这个字，引导学生在生活中记住“包”字。

2. 课文学习，掌握字词。

（1）提问学生书包里都有些什么东西，根据学生回答出示相应的生字词卡片：课本、笔袋、橡皮、尺子、作业本、铅笔、转笔刀并依次学习。

① 学习“课本”：让学生尝试根据拼音拼读“课本”，介绍“课”是言字旁，与说话有关，引导学生上课要积极回答问题；再去掉拼音读，以多种形式读：个别读、全班读、开火车读、男女合作读。

② 学习“笔袋”：先拼读后去掉拼音读，个别读和全班读。

③ 学习“橡皮”：拼读后去掉拼音读，个别读。

④ 学习“尺子”：介绍它的作用，用ppt展示“尺”字的发展演变，了解字源。

⑤ 学习“作业本”：相机介绍单人旁。

⑥ 学习“铅笔”：实物教学，教师展示毛笔，“竹子+毛”组成“笔”，介绍竹字头和笔字的来源。提问学生生活中还知道哪些笔，展示各种笔的图片并让学生朗读。

⑦ 学习“转笔刀”：个别读、全班读。

3. 朗读儿歌，深入学习。

（1）初步学习儿歌。

① 学生齐读、教师示范带动作读、学生配乐带动作读课文中的儿歌。

② 老师展示与课文相关的儿歌，让学生尝试拼读、全班读、个别读。

（2）学习爱护文具。

① 老师播放“鲁迅看书”的视频，引导学生向鲁迅学习，养成爱护文具的好习惯

（3）深入学习儿歌。

① 学习“早”字：学生拼读后老师介绍含义并让学生思考早上来到学校我们能做什么，了解文具“天天起得早，陪我去学校”。

② 互动游戏：老师出示两幅带儿歌的图片，让学生找出“校”字在哪儿，接着朗读图片中的儿歌：齐读、拍手读、个别读、男女合作读。

4. 推荐阅读，拓展延伸。

老师推荐学生课后阅读《小蜡笔头儿》

（八）板书设计

小书包

课本　笔袋　橡皮

尺子　作业本　铅笔　转笔刀

识字方法：组词、想象、编儿歌、联系生活

● **主题来源：**

选自人民教育出版社小学语文部编版一年级上册语文识字 8。

● **案例来源：**

本案例由济南市制锦市街小学黄雯雯教师设计并执教。

● **案例教学模式：**

活动教学模式。

● **案例教学方法：**

朗读法、直观演示法、字理教学法、联系法。

● **案例简析：**

本案例《小书包》是“识字写字”模块中的主题内容，体现了课标第一学段“识字与写字”中“1. 喜欢学习汉字、有主动识字、写字的愿望。”“4. 写字姿势要正确，字要写得规范、端正、整洁，努力养成良好的写字习惯。”“6. 学习独立识字。能借助汉语拼音认读汉字，学会用音序检字法和部首检字法查字典”①的要求。通过朗读法、游戏法等多种教学方法的使用，让学生在轻松愉悦的氛围里识记生字、学习课文。

本案例教学以学生为中心，紧密联系学生生活，结合一年级学生的身心发展特点和知识能力水平，组织教学，激发学习兴趣。特别重视识字方法的掌握和良好习惯的养成，通过学生分享自己的识字方法和多种形式的朗读等活动调动学生学习积极性，让学生主动参与学习。

首先，通过猜谜导入，揭示课题，激发学生学习积极性。学习“书包”时让学生分享自己的识字方法，再拓展其他的识字方法，培养学生独立识字的能力；在书写时先让学生观察思考需要注意什么，再书写，充分体现学生的主体性，同时提醒学生写字姿势，养成良好的写字习惯。其次，在儿歌学习时，按内容分层教学，环环推进，通过想象说话、游

---

① 中华人民共和国教育部：《义务教育语文课程标准》，北京师范大学出版社，2011 版第 7-8 页。

戏的方式了解儿歌内容；通过多种形式的朗读，使学生积累词汇，培养语感；适时穿插识字教学，特别注重方法的多样，并拓展字理知识，这样有利于学生深入了解字源，降低识记难度；通过观看视频引导学生养成爱护、整理文具的习惯。最后，推荐课外阅读，将课内学习延伸至课外，既紧扣本课“爱护文具”这一主题，又有效推进学生整本书阅读（课标要求小学低学段课外阅读量不少于5万字）。

● **案例二**

案例 1～4

《认字认半边行吗》教学设计①

执教人：龙琳

（一）教材分析

《认字认半边行吗》选自语文S版二年级下册识字三。本文是介绍识字方法的文章，讲的是一位叫路路的小朋友用自己“认字认半边”的小窍门去学新字，闹出笑话的事，告诉学生有的字和它的声旁读音一样，而有的字却不行，所以遇到生字，要查字典。

全文分为三个部分。第一部分（第1自然段）讲路路发现了有些字与它的偏旁读音一样，自认为找到了认字的小窍门。第二部分（第2自然段）讲路路用认字认半边的方法读海报，闹出笑话。第三部分（第3～5自然段）讲路路对有的字可以读半边，有的字却不能读半边感到疑惑不解，爸爸告诉他其中的原因，使路路明白了遇到生字要查字典的道理。

课文还配了3幅图，分别与课文的三个部分相对应，增强了阅读的趣味性，便于学生学习理解内容，加深印象。

课后编排了两道练习题。第1题是加偏旁认字练习。第2题是写字练习。

（二）学情分析

二年级的学生已经有了一定的识字基础，识字能力也大大提高了。我们知道，学生有效知识的获得来自积极融入参与课堂实践。本课规律并不难发现与总结，而学生参与度高，求知欲强，可以采用学生自主探究，教师辅助引导的方式。

（三）教学目标

1. 在识字过程中发现规律，科学识字，提高独立识字能力，养成良好识字习惯。

2. 认识查字典的重要性，增强识字、写字兴趣。

（四）教学重难点

重点：灵活运用认字认半边的识字方法。

难点：用查字典的方法区别认识形近字。

（五）教学准备

PPT课件、字典。

（六）教学方法

自主探究、谈话式、小组合作等。

（七）教学流程

1. 名字示例探究，情趣导入。

---

① 小学《语文》S版教材二年级下册识字三，第104-106页。

老师自我介绍——巧妙利用自己名字龙琳的“琳”字作为特殊字，引导学生回忆认字认半边的识字方法。像“琳”这样的由形旁和声旁组成的字称之为形声字。

板书部分课题：认字认半边

（设计意图：打开识字课堂大门，为学生学习搭建识字桥梁，发现识字可以识半边）

2. 探寻认字规律，讲授新课。

（1）认字认半边——可能一：

自由朗读第一自然段，找出可以认半边的字。要求读通句子，读准字音。

PPT 出示“半”与“正”两大字族部分字。

“半”字家族

半　　伴　　拌　　绊

“正”字家族

正　　证　　政　　症

归纳总结：长得像的叫形近字，读音一样的叫同音字。

补充课题，在原有基础上加“行”字。

（2）认字认半边——可能二：

① PPT 出示比较“包”字与“长”字家族

“长”字家族

长　　张　　帐　　胀　　账

“包”字家族

包　　饱　　抱　　胞　　苞　　跑　　泡　　炮

② 齐读，发现不全是同音字。

引导总结：这些字是形近字，但不全是同音字，有的声母不同，有的韵母不同，还有的声调不同。

（设计意图：自主探究的方式，培养锻炼学生独立识字能力，为后续学习埋下伏笔）

③ 图文结合，理解词意。

朗读第二自然段，看看路路闹了什么笑话。

“干涸的湖泊”，暗示不认识的字查字典读拼音，练习读准字音。

出示图片，理解“涸”字意思。

（设计意图：层层推进，让学生留下深刻的印象）

④ 再读文本，得出结论

阅读第三到第五自然段，画出爸爸说的话，并且读一读。

引导总结：认字认半边行吗 ——→ 不一定。

举例“干涸的湖泊”中的“泊”字，如果认半边“泊”字读“白”，然而古时候“白”字有两种读音 bái 和 bó。所以不认识的字要查字典。

（设计意图：实际验证认字认半边不一定行，同时总结了方法，遇到不认识的字就用部首查字法查字典）

3. 名字示例迁移，课内拓展。

① 出示“龙”字家族部分字

龙　　笼　　垄　　袭　　龚

② 分小组查字典认识生字

③ 请代表回答。

（设计意图：不认识的字不去乱猜，小组合作，将查字典这一方法落实至实处，实现工具性与人文性的统一）

4. 灵活识字方法，复习总结。

养成正确识字、良好写字习惯，规范写字。能够开开心心识字，端端正正写字。

（设计意图：依据第一学段课标要求，识字写字不分家，识字写字一把抓）

5. 板书设计

认字认半边行吗

不一定———→ 查字典

● **主题来源：**

选自语文 S 版二年级下册“识字三”。

● **案例来源：**

本案例由龙琳教师创编并执教。

● **案例教学模式：**

启发探究式。

● **案例教学方法：**

讨论法、探究法、谈话法。

● **案例简析：**

本案例是“识字写字”模块中的主题内容，体现了第一学段“识字与写字”第 1 条“喜欢学习汉字，有主动识字的愿望”及第 6 条“学习独立识字。能运用部首检字法查字典”[①]的要求。通过讨论法、谈话法、小组合作探究法等多种教学方法的使用，让学生明白形声字的特点及学习的方法。本课时设计的亮点在于能巧用资源，精心设计。龙老师以自己名字“琳”导入课题，巧妙而贴切地切入本课内容的学习，激发学生学习的兴趣、探究的欲望。最后又以自己的姓氏“龙”作为课堂学习的拓展与收束，首尾呼应，浑然一体，既做到巩固认知又兼顾迁移能力，从而总结本课主题“认字认半边不一定行，不认识的字要查字典”。另外，在内容处理上，环环相扣，层层推进，借助实例引导学生一步步深入理解探究形声字的特点，进而学会独立识字的方法。

● **案例三**

案例 1～4

《汉字真有趣》[②]教学设计

执教人：龙雪琴

（一）教材分析

《汉字真有趣》是 S 版语文教材一年级下册语文百花园六“书海畅游”的第一部分，本课内容安排是在低段学习独体字到简单的合体字的基础上，对已有识字方法进行综合运

① 中华人民共和国教育部：《义务教育语文课程标准》，北京师范大学出版社，2011 版第 7-8 页。

② 小学《语文》S 版教材一年级下册语文百花园六“书海畅游”第一部分，第 98 页。

用练习。

（二）学情分析

一年级孩子求知欲强，喜爱游戏，模仿力强，想象丰富，但语言组织及表达能力不强。

（三）教学目标

1. 通过观察比较，学会用独体字加偏旁的识字方法提高识字能力：指导正确书写“左窄右宽”的合体字，培养良好的写字习惯。

2. 运用由独体字加偏旁的方法认字并进行巩固练习。

3. 感受汉字的文化美，形态美，激发学生主动认识汉字的兴趣。

（四）教学重点

学会用独体字加偏旁的认字方法，提高识字能力，培养写字、认字的良好学习习惯。

（五）教学难点

掌握识字方法，增强独立识字能力。

（六）教学过程

1. 观看舌字演变，激发兴趣。

教师利用 PPT 展示舌字从甲骨文到如今汉字的演变，激发学生兴趣，对舌字加偏旁的字用转转盘的游戏呈现，活跃课堂气氛，激起学生求知欲。

师：舌字还会变。看它还能变成什么字呢？

2. 小组交流字词，创编儿歌。

（1）转动转盘，出现新字，让学生创编儿歌，以记住新字。

师：谁能组个词？有什么办法能记住它呢？

生创编儿歌。

（2）师记下学生创编的儿歌，PPT 汇总展示。

（3）学习“丁”字加偏旁组成新字。

① 师：这个舌字，加上不同的偏旁，就能变成那么多的新字来，那么谁来帮帮这个丁字（出示纸片“丁”），也来加上偏旁，组成新字。

教师让组长拿出盒子里的丁字和偏旁分小组摆一摆。

② 小组展示，继续用编儿歌的方法记住新字。

③ 师：除了丁字，还有哪些像这类字的？学生发散思维，自由想象。

④ 同样编儿歌，师指导学生组织语言。

3. 探讨书写规律，指导写字。

注重汉字的书写知识及习惯培养。

（1）师：加上偏旁，变成新字，它的写法和独体字不一样。请你看这里（PPT 显示目、盯）这两个田字格里的目字有什么不一样？

（生发现“左窄右宽”的规律）

（2）师强调写字姿势的规范性。

（生复习写字时的“三个一”）

（3）学生在田字格中书写汉字，师利用 PPT 拍下学生作品，现场呈现学生作品，便于指导纠正。

● **主题来源：**

小学语文 S 版教材一年级下册语文“百花园六”。

● **案例来源：**

本课例由吉首市谷韵实验小学龙雪琴教师设计并执教。

● **案例教学模式：**

自主探究教学模式。

● **案例教学方法：**

游戏激趣、点拨指导、自主发现、合作交流、创编儿歌。

● **案例简析：**

本案例是“识字写字”模块中的主题内容，体现了第一学段“识字与写字”第 3 条“掌握汉字的基本笔画和常用的偏旁部首，能按笔顺规则用硬笔写字，注意间架结构。初步感受汉字的形体美”及第 4 条“写字姿势要正确，字要写得规范、端正、整洁，努力养成良好的写字习惯”①的要求。通过讨论法、谈话法、小组合作探究法等多种教学方法的使用，让学生明白形声字的特点及学习的方法。龙老师恰当运用多媒体教学，巧妙引领学生做好“四部曲”：① 激发识字兴趣，激活学生思维，通过多媒体的动态演变、转转盘等一系列活动激发学生参与热情。② 教给识字方法，拓展运用迁移。龙老师利用直观的教学手段，注重引导学生自主探究识字方法，进而归纳，提高识字教学效率。在学习“识字加偏旁”时运用创编儿歌的学法识记新字，还注重学生思维发散与知识拓展，如“还有哪些字像这样加不同偏旁能组成新字？”学习生字和复习旧知巧妙地结合，并由课堂拓展到课外，让学生能在生活中自主识字。③ 培养写字习惯，掌握写字要领。在写字教学过程中，通过观察让学生掌握左右结构的字“左窄右宽”的特点，掌握结构，才能书写正确，体会汉字的形体美，并通过在田字格中模仿书写来巩固练习。龙老师还注重写字姿势规范性，培养孩子良好的学习习惯。④ 及时反馈书写情况，并进行指导和评价。龙老师充分利用现代媒体技术，呈现学生书写成果，让学生及时了解自己的学习结果，激发其进一步学习的动机，适当的评价，又能让学生看到自己的进步，增强其自信心。

● **案例四**

《正反歌》②识字教学设计

执教人：何艳华

案例 1～4

（一）教材简析

《正反歌》是小学语文 S 版教材一年级下册第五单元识字 7 归纳反义词的识字课，本单元的内容编排都是以随文识字为主，让学生感受汉字的奇妙，激发认字的兴趣。在识字教学中不仅要教会学生识字，还要教给学生独立识字能力，让学生主动识字，并掌握独立识字的方法。

① 中华人民共和国教育部：《义务教育语文课程标准》，北京师范大学出版社，2011 版第 7-8 页。

② 小学《语文》S 版教材一年级下册第五单元识字 7，第 74-75 页。

（二）学情分析

一年级的学生在有限的时间掌握生字的数量较多，就比较容易忘记。因此，在教学过程中要注意生字教学的形式多变，以吸引学生的注意力，提高他们的学习积极性，增强内趋力。

（三）教学目标

1. 认识“反、退、困、难”等14个生字；会写“失、旧”等8个汉字；学习“倒八字”“斤字旁”“竹字头”三个偏旁。

2. 正确、流利地朗读课文，并背诵课文。

3. 了解反义词，能在生活中学习和积累反义词。

（四）教学重点

会认14个生字，初步记忆8个会写字。

（五）教学难点

能背诵《正反歌》和创作《新正反歌》。

（六）教学方法

游戏法、朗读感悟法、讨论法。

（七）教学过程

1. 游戏导入，激发识字兴趣。

（1）划分小组。

（2）做游戏——比比谁的反应快。

（3）游戏开始：老师抬头，学生迅速做出低头动作；老师扮演哭，学生扮演哈哈大笑；老师蹲下，学生站起来。

（4）提问：我们把意思相反的词叫作什么词？

（5）板书课题并齐读课题。

（设计意图：师生互动，游戏导入，调动学生的学习积极性，活跃课堂氛围，激发学生学习兴趣）

2. 新课教授，讨论趣味识字。

（1）初读儿歌，学习生字。

① 画出文中带有生字的反义词，借助拼音读准字音。

② 加深难度，让学生自由讨论认读生字；去掉拼音再读。

③ 借助卡片展示生字，试着将所有的生字口头组词，积累更多的词语。

（设计意图：此处采用自主识字的方法培养学生独立识字的能力）

（2）区别读音，认识生字。

① 区别文中平翘舌音。

② 进行指名读生字、开火车读生字等游戏。

（设计意图：边学新知，边巩固，采用多种方式的读来检测学生对生字的掌握情况）

（3）交流方法，熟记生字。

① 逐个交流分享自己记住生字的方法，熟记生字，并在这个过程中认识本课的三个新偏旁：竹字头、斤字旁、倒八字。

② 跟着老师书写三个带有新偏旁的生字；能够按照正确的笔画书写生字。

③ 通过总结巩固学生对生字的掌握。

（设计意图：采取多种识记方法，从易到难，循序渐进）

（4）熟读课文，当堂背诵。

① 读课文时采用“自读”“拍手读”“对子互读”等多种形式，让学生熟读儿歌。

② 当堂背诵儿歌。

（设计意图：让学生在玩中学，学中玩，感受到随文识字乐趣）

3. 拓展延伸，自主创作《新正反歌》。

（1）背诵儿歌，填空检测。

（2）设置大闯关的游戏环节让学生积累常见的正反义词。

（3）试着自己创作。

（4）查看各组积分，奖励得分最多的小组。

（设计意图：让学生在语言环境中再次巩固反义词的学习和积累，训练学生的归纳能力和语言组织能力，丰富词汇，同时也加深学生对儿歌和反义词的理解，鼓励学生创作《新正反歌》，增强学生的成就感与自信心）

4. 布置作业，交流互动。

将今天自己创作的《新正反歌》读给爸爸妈妈听。

（设计意图：增强学生的自信心，巩固对反义词的理解）

【板书设计】

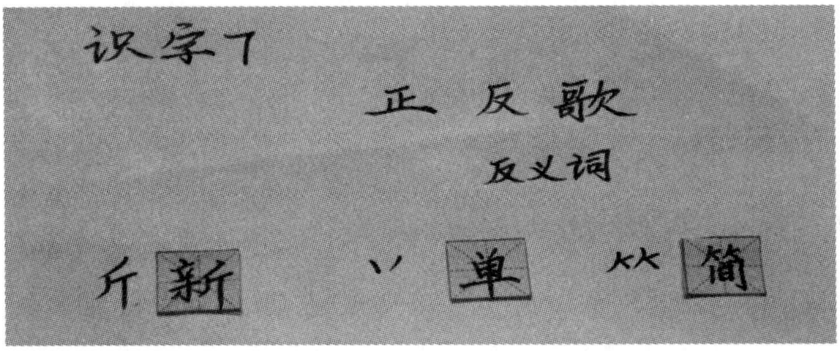

（设计意图：清晰地展示本节课的重点，简单明了，田字格与工整的字迹对学生的书写习惯起到示范作用）

● **主题来源：**

选自小学语文 S 版一年级下册识字 7。

● **案例来源：**

本案例由吉首大学师范学院附属小学何艳华教师设计并执教。

● **案例教学模式：**

游戏活动教学模式。

● **案例教学方法：**

游戏法、朗读感悟法、讨论法。

● **案例简析：**

本案例《正反歌》是小学语文 S 版一年级下册识字 7 第一课时，以识字为主，是“识字写字”模块中的主题内容，体现了第一学段“识字与写字”第 3 条“掌握汉字的基本笔画和常用的偏旁部首，能按笔顺规则用硬笔写字，注意间架结构。初步感受汉字的形体美”

及第 4 条“写字姿势要正确，字要写得规范、端正、整洁，努力养成良好的写字习惯”[①]的要求。通过游戏法、朗读感悟法、讨论法等多种教学方法使用，让学生在语境中轻松掌握生字。本堂课体现了低年级识字的特点，做到基于兴趣，突出重点，突破难点，凸显亮点。

（一）基于兴趣——快乐游戏

兴趣是调动学生积极思维、探索知识的内在动力，低年级有意注意时间短，要想在整个教学识字当中调动学生的学习兴趣，就要不断地满足学生的好奇心。游戏是儿童的天性，何老师在整个教学过程当中多次运用了游戏法，让学生在玩中学，学中玩，始终处于积极而愉快的心态。第一，开场游戏活动，以师生互动，让学生在三个动作中初步了解反义词，激发学生的学习兴趣；第二，开火车游戏，让学生读卡片上的词、口头组词、口头造句，在竞争中快乐学习；第三，拍手游戏，边拍手边读正反歌，将读书变成快乐的学习；第四，大闯关的游戏，挑战是刺激的，这调动了学生的兴趣，让学生的注意力迅速地高度集中；第五，小组竞赛，给表现好的小组加分，是低年级必要的教学组织形式，既培养了学生的合作探究能力，又培养了学生的学习兴趣，整堂课的教学气氛很活跃。

（二）突出重点——落实识字

本课的重点是会认 14 个生字，初步记忆 8 个会写字。首先，学生自主学习生字，何老师提出了三个学习要求：自由读课文、画出反义词、认读识字中的生字并口头组词。然后进行检测自学，也就是教学生字环节，在认识 14 个生字词的时候形式多样化，比如：一字多词、开火车读、组词和造句、句不离词、词不离句。这是在识字教学当中渗透培养学生语文素养的好方法。

其次，初步记忆 8 个会写字，启发学生用多种方法记忆，比如：加一加、记笔顺、编儿歌、改编故事。这样让生字鲜活起来，有生命，会变化。何老师还随机教学了三个新部首生字，为第二课时写字打下了基础。此环节，学生在何老师的指导下边学新知边巩固，伴着游戏，轻轻松松。

（三）突破难点——当堂背诵

一般的儿童诗是基于儿童生活，有动物植物、有故事情节，但是这首儿歌只有抽象的 12 对反义词，要让一年级学生在短时间内背下来难度很大。但是这堂课从文本出发，又回归文本，反复地诵读，由开始自由读到后面齐读、拍手快读、拍手慢读、对子互相读、填空读以及抽查背、齐背。在抽查背前，有一个填空题是一个很好的过渡。从孩子们整齐响亮的背诵声中，我们就知道当堂背诵的难点得到了突破。

（四）凸显亮点——写《新正反歌》

激烈的大闯关是本课的亮点，前两关都是为第三关写《新正反歌》做准备。一是激发兴趣，吸引学生注意力。二是拓展识字，增加学生正反义词的积累量。在写《新正反歌》时，何老师把之前学生提到过的正反义词都写在了黑板上，未记住的同学可以看黑板上的提示，符合学生具有差异性特征。何老师使学生的创作速度得到了提高，慢的能写出一节正反歌，快的能写两节正反歌，这无疑增强了他们创作的成就感，培养了自信心，为以后的教学打下良好的基础。

---

① 中华人民共和国教育部：《义务教育学语文课程标准》，北京师范大学出版社，2011 年版第 7-8 页。

● **案例五**

《礼物》①识字教学设计

执教人：向艳红

案例 5～8

（一）教材分析

《礼物》选自湘教版一年级语文下册第八单元 26 课。讲述了住在南半球的小袋鼠亚特给住在北半球的熊猫盼盼送上枫叶书签，让盼盼在春天收到秋天的礼物的故事，使学生明白南北半球季节相反的自然知识，激发了解大自然的兴趣。本课时主要是识字教学：掌握文中 7 个生字的音、形、义，并学会书写；认识文中 9 个字。为学生理解课文内容做铺垫。

（二）学情分析

教学要求的识字量大，而学生年龄小学习能力差，这就是摆在我们小学低年级识字教学面前的一对矛盾。但这种矛盾并不是不可调和的，而解决这一矛盾的最有力的武器就是"兴趣"。低年级学生的心理特点既为识字教学带来了一定的困难，同时，又为识字教学带来了契机。在识字教学中，我们只要结合学生的心理特点，用好"兴趣"这一有力的武器，就一定能较好地完成识字教学任务。

（三）教学目标

1. 知识与能力：掌握文中 7 个生字的音、形、义，并学会书写；认识文中 9 个字，积累词语，练习说话，学会运用。

2. 过程与方法：以多媒体课件辅助教学，创设游戏情景，以"识字"为主线，以"读"为经，以"认"为纬，采用趣味识字的教学方法完成教学任务。

3. 情感态度与价值观：采用趣味识字的教学方法，激发学生的识字兴趣，帮助学生学习生字、新词，教给学生识字的方法，培养自主识字的能力。

（四）教学重点

掌握文中 7 个生字的音、形、义，学会书写；认识文中 9 个生字。

（五）教学难点

灵活利用各种识字方法识字，培养学生自主识字的能力。

（六）教学准备

多媒体课件，识字卡片，田字格等。

（七）教学过程

1. 揭示题目，导入新课。

（1）谈话引出课题。

① 同学们，你们收到过礼物吗？有没有什么礼物是让你印象深刻、对你来说比较特别的呀？（学生回答）

② 今天，我们一起来学习课文《礼物》，里面的主人翁盼盼也收到了一份特别的礼物。伸出手指跟着老师一起板书课题。

（2）质疑题目，激发兴趣：看到课题《礼物》，你们觉得主人翁盼盼会收到一份什么礼物呢？又是在什么时候收到礼物呢？

---

① 小学湘教版教材一年级下册第八单元第 26 课，第 137-140 页。

2. 听音频，看动画，整体感知。

（1）教师示范读课文。

学生思考：课文中是谁给谁送礼物？送了什么礼物？

（2）学生边看与课文内容相匹配的动画，边听课文朗读录音。思考：为什么在春天能收到秋天的礼物呢？

3. 游戏闯关，学习生字。

谈话激趣：同学们已经初步了解课文内容，知道盼盼能在春天收到秋天的礼物的原因，你们想不想也能在本节课中收获一份大礼呀？那就让我们一起去学习本课生字，大家都学会了，就开启大礼。

（1）第一关：我是播音员，字音我最准。

① 课件出示16个带音生字，通过齐读、男女生分读等多种形式认读，记牢字音。教师重点教学生认读：粉、真、相、反、脑、封、签。

② 检查：学生通过指名读、开火车读等形式认读16个去拼音生字。

（2）我是小神童，记字我最棒。

① 我们已经和生字宝宝认识了，现在让我们进一步去了解生字宝宝的特点吧！请同学们自由识记字形，记住每个生字宝宝的样子。

② 分组讨论，合作交流记字方法，教师相机指导。

③ 指名汇报识记方法，教师帮助总结方法。

④ 学生识记，教师相机在田字格板书。

⑤ 摘苹果小游戏，检查学生记字成果。

（3）我是小博士，思考最在行。

① 每个生字宝宝都有属于他自己的小伙伴，你们都了解吗？让我们一起去认识一下生字宝宝的其他朋友吧！

② PPT出示生字，学生自由组词、说话。

③ 对学生的组词或造句进行集体评议。

④ 课件出示相关词语，教师带读、学生齐读，积累词汇。

⑤ 利用生字词卡片进行“去矮人国领奖”“找朋友”游戏，巩固识字。

（4）我是书法家，写字最漂亮。

① 生字宝宝跟我们玩了这么久，都累了，我们一起把他们送回田字格中休息吧！

② PPT出示田字格示范字，学生集体观察，教师指导示范字书写，找出重点笔画，注意易写错的地方。

③ 学生自由书写，教师巡视指导。（包括坐姿、握笔等写字习惯的纠正）

④ 作业展评。（兼顾过程与结果的评价）

4. 总结方法，布置作业。

① 今天这节课同学们的表现都非常棒，连续闯过了四关，知道了和拼音宝宝交朋友要从字音、字形、用法、书写四个方面进行。在以后的生字学习中，你们也要开动脑筋，灵活运用多种方法识记生字。

② 布置作业：抄写今天所学的生字词。

（八）板书设计

26. 礼物

秋　员　粉　真　节　相　反

● **主题来源：**

选自湖南教育出版社小学语文一年级下册第八单元第 26 课。

● **案例来源：**

本案例由吉首市龙山县第五小学向艳红教师设计并执教。

● **案例教学模式：**

游戏教学模式。

● **案例教学方法：**

游戏法、观察法、直观演示法、小组合作法。

● **案例简析：**

本案例属于识字教学模块中低学段“识字与写字”教学内容，体现了小学语文课程标准中“1. 喜欢学习汉字、有主动识字、写字的愿望。”“2. 努力养成良好的写字习惯，写字姿势正确，书写规范、端正、整洁。”“6. 学习独立识字。能借助汉语拼音认读汉字，学会用音序检字法和部首检字法查字典”①的要求。通过游戏法和小组合作学习等多种教学方法，让学生在游戏中学习生字，激发学生学习生字的兴趣，真正做到寓教于乐。

本堂课教学时，创设“识字大冲关”的大情境贯穿整个课时，符合低段学生的好胜心理，让学生在整堂课的教学中都能积极参与。而且环节设置以“识字”为主轴，“读”为经，“认”为纬，落脚到“写”，“会读”“会认”“会组词”“会书写”四个关卡让学生步步深入，层层推进，由易到难，思路清晰，达到全面掌握字词。且兼顾三维目标的达成，以学生为主体，既积累了知识，又培养了学生独立识字的能力，激发了学生识字兴趣。课堂节奏简洁明快，目标突出，方法灵活多样。

第二节　拼音教学

教学内容提示：

（一）声母、韵母、声调、整体认读音节、隔音符号

（二）拼读

（三）大写字母、汉语拼音字母表

一、模块主题内容

一年级上册

拼音：

1. ɑ o e

2. i u ü y w yi wu yu

---

① 中华人民共和国教育部：《义务教育语文课程标准》，北京师范大学出版社，2011 版第 7-8 页。

3. b p m f

4. d t n l

5. g k h

6. j q x

7. z c s zi ci si

8. zh ch sh r zhi chi shi ri

9. ai ei ui

10. ao ou iu

11. ie üe er ye yue

12. an en in un ün yuan yin yun

13. ang eng ing ong ying

一年级下册

“语文园地五”日积月累，认识大小写字母表。

“语文园地六”展示台，学习音序查字法。

二、模块课标要求

1. 学会汉语拼音。能读准声母、韵母、声调和整体认读音节。能准确地拼读音节，正确书写声母、韵母和音节。认识大写字母，熟记《汉语拼音字母表》。（识字与写字 5）

2. 能借助汉语拼音认读汉字，学会用音序检字法查字典。（识字与写字 6）

三、模块训练点

1. 能读准声母、韵母、声调和整体认读音节。
2. 正确书写声母、韵母和音节。
3. 掌握拼读的方法（二拼法、三拼法、直呼）。
4. 拼音规则的掌握。
5. 认识大写字母，熟记《汉语拼音字母表》。
6. 学会音序查字法。

四、模块教学案例简析

案例 5～8

● **案例六**

ao ou iu①

执教人：张子心

（一）教材简析

本课内容选自语文部编一年级上册看图说话学拼音第 10 课时。复韵母 ao ou iu 的学

① 小学《语文》部编版教材一年级上册，看图说话学拼音第 10 课，第 42-43 页。

习是在单韵母 a o e i u ü……复韵母 ai ei ui 的基础上进行学习，学生已经掌握了一定的发音方法与发音要领。本课教材分为两部分：① 复韵母 ao ou iu 及其四声学习，每个复韵母都配有一幅图。第一幅图是奥运会的会标—五环旗，“奥”是 ao 的第四声；第二幅图游泳的“游”是 ou 的第二声；第三幅图是柳树 iu 的第三声。② 两拼音节、三拼音节的拼读练习。

（二）学情分析

从儿童心理发展特点来看，初入学的孩子在感知力、记忆力方面有很大的直观性、形象性，抽象思维较弱，注意力容易被新颖的事物所吸引。因此，要让孩子们愉悦地掌握枯燥乏味的拼音，采用直观形象教学法，创设生动富有趣味的游戏情境教学是必然的。在此过程中力求增强孩子们的自信心与成就感，建立愉悦的心理体验，让孩子们乐于学习。这对于后面的学习是有非常积极的影响的。

（三）教学目标

1. 认识并会读复韵母“ao ou iu”及其四声，要求口型正确，发音准确。

2. 快速准确拼读声母与韵母 ao ou iu 组成的两拼音节、三拼音节。

3. 激发学生学习兴趣，积极融入课堂，勇于发言。

（四）教学重点

掌握复韵母 ao ou iu 及其四声的发音要领，学会拼读音节。

（五）教学难点

能够快速准确拼读复韵母 ao ou iu 组成的两拼音节、三拼音节。

（六）教学过程

1. 热身体验，复习导入。

（1）师生同做健康操。

（2）口腔操。

请单韵母一起做口腔操：“嘴巴张大 a a a；嘴巴拢圆 o o o；嘴巴扁扁 e e e；牙齿对齐 i i i；嘴巴突出 u u u；要吹笛子ü ü ü。”

（3）“1 2 1　1 2 1”，PPT 展示跑步中的复韵母 ai ei ui。

复习 ai ei ui 的发音口型，记住发音小窍门。

设计意图：用做操方式复习已学的单韵母与复韵母发音的方法与口型，调动学生的学习积极性，活跃课堂氛围，同时也为新课做准备。

2. 依据图片情境，学习新知 ao ou iu。

（1）出示 ao 图片，请同学试读。再借助书上插图辅助发音。

① 引导学生认识奥运会的“奥”就是这个拼音的第四声，鼓励学生尝试一声的读法。请学生读，然后全班读。

② 讲解 ao 的发音要领。先张大嘴巴，从 a 快速滑向 o，快得就像踩上了滑板车，嗖的一下就滑过去。老师示范读，请学生注意口型与发音。

③ 老师领读 ao 音两遍。请学生读，然后全班读。

（2）出示 ou 图片，请同学试读。再借助书上插图辅助发音。

①“游”ou 的发音读第二声。读的时候还是要先从第一个字母快速滑向第二个字母。

② 请学生读，引导学生读准二声的音。

③ 老师领读，请学生读，再全班齐读。

（3）出示 iu 图片，图上小朋友正在游泳。“柳”读三声就是 iu。老师领读。

（4）认识了三位新朋友 ao ou iu，考学生，两间小屋，ao ou iu 住在哪间小屋（复韵母小屋），跟他们打招呼 ao ou iu。

（5）ao ou iu 的四声兄妹们也来到我们中间。

① 在书上找到，小手指着读。

② 请学生读四声。

③ ao ou iu 卡片不按顺序请学生读，读对了，全班再跟着读。

āo、iú、ǎo、ōu、áo、òu、iū、iù、óu、ào、ǒu、iǔ

（设计意图：学生根据已有经验试读，通过书上插图辅助发音，老师带读，学生读，全班读。类似于一个猜测—推理—验证的过程，鼓励学生敢于发音，善于倾听老师发音）

（6）ao ou iu 与声母组成新音节。

① 学生介绍卡片上的声母朋友，要求读轻、读短：

i、zh、q、x、z、s、sh、l

② 声母朋友与复韵母朋友 ao ou iu 肩并肩站在一起，组成新的音节，请大家快速拼音节。

z-ao-zao　sao　shao

l-ou-lou　zou　zhou

j-iu-jiu　niu　liu

y-ao-yao　y-ou-you

三拼音节

ji　　　jiao

qi　ao　qiao

xi　　　xiao

以上先请学生读，男生读，女生读，读准了之后再全班齐读。

③ 开火车读加调号音节。

záo、cǎo、sào、zòu、còu、sòu、liú、niú、jiǎo、qiáo、xiǎo。

④ 总结：读准声母、看清韵母的音调号，快速拼在一起。

（设计意图：创设情境训练学生准确快速拼读复韵母 ao ou iu 的两拼、三拼能力）

3. 游戏活动，拼读拓展。

（1）“你做我猜”游戏，考老师。

学生看到 PPT 上的音节，在心里快速拼读，用合适的动作、表情或者声音来提示老师，让老师猜。

niú（牛）、bào（抱）、yóu（游）、xiào（笑）、shǒu（手）、zǒu（走），老师猜对，学生齐读。

（2）将游戏名称“chāo shì”拼音结合购物游戏，帮助学生记忆。

请一位学生当小小售货员，其余同学拼读老师手中的音节词汇，拼对了才能问小小售货员有没有这一样东西。

① cǎo　méi　pài　（草莓派）

② hǎo　lì　yǒu　（好丽友）

③ miào cùi jiǎo （妙脆角）

④ zú qiú qiǎo kè lì （足球巧克力）

⑤ niú ròu （牛肉）

⑥ bā bǎo zhōu （八宝粥）

⑦ yóu yú si （鱿鱼丝）

（设计意图：通过考老师、小小售货员的游戏，有层次、有针对性地趣味训练韵母 ao ou iu 拼读，学生放松着学习，因而乐此不疲，课堂参与度高）

4. 抽卡赛读，回顾总结。

（1）ao ou iu 及其四声，请同学齐读。

ǎo、ōu、áo、òu、iū、iù、óu、ào、ǒu、iǔ、āo

（2）同学们今天学得——“yōu xiù”（优秀）。

（设计意图：帮助学生回顾本节课学习内容，“同学们学得 yōu xiù”，同时也增强学生学习自信心与积极性）

● **主题来源：**

选自人民教育出版社的《语文》（一年级上册）拼音第 10 课。

● **案例来源：**

本案例来由吉首市一小张子心教师设计执教，吉首大学师范学院周露芳教师指导完成。

● **案例教学模式：**

情境教学模式。

● **案例教学方法：**

情境教学法、观察模仿法、游戏法。

● **案例简析：**

本案例是“识字与写字”模块中的“拼音教学”主题内容，体现了“识字与写字”第一学段第 5 条课标内容中的“能读准韵母、声调，能准确地拼读音节，正确书写韵母和音节”[①]要求。在教学中采用情境教学模式设计，通过观察、模仿、游戏法等多种教学方法的交叉使用，让学生在轻松愉悦的活动中掌握知识。

拼音教学是低段语文教学的重点和难点。学生由于年龄小，有效注意力时间短，这就需要老师开动脑筋，按照学生的年龄和心理特质去有效组织教学。《语文课程标准》在实施建议中也对拼音教学提出这样的建议：“汉语拼音教学要尽可能有趣味性，宜多采取活动和游戏的形式”，“注意汉语拼音在现实生活中的运用”。本案例很好地践行了这种教学理念。

在导入中，老师寓教于乐，通过孩子喜闻乐见的健康操活动，既让孩子们活动了筋骨，活跃了气氛，又顺畅而巧妙地过渡到做“口腔体操”这一对所学单韵母进行复习巩固的游戏活动中，孩子乐于参与。接着还是延承“运动”这一主题活动，播放跑步的节奏声，引出上课时学过的三个复韵母 ai、ei、ui，重点复习了复韵母的发音方法“从前音迅速地滑向后音”，进而为新授 ao、ou、iu 读准字音做好铺垫，注重了方法的迁移，让学生学以致用，能自主读准新的复韵母。

---

① 中华人民共和国教育部：《义务教育语文课程标准》，北京师范大学出版社，2011 年版第 8 页。

教授新音时，教师又充分利用课本的情景图，把学习内容有机地整合起来。情景图提示了学习的内容，有助于儿童记忆字母的音和形，还使学生受到美的熏陶。结合声母练习拼读时，教师结合学生的特点和生活实际，创设了“你做我猜——考老师”和“逛超市——我是小小售货员”两个游戏环节，调动了学生的积极性，让学生在玩中学、学中玩，达到了充分训练和巩固的目的，并把拼音学习和现实生活联系起来，让学生品尝了掌握拼音这门工具的意义。

这堂拼音教学课的特色还在于特别重视诵读训练。老师带读、请同学读、男生读、女生读、全班读。各种形式的读安排在各个情境中，有效吸引着学生的注意力，让原本枯燥的拼音教学变得生动有趣，学生学得起劲，读得准确、深情。不论哪种形式的读，最后都是以全班齐读结尾，不用老师提醒，学生自觉做到，看来张老师平时训练有素。这样的“读”不是流于形式，而是在有限时间内充分训练每一位学生，关注全体学生，不让一个学生掉队，这恰恰是我们基础教育的目标。

● 案例七

案例 5~8

《d t》[1]拼音教学设计

执教人：刘焰林

（一）教材简析

“d t”教学是部编版语文一年级第一册第二单元汉语拼音的第四课《d t n l》的内容。本课配有一幅校园艺术节插图，这幅插图是配合教学的情境图。第一部分图画是小男孩打鼓，教师可以借助队鼓的外形帮助学生认读 d 字形，借助小男孩手中鼓槌提示 l 的形；第二部分是女孩跳舞图，女孩手握雨伞，伞柄的形状突出了 t 的形，这样可以帮助学生认读记忆。女孩表演的背景是一个拱门形状，帮助学生记忆声母 n。插图的不同部分都以线条表示 4 个声母的形体，意在强化学生的注意和记忆。本课时只节选“d t”进行教学设计。

（二）学情分析

现阶段学生对汉语拼音已有了一定的认识。学会了单韵母 ɑ、o、e、i、u、ü，声母 b、p、m、f。但是学生入学时间还比较短，自我学习能力比较差，还需教师加强指导。音节的拼读能力还没有很好掌握，需要在已有的汉语拼音基础上复习旧知，巩固新知。

（三）教学目标

1. 学会 d、t 这两个声母，掌握发音，认清形，并能准确流畅地和单韵母进行音节拼读。
2. 能按照正确笔顺、格式在四线格中书写 d、t。
3. 通过自主探究、想象法等识记声母。
4. 激发学生学习兴趣，培养认真听课、认真书写的良好习惯。

（四）教学重点

通过自主体验探究方式掌握 d、t 的正确发音方式及书写。

（五）教学难点

熟练拼读 d、t 同带调单韵母的拼读音节。

---

① 小学《语文》部编版教材一年级上册，汉语拼音部分第 4 课《d t n l》，第 26-27 页。

（六）教学过程

1. 复习旧知，导入新课。

（1）师：昨天我们到拼音王国里认识了好多两拼音节朋友，我们的朋友今天遇到了危险，被小地鼠抓走了，让我们一起去救助音节朋友们吧！大家有信心吗？一起出发吧！

（2）师：恭喜小朋友们成功救出我们音节朋友，你们都是小勇士。让我们带着音节朋友们一起去结交新朋友、玩游戏吧！新朋友他们可调皮了，藏进画里和我们躲猫猫呢，一起去找找吧！

（3）课件出示插图，生寻找声母（出示 PPT　d、t)。

2. 探究新知、学习声母。

（1）学习声母 d、t 的读音。

① 教学发音：

师：多么可爱的拼音朋友啊，我们一起向他打个招呼吧！（全班一齐发音之后，教师范读讲解发音要领）

师：发 d 时，舌尖抵住上齿龈，挡住气流，然后舌尖突然离开，吐出微弱的气流，声带不颤动。声母发音轻短，就是 d。请跟我读。

发 t 时，舌尖抵住上齿龈，挡住气流，然后舌尖突然离开，吐出较强的气流。声母发音轻短，就是 t 请跟我读

（教师示范若干遍，全班，小组，大组分别跟读）

教师点一位发音标准学生大声朗读，并夸奖：发音标准又响亮！读得真棒。现在你听老师读。（故意读错，让学生正音，教师表示感谢）

② 创编歌谣正音：每个拼音宝宝都有自己的歌谣帮助我们记忆他们，那我们声母 d、t 同学们又编了什么样的歌谣去记忆他呢？一起和大家分享一下。（马儿奔跑 ddd，伞柄朝下 ttt……）

师：让我们一起来齐声读一读这首《d 字歌》《t 字歌》

师：除去编创儿歌去记忆我们的声母宝宝，同学们还有什么好的方法记住他们？

③ 手指操记忆。师：对了，你可真机灵。我们还可以用魔法手指——手指操来表示声母 d、t

（2）学习声母 d、t 的书写。

① 师：玩了一天，拼音宝宝有点累了，他们要回到家中休息。让我们一起把拼音宝宝送回家吧。拼音宝宝们住在——四线三格里。

② 师：请同学们仔细观察声母宝宝们住在哪几格，一共是几笔写成呢？

总结：金手指——伸出来。跟老师一起书写声母宝宝。d 两笔写成，占中格和上格。书写时注意左下半圆要饱满，第二笔竖不能碰到第一根横线。t 两笔写成，占中格和上格。书写时要注意横比较短，写在比第二条横线略低的位置。

3. 声母寻伴，熟练拼读。

师过渡：周末又来临了，声母宝宝们自己在家玩得可无聊了，于是他们相约一起出门寻找韵母宝宝一起玩耍，一起去看看他们都遇到哪些韵母宝宝了？

（1）强调拼读规则：上节课我们学习了如何拼读两拼音节，同学们还记得吗？（前音轻短后音重，两音相连猛一碰）PPT 出示音节宝宝，大家先自己读一读，找出那些音节拼

读比较难的我们一起来交流。

（2）联系生活实际拼读：现在和老师一起来读一读，想一想我们平常生活中有哪些词语中有这些音节呢？

dǎ （打鼓的“打”……） dé dī dú

tā tè tí tú

（3）比赛拼读：看起来大家都学得很不错了，那我们现在来赛一赛，看看谁是拼读高手。（同桌之间互相拼读）

4. 课堂小结。

本节课我们学习了新的声母 d、t，并认识了许多新的两拼音节，同学们课后可一定要加强练习，不能把我们新认识的朋友忘记了。

（七）作业布置

① 请同学们回家后把我们新认识的两拼音节读给爸爸妈妈听；② 试着用橡皮泥去捏一捏本课学习的两个声母吧！

（八）板书设计

4. d t

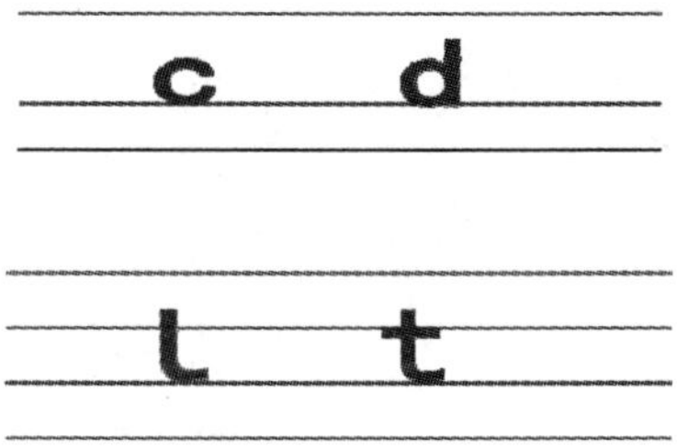

● **主题来源：**

选自小学语文部编版一年级上册汉语拼音的第 4 课。

● **案例来源：**

本案例由刘焰林教师设计执教，吉首大学师范学院周露芳教师指导完成。

● **案例教学模式：**

游戏情景教学模式。

● **案例教学方法：**

游戏教学法、示范法、朗读指导法。

● **案例简析：**

本案例属于识字与写字教学模块中的低学段“拼音教学”内容，体现了小学语文课程标准中第一学段“5. 学会汉语拼音。能读准声母、韵母、声调和整体认读音节。能准确地拼读音节，正确书写声母、韵母和音节。认识大写字母，熟记《汉语拼音字母表》”[①]的要求。通过情境教学法、示范法、朗读指导法等多种教学方法的使用，把整堂拼音课放置在一个情景中教学，让学生在教师的示范和步步引导下完成本课的学习。

① 中华人民共和国教育部：《义务教育语文课程标准》，北京师范大学出版社，2011 年版第 8 页。

刘老师在教学本课时，以学生的学习兴趣为出发点，善于使用富有童趣的语言跟学生交流，采用学生乐于接受的教学方式来调动学生学习拼音的积极性，激发学生学习拼音的热情，从而突出重点，突破本课难点。

首先，刘老师善于利用小游戏激发学生的学习兴趣。在本案例教学中，刘老师采用编儿歌游戏、手指操等简单有趣的游戏，帮助学生在玩中学，学生参与度很高，自然学习效果不错。其次，刘老师在教学时善于引导和示范，重视学生学习习惯的养成。刘老师在教声母发音和书写时都有示范，给学生正确朗读和书写拼音的引导。在学生书写时巡视指导，在点评学生发音和书写时观察仔细，评价得当，有助于一年级的学生养成良好的学习习惯。

第三节　阅读教学

教学内容提示：

（一）背诵、积累，语感培养

（二）阅读方法

（三）词、句、段、篇章教学

（四）语文知识

（五）不同体裁的阅读教学

（六）良好阅读习惯培养

（七）课外阅读

一、模块主题内容

二、模块课标要求

1. 喜欢阅读，感受阅读的乐趣。初步养成爱护图书的习惯。（第一学段“阅读教学”1）

2. 学习用普通话正确、流利、有感情地朗读课文。学习默读。（第一学段“阅读教学”2）

3. 结合上下文和生活实际了解课文中词句的意思，在阅读中积累词语。借助读物中的图画阅读。（第一学段“阅读教学”3）

4. 阅读浅近的童话、寓言、故事，向往美好的情境，关心自然和生命，对感兴趣的人物和事件有自己的感受和想法，并乐于与人交流。（第一学段“阅读教学”4）

5. 诵读儿歌、童谣和浅近的古诗，展开想象，获得初步的情感体验，感受语言的优美。（第一学段“阅读教学”5）

6. 认识课文中出现的常用标点符号。在阅读中，体会句号、问号、感叹号所表达的不同语气。（第一学段“阅读教学”6）

7. 积累自己喜欢的成语和格言警句。背诵优秀诗文 50 篇（段）。课外阅读总量不少于 5 万字。（第一学段“阅读教学”7）

8. 用普通话正确、流利、有感情地朗读课文。（第二学段“阅读教学”1）

9. 初步学会默读，做到不出声、不指读（原属第一学段要求）。学习略读，粗知文章大意。（第二学段“阅读教学”2）

10. 能联系上下文，理解词句的意思，体会课文中关键词句表达情意的作用。能借助字典、词典和生活积累，理解生词的意义。（第二学段“阅读教学”3）

11. 能初步把握文章的主要内容，体会文章表达的思想感情。能对课文中不理解的地方提出疑问。（第二学段“阅读教学”4）

12. 能复述叙事性作品的大意，初步感受作品中生动的形象和优美的语言，关心作品中人物的命运和喜怒哀乐，与他人交流自己的阅读感受。（第二学段“阅读教学”5）

13. 诵读优秀诗文，注意在诵读过程中体验情感，展开想象，领悟内容。（第二学段“阅读教学”6）

14. 在理解语句的过程中，体会句号与逗号的不同用法，了解冒号、引号的一般用法。（第二学段“阅读教学”7）

15. 积累课文中的优美词语、精彩句段，以及在课外阅读和生活中获得的语言材料。背诵优秀诗文 50 篇（段）。（第二学段“阅读教学”8）

16. 养成读书看报的习惯，收藏并与同学交流图书资料。课外阅读总量不少于 40 万字。（第二学段“阅读教学”9）

17. 能用普通话正确、流利、有感情地朗读课文。（第三学段“阅读教学”1）

18. 默读有一定的速度，默读一般读物每分钟不少于 300 字。学习浏览，扩大知识面，根据需要搜集信息。（第三学段“阅读教学”2）

19. 能借助词典理解词语的意义。能联系上下文和自己的积累，推想课文中有关词句的意思，辨别词语的感情色彩，体会其表达效果。（第三学段“阅读教学”3）

20. 在阅读中揣摩文章的表达顺序，体会作者的思想感情，初步领悟文章基本的表达方法。在交流和讨论中，敢于提出自己的看法，做出自己的判断。（第三学段“阅读教学”4）

21. 阅读叙事性作品，了解事件梗概，能简单描述自己印象最深的场景、人物、细节，说出自己的喜欢、憎恶、崇敬、向往、同情等感受。阅读诗歌，大体把握诗意，想象诗歌描述的情境，体会诗人的情感。受到优秀作品的感染和激励，向往和追求美好的理想。阅读说明性文章，能抓住要点，了解课文的基本说明方法。（第三学段“阅读教学”5）

22. 在理解课文的过程中，体会顿号与逗号、分号与句号的不同用法。（第三学段“阅读教学”6）

23. 诵读优秀诗文，注意通过诗文的声调、节奏等体味作品的内容和情感。背诵优秀诗文 60 篇（段）。（第三学段“阅读教学”7）

24. 扩展阅读面。课外阅读总量不少于 100 万字。（第三学段“阅读教学”8）

三、模块训练点

1. 注重背诵、积累和语感培养，强调培养阅读的兴趣。

2. 掌握各种阅读方法：朗读、默读、诵读、精读、略读、浏览、复述。注重阅读能力培养：认读能力、感受能力、理解能力、鉴赏能力、迁移能力、阅读速度等。

3. 语文知识的掌握：标点符号、表达方法、语法修辞等知识。

4. 阅读教学的内容：词、句、段、篇章教学。

5. 不同体裁的阅读教学训练：童话、寓言、故事、诗歌、古诗文、说明文、非连续性文本。

6. 良好阅读习惯培养，喜欢阅读，爱护图书。重视阅读感受和体验。提倡多角度、有创意的阅读。

7. 课外阅读拓展。

四、模块教学案例简析

● **案例八**

案例 5～8

《我的战友邱少云》①片段教学设计

执教人：田振刚

（一）教材简析

《我的战友邱少云》是小学语文 S 版教材五年级上册第三单元第 14 课的一篇革命回忆录，按事情发展的顺序记叙了抗美援朝战争时，在我军夺取 391 高地的战斗中，邱少云同志为了整个战斗的胜利，严格遵守纪律，在烈火中纹丝不动，最后壮烈牺牲的英雄事迹。教师在教学中不仅要抓住课文中令人感动的内容，体会作者表达的思想感情，还要教给学生学习方法，让学生主动学习，认真领悟课文基本的表达方法，并学习复述课文，提高阅读能力，受到思想熏陶。

（二）学情分析

随着知识的积累和对事物体验的深化，五年级学生内心世界比较丰富。除了注意事物外表的形式之外，更注意对事物的分析和主观体会，对很多问题都可以做出自己的回答。因此，在教学过程中要注意尊重学生的主体性，尽可能多地为学生创造独立思考、掌握学习方法的机会，充分发挥学生学习的积极性与主动性。

（三）教学目标

知识与技能目标：正确、流利、有感情地朗读课文，理解并背诵课文第 7、8 自然段。

过程与方法目标：通过朗读感悟，在感受"我"的内心活动基础上，体会邱少云的内心；通过品析神态、内心、动作、语言的描写，体会邱少云严守纪律而英勇献身的高尚品质和钢铁般的坚强意志。

情感态度与价值观目标：体会邱少云为了战友的安全，为了战斗的胜利，自觉严格遵

---

① 小学《语文》S 版教材五年级下册第三单元第 14 课，第 73-75 页。

守纪律，最后英勇献身的伟大精神和钢铁般的坚强意志。

（四）教学重点

体会邱少云为了战友的安全，为了战斗的胜利，严守纪律而英勇献身的高尚品质和钢铁般的坚强意志。

（五）教学难点

感受通过描写“我”的心理活动来表现邱少云的英雄形象，突出中心的写作手法。

（六）教学方法

朗读感悟法、情境体验教学法。

（七）教学过程

1. 情境导入，引发共鸣。

（1）播放音乐《英雄的离别》，导入：谁是你心中的英雄？

（2）回顾背景，认识英雄邱少云。

（3）板书课题并齐读课题。

（设计意图：音乐导入，渲染气氛，引起学生共鸣，调动学生的学习积极性，激发学生学习兴趣）

2. 探讨“我”的心情，助解人物形象。

（1）环环相扣，设疑定向。

① 设疑：为什么无论是邱少云还是“我”，都没有扑火呢？

② 想救而不能救，此刻“我”是怎样的一种心情呢？

（设计意图：此处采用设疑法培养学生独立思考的能力）

（2）品词析句，体会感情。

① 有感情地读第七自然段，体会“我”的心情。

② 教师示范引领，学生模仿体会。

③ 借助直观联想，理解“刀绞”，体会“我”的痛苦、难受、矛盾等心情。

④ 朗读指导，加深理解。

（设计意图：层层剖析，逐个击破，引导学生在品词析句中体会“我”的感情）

3. 品读传神细节，感悟人物形象。

（1）齐读第八段，初知邱少云在火中的表现。

（2）探讨邱少云与“千斤巨石”的共性，感知战友眼中的邱少云：有担当，不负潜伏使命。

（3）视频片段播放，适时讲解，再塑邱少云的英雄形象。

（4）品析句子，探讨支撑英雄邱少云的精神与力量。

（5）引导朗读，引发学生对英雄的崇敬之情，牢记英雄人物的光辉形象。

（设计意图：让学生在语言情境、视觉情境中体会邱少云为了革命利益，严守纪律、英勇献身的精神，感知邱少云的光辉形象。）

（八）板书设计

14. 我的战友邱少云

刀绞

千斤巨石

（设计意图：清晰地展示本节课的教学重点，简单明了，工整的字迹对学生的书写习

惯起到示范作用）

● **主题来源：**

选自小学语文 S 版五年级上册第 14 课。

● **案例来源：**

本案例由永顺县永茂镇九年制学校田振刚老师设计并执教。

● **案例教学模式：**

情境体会教学模式。

● **案例教学方法：**

朗读感悟法、情境教学法。

● **案例简析：**

本案例属“阅读教学”模块中的主题内容，体现了课标第三学段“阅读”3“能联系上下文和自己的积累，推想课文中有关词句的意思，辨别词语的感情色彩，体会其表达效果”及 5“阅读叙事性作品，了解事件梗概，能简单描述自己印象最深的场景、人物、细节，说出自己的喜爱、憎恶、崇敬、向往、同情等感受”[①]的要求。朗读感悟法和情境教学法等多种教学方法的使用，让学生在情境中体会作者表达的思想感情，感受为了革命利益，严守纪律、英勇献身的崇高英雄形象。

感悟是引发学生体会情感、积极思维、探索知识的基础，要通过多种途径创设情境、想象情境、感受情境，引发学生情感的认同。田老师在整个教学过程当中多次运用了朗读感悟法和情境体验法，让学生在情境中体会作者表达的思想感情，始终与文本保持对话状态。课堂伊始，以《英雄的离别》渲染气氛，导入“谁是你心中的英雄”的课题，让学生一开场就受到环境潜移默化的影响，无形中做好了学习英雄任务的预备定势，能快速进入课堂，提高学习效率。进而，通过层层设疑，探究为什么没有救邱少云；通过品词析句，体会“我”的“矛盾”“难受”“痛苦”等心情，侧面感知英雄形象；最后，通过联想类比邱少云与“千斤巨石”的关系，感受邱少云为了革命利益，严守纪律、英勇献身的崇高英雄形象。

● **案例九**

《九色鹿》[②]教学设计

（第二课时微课教学）

执教人：龙霞飞

案例 9～12

（一）教材分析

《九色鹿》选自语文 S 版二年级上册 22 课，是一篇童话故事，写的是九色鹿不顾生命危险救了调达的命，调达却在金钱面前违背诺言出卖了九色鹿，最后受到谴责的故事。本文语言浅显、富有童趣，并配有插图，能较好地帮助学生理解课文内容。本课将以“童

① 中华人民共和国教育部：《义务教育语文课程标准》，北京师范大学出版社，2011 版第 12-13 页。

② 小学《语文》S 版教材二年级上册 22 课，第 117-120 页。

话引路”的教学模式进行教学，在听童话、读童话、说童话和写童话环节中，实现学生与文本的直接对话。

（二）学情分析

二年级的学生思维活跃，求知欲强，乐于展示自己，且对这种故事浅显易懂的课文有一定的阅读兴趣。在教学活动中，应充分发挥学生的自主性，给予学生展示自己、张扬个性、表达自己想法的机会。

（三）设计理念

1. 本课的设计体现“以生为本，突出学生的主体地位；以说为根，提高学生的语言表达能力；图文结合，充分发挥学生的想象力”三点教学理念。

2.《义务教育语文课程标准》强调，低年级阅读教学要“让学生喜欢阅读，有浓厚的阅读兴趣”。结合教材特点以及学生实际，采用“童话引路法”“朗读感悟法”“批注法”等教学方法，发挥学生学习的自主性。

3. 本课是一篇童话体故事，第二课时侧重以“童话引路”模式中的“说童话”为主，以“读童话”为辅，让学生分层说童话，培养学生的语言表达能力。

（四）教学目标

1. 能正确、流利、有感情地朗读课文第 2～6 自然段。

2. 联系上下文理解“千恩万谢”“见利忘义”“忘恩负义”等关键词语的意思，抓住调达前后截然不同的两种态度的句子，反复朗读，认真体会。

3. 学生感悟九色鹿的“美”和调达的“丑”。

（五）教学重难点

教学重点：理解表现调达前后截然不同的两种态度的句子，反复朗读，认真体会。

教学难点：让学生感悟九色鹿的“美”和调达的“丑”。

（六）教学方法

童话引路法、朗读体验法、批注法、谈话法等。

（七）教学过程

1. 复述童话，复习导入。

（1）故事主要讲了哪两个人物？

（九色鹿、调达）

（2）他们之间发生了什么事呢？

（设计意图：通过复习旧知，让学生对上节课的内容进行复习和巩固，并概括两个主人公发生的故事，能够迅速回到故事的情境中）

2. 品童话，新授课文。

（1）九色鹿勇救调达。

① 教师指导学生看插图说故事，并用“____”画出九色鹿勇救调达的词句。

② 让学生找出并说出“立即”“纵身跳进”词语意思，指导学生有感情地朗读。

③ 面对自己的救命恩人，调达是怎么说怎么做的？

（设计意图：结合插图让学生说童话，从而使学生更容易理解课文内容。运用朗读感悟法帮助学生在读中说、说中读）

（2）调达出卖九色鹿。

① 学生继续说童话——调达如何出卖九色鹿的。

② 画出表现调达前后截然不同的两种态度的句子，进行圈点批注，老师及时点拨。（小组合作法）

“调达郑重起誓，决不说出九色鹿的住处，然后千恩万谢地走了”。

（紧扣“千恩万谢”，感受调达的感激。学生发挥想象：调达是怎么郑重起誓的）

“调达心想，这是多好的发财机会呀。于是，他跑进宫中告密”。

（抓住“跑”字体会调达迫不及待的心情）

③ 通过体会调达一前一后截然不同的两种态度，你想对调达说什么？

（板书：见利忘义、忘恩负义）

④ 反复朗读这两句话，读出不同的语气。

（设计意图：抓住表现调达前后截然不同的两种态度的句子，通过小组合作，学生圈点勾画加以批注，反复朗读，加深理解和体验）

3. 说童话，巩固小结。

（1）请同学们用一个字形容九色鹿和调达在你心目中的形象。

（美，丑）

（2）看到这个“美”字你想说什么？

（设计意图：让学生感受九色鹿的“美”和调达的“丑”，培养学生高尚的道德情操，实现语文教学工具性与人文性的统一）

4. 写童话，拓展提升。

写一写：学了故事以后的内心感受。

（设计意图：学生说一说后再写一写，有利于真正形成语文能力，提高他们的文字表达能力）

（八）板书设计

23. 九色鹿

勇救

调达 ← 九色鹿

调达 → 九色鹿

出卖

（丑）　　（美）

● **主题来源：**

选自 S 版小学语文二年级上册。

● **案例来源：**

本案例由龙霞飞创编，吉大师院刘艳芳教师指导完成。

● **案例教学模式：**

童话引路模式。

● **案例教学方法：**

谈话法、朗读法、感受法。

● **案例简析：**

本案例属于阅读教学模块中的童话体裁教学内容，教学中很好地体现了第一学段课标中“1. 喜欢阅读，感受阅读的乐趣。初步养成爱护图书的习惯。”“2. 学习用普通话正确、流利、有感情地朗读课文。学习默读。”“3. 结合上下文和生活实际了解课文中词句的意思，在阅读中积累词语。借助读物中的图画阅读。”“4. 阅读浅近的童话、寓言、故事，向往美好的情境，关心自然和生命，对感兴趣的人物和事件有自己的感受和想法，并乐于与人交流”[①]的要求。

本案例运用了“读童话—说童话—写童话”的序列模式，训练了学生的阅读、想象和语言表达能力。既重视培养学生词语积累的习惯，又充分地让学生体验情境，自学自悟，尊重孩子们独特的阅读感受。学语文，用语文，语文课程的“开放”“拓展”，都必须建立在对文本理解的基础上，因此要正确处理文本的价值取向和珍视学生的独特体验之间的关系。教学中，龙老师紧紧抓住课文语言文字引导学生感悟体会、朗读说话，从字里行间体会两个人物截然不同的性格特点，潜移默化地培养学生的语文素养和正确的人生观、价值观。同时又做到读写结合，研读课文采用对比的写法突出人物形象，既有调达与九色鹿的善恶对比，又有调达前后截然不同的态度的对比。这种使人物形象鲜明的写作手法，有利于学生学以致用，最后进行写作迁移，真正形成语文能力，提高语文素养。

● 案例十

《江南》[②]教学设计

（第二课时）

执教人：杨平珍

案例 9～12

（一）教材分析

《江南》选自汉乐府，全诗描绘了江南盛夏时节的荷塘莲叶、采莲人欢快愉悦、鱼儿在莲叶间嬉戏的场景。诗句生动活泼，通俗易懂；文中所配图色彩鲜明、形象逼真，将荡舟采莲、莲叶田田、鱼戏莲叶的美丽情景展现得淋漓尽致。因此，这是一首有景、有情、有韵的诗歌，学生读着不仅朗朗上口，也会心情愉快，教学时应将朗读放在重要位置。

（二）学情分析

本课是一首古代诗歌，对一年级学生来说，会读并不难，但是理解起来有些困难。学生好奇、爱探索，乐于接受新鲜事物，属于形象思维阶段，可结合图画来理解字词的意思，重在感受画面美、情趣美。

（三）教学目标

1. 准确、流利地诵读课文。

2. 感悟“何田田”诗句意思，体会诗句描绘的画面美。

3. 充分调动学生的积极性与想象力。

（四）教学重难点

感悟“何田田”诗句意思，体会诗句描绘的画面美。

（五）教学准备

多媒体课件、音频播放。

---

① 中华人民共和国教育部：《义务教育语文课程标准》，北京师范大学出版社，2011 版第 8 页。

② 小学《语文》部编版教材第一册第 3 课，第 58-59 页。

（六）教学方法

游戏感悟法、多媒体组织法、探究法、想象法等。

（七）教学流程

1. 入文。

多媒体创设活动情境，出示图片，学生猜字（采）。

做“采”的动作，感悟“采”。

一个字是一幅画，一首诗也可以是一幅画。顺势揭示课题。

读准字音，及时纠正。

2. 学文。

（1）整体感知，初读古诗。

读古诗（指读、齐读），读准字音。

划节奏，标停顿，读出味道。（师范读，生自由读）

读诗想象事物。（荷花、莲叶、鱼儿、船、采莲人）

（设计意图：读准，有节奏读，读出味道，抓住诗中的关键事物）

（2）引导想象，感悟意境。

不动笔墨不读书，圈出不懂的词句。

“何田田”图片画面，进一步理解词意，并且展开想象。（莲叶何田田）

对“鱼戏”中的“戏”字组词，理解在“鱼戏莲叶间”中是游戏的意思。

鱼儿不同的状态不一样读法。（游得很快的鱼儿、很悠闲的鱼儿）

（设计意图：读中充分展开想象，信息技术顺势推入，搭建理解平台，创设情境，在想象中突破重难点，对文本进一步深入理解）

（3）情境诵读，情感升华。

配乐诵读。

又大又圆，又绿又多的荷叶，采莲人在忙着采莲，我们会不由得吟诵诗句……

当我们看到挨挨挤挤、重重叠叠的荷叶间鱼儿游戏、采莲人歌唱，我们又会吟诵诗句……

（4）游戏练读。

（设计意图：看着画面，配合着想象，配乐诵读、游戏练读，旨在熟读成诵。读中有情感，读中有画面，也是对江南美景、采莲人欢愉的诠释）

3. 拓文。

古诗不仅可读可唱，还可画可演。

方法指导。

方向指引。

（设计意图：美文美学，多种形式感受古诗的音韵美、动态美、意境美。渗透方法的学习与理念有助于学生提升学习能力）

（八）板书设计

3. 江　　　南

汉乐府 ⟶

戏　　　游戏

● **主题来源：**

人教版部编本语文第一册第 3 课。

● **案例来源：**

本案例由凤凰县杨平珍教师设计执教。

● **案例教学模式：**

朗读感悟式教学模式。

● **案例教学方法：**

谈话法、朗读法、感受法。

● **案例简析：**

本案例属于阅读教学模块中的古诗体裁教学内容，教学中很好地体现了第一学段课标中“1. 喜欢阅读，感受阅读的乐趣。”“2. 学习用普通话正确、流利、有感情地朗读课文。”“3. 结合上下文和生活实际了解课文中词句的意思，在阅读中积累词语。借助读物中的图画阅读。”“5. 诵读儿歌、童谣和浅近的古诗，展开想象，获得初步的情感体验，感受语言的优美。”“7. 背诵优秀诗文 50 篇（段）”[①]的要求。

本案例设计符合低段古诗文阅读教学设计要求，体现在：① 以读为主，读中悟境，读中悟情，课件应用精美实用。低年级的阅读教学主要为识字提供语境，让孩子在诵读中培养语感，积累词汇，初步掌握课文大意，体验阅读的快乐。本课例很好体现了这一要求。② 注重生成，以生为本，入情入境，教法组织有效得当。本课例以生为主，以读促悟，引导学生在想象中体会情境，并进行说话语言练习，既能体验江南的景美、人物的欢愉，又锻炼了学生的语言表达能力。

● **案例十一**

案例 9～12

《江雪》[②]诗歌阅读教学设计

执教人：曾艳军

（一）教材简析

《江雪》是小学语文 S 版教材三年级上册第六单元《古诗两首》中的第一首古诗。本单元旨在让学生进一步认识大自然，感受如诗如画的自然景象，在理解重点句子意思的基础上体会句子所表达的思想感情。《江雪》是唐代诗人柳宗元的作品，描绘了一幅寓意丰富的寒江独钓图。教师教学时不仅要让学生熟读成诵，还要培养学生独立阅读古诗的能力，让学生主动阅读，并掌握借助工具书独立阅读的方法。

（二）学情分析

三年级的学生已经具备一定的自主学习古诗、阅读古诗的能力，但是学生的认知水平和知识积累有限，需要教师在课堂上利用多种活动引导其学会学习古诗，为他们课后自主阅读古诗打下坚实的基础。

---

① 中华人民共和国教育部：《义务教育语文课程标准》，北京师范大学出版社，2011 版第 8 页。

② 小学《语文》S 版教材三年级上册第六单元第一课《古诗两首》，第 118-119 页。

（三）教学目标

1. 知识与能力：

（1）正确、流利、有感情地朗读古诗，背诵古诗。

（2）学习“径、踪、孤、翁”四个生字。

（3）能借助注释等方法了解诗句的主要意思。

2. 过程与方法：

（1）通过小组合作探究，自主学习，理解诗句的意思及表现的意境。

（2）通过思维导图中“读、说、画、背、写”的方法学习古诗。

3. 情感态度价值观：

能读出诗歌的内涵，感悟诗歌的画面美、意境美。

（四）教学重点

掌握思维导图中“读、说、画、背、写”的学习古诗的综合学习法，懂得学法迁移。

（五）教学难点

品读古诗，体会古诗的画面美、意境美。

（六）教学方法

诵读法、自主学习法、小组讨论合作法。

（七）教学过程

1. 视频导入，激发兴趣。

（1）播放介绍唐诗的动画视频，引出唐诗《江雪》。

（2）通过看图猜古诗的游戏，体会古诗的画面感。

师过渡：今天我们要学习的《江雪》也是美如画的一首诗，也可以用一幅画表达出来。

2. 初读古诗，整体感知。

（1）我们学习古诗的方法有很多种，今天我们就一起来学一学。请看第一种方法“读”（PPT 出示），既要读准字音，还要读准节奏。那我们就先来学习诗中的生字，为读准字音扫清障碍。

（2）生字教学。

① PPT 出示带拼音的生字，学生齐读。

② 去掉拼音，学生单独读。

③ 通过词语开花的游戏，学生组词。

④ 出示写字的要求（观察占位、记易错处、书写笔顺），指导学生学习书写。

（3）认识了生字，相信大家读通顺古诗就没有问题了，学生自由读、教师点名读古诗。

（4）我们刚刚说读诗除了要读准字音外，第二个要求是要读出节奏。读出节奏：

① 听音频，学生划节奏，并根据所划的节奏自由读古诗。

② 学生跟着音频诵读古诗。

3. 小组合作，领悟诗意。

（1）通过朗读的学习方法，我们完成了古诗的第一遍学习，学习古诗还有很多种方法，比如说：说说它的意思，把这首诗的内容画一画，还可以背一背这首诗，也可以把这首诗写成书法作品。（PPT 出示学习方法的思维导图）

（2）教师讲解不同的学习古诗的方法和要求，分小组合作学习。（不同小组有不同的

任务）

（3）每个小组派代表上台汇报成果。

①“说”这种学习方法的小组成员进行汇报，教师进行解难。（先单个难词进行解释再说整句的意思）

②“画”这种学习方法的小组成员进行汇报，对自己所作的画进行讲解。

③进行配对游戏，考考其他没有上台汇报的同学。

④“背”“写”两组同学汇报。

（4）我们通过这五种方式学习了这首古诗，现在通过玩游戏，检查大家的学习效果。

（5）全班背诵古诗。

4. 了解背景，加深体会。

（1）介绍作者柳宗元并介绍他写这首诗的背景。

（2）通过刚刚对柳宗元的介绍，我们发现他跟我们湖南非常有缘，他有十年的时间是在我们湖南的永州度过的。在他 600 多首诗中，有一首诗是跟湖南有关的，是他再次被贬后经过湘江有感而发的《再上湘江》。

5. 作业布置：

课后同学们可以深入地了解柳宗元并背一背《再上湘江》。

（八）板书设计

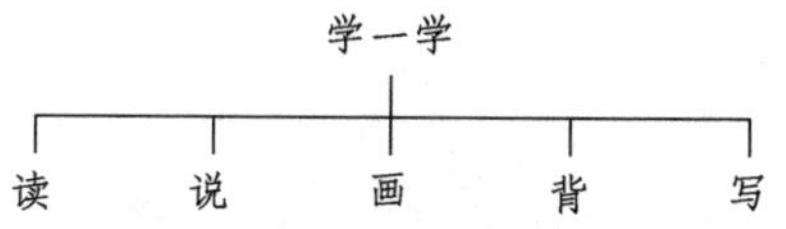

● **主题来源：**

选自小学语文 S 版三年级上册第六单元中的《古诗两首》。

● **案例来源：**

本案例由吉首市双塘小学曾艳军教师设计并执教。

● **案例教学模式：**

自学指导教学模式。

● **案例教学方法：**

诵读法、自主学习法、小组讨论合作法。

● **案例简析：**

本案例属于阅读教学模块中的中学段“诵读优秀诗文”阅读教学内容，体现了小学语文课程标准中的“6. 诵读优秀诗文，注意在诵读过程中体验感情，展开想象，领悟诗文大意。”“8. 积累课文中的优美词语、精彩句段，以及在课外阅读和生活中获得的语言材料，背诵优秀诗文 50 篇”[①]的要求。小组合作法、朗读感悟法等多种教学方法的使用，把现代信息教学技术与教学内容高度融合，让学生在轻松愉悦的课堂氛围中学习古诗。

本案例的教学把培养学生自主能力放在第一位。在本次教学中，曾老师打破传统的古诗教学模式，力避逐字逐句讲析，把现代化信息教学技术与教学内容高度融合灵活运用，

① 中华人民共和国教育部：《义务教育语文课程标准》，北京师范大学出版社，2011 版第 10-11 页。

在学生各种自主学习活动中穿插一定的方法指导，敢于放手，给学生以充分的自主学习空间。学习古诗的“读、说、画、背、写”五种方法的指导让学生在学习小组内自主探究学习，小组间交流借鉴，从基础的能读（准确流利有感情）、能说（理解诗歌内容）、能感受（画画环节感受诗歌画面美意境美），立体地理解掌握了本诗，既提高了学生学习古诗的兴趣，又促进了学生对学习古诗方法的掌握。

● **案例十二**

案例 9～12

《风娃娃》[1]教学设计

（第二课时）

执教人：熊方娟

（一）教材分析

《风娃娃》是部编版小学语文二年级上册第八单元第 24 课的课文，共有两幅插图，七个段落，层次清晰，是一篇生动有趣、富含哲理的童话课文。前半部分通过描写“风娃娃”为人们做好事而获得赞扬，后半部分描写“风娃娃”好心办坏事，给人们带来麻烦而遭受责怪的故事，利用童话故事生动形象地向学生介绍了风的好处与坏处，并且在课文最后一个自然段、通过“风妈妈”的话告诉学生“做事情光有好的愿望还不行，还要看是不是真的对别人有用”的道理。

（二）学情分析

结合语文课程标准和学生阶段性特征，二年级的学生已有一定的识字基础，能够读懂浅显的童话、寓言、故事，有简单的合作意识与自学能力。该阶段的学生以具体形象思维为主，好奇心强，乐于表现自己。

学生在《风娃娃》第一课时中已经较好地掌握本课要求会认会写的生字，但注意力和迁移能力较差，还需要及时加强巩固。另外，文中的故事道理，对学生来说有一定的理解难度，而且学生对事物缺乏一定的鉴别能力。

因此，在教学活动中，利用充满童趣的复习导入，加深学生对生字的巩固，并创设情境，图文结合，激发学生的学习兴趣。《义务教育语文课程标准（2011 年版）》指出：“第一学段侧重考查学生能通过朗读和想象等手段，大体感受作品的情境、节奏和韵味。”[2]因此应以读为主，引导学生读中理解、积累，读中评价指导，以读促悟。并且将本课学习的拟声词和第 13 课《寒号鸟》中“哆啰啰”等学过的拟声词相联系，培养学生的迁移能力。在体会风娃娃的好心、单纯和理解故事的寓意上，采取想象说话和联系生活实践的方法，促进学生与文本、学生与学生、学生与老师之间的对话交流，引导学生自悟自得，将故事哲理内化成自己的观点，收获自己的学习体验。

（三）设计理念

《义务教育语文课程标准（2011 年版）》指出：“阅读教学是学生、教师、文本、教科

---

① 小学语文部编版教材二年级上册第八单元第 24 课，第 70-73 页。

② 中华人民共和国教育部：《义务教育语文课程标准》. 北京师范大学出版社，2011 版第 30 页。

书编者之间的对话过程。”①而《风娃娃》为一篇童话体课文，具有儿童化的语言，基于这一理念，首先，以“对话”为指导，展开“师生”“生生”和“师生与文本”之间的深入对话。引导学生在童话对话中感受“风娃娃”的形象，体会“风娃娃”的好心与单纯，感悟“做事情要考虑对别人是不是有用”的道理，让学生在“对话中”获得自己的体验，培养学生的想象力。

其次，以读促悟。《义务教育语文课程标准（2011 年版）》朗读评价总体要求“能用普通话正确、流利、有感情地朗读课文”。因此，在教学活动中，教师穿插多种形式的朗读，自由读、个别读、男女生读、赛读、师生范读等多种方式，并对学生读的语音、语气、语调等方面进行评价与指导，以读促悟，以读促情，实现教学目标的达成，培养学生的朗读能力。

最后，扶放相结合。二年级学生有简单的自主学习能力，因此，在风娃娃“吹动风车”部分采取导学，引导学生体会风娃娃的好心与可爱。在风娃娃“吹翻风筝、吹跑衣服、吹断小树”部分引导学生通过小组合作学习去完成，有利于培养学生的自主学习和合作能力。

（四）教学目标

1. 知识与能力：

（1）能正确、流利、有感情地朗读课文，能根据课后提示讲述故事，体会风娃娃的好心与单纯。

（2）积累“断断续续、哗啦哗啦”等词语。

（3）理解“做事情光有好的愿望还不行，还要看是不是真的对别人有用”。

2. 过程与方法：

通过小组合作与朗读感受风娃娃的形象，体会风娃娃的好心与单纯，理解故事中的道理。

3. 情感态度与价值观：

明白风能给人们带来好处和坏处，我们做事情不能一厢情愿、想当然，要懂得“做事情光有好的愿望还不行，还要看是不是真的对别人有用”的道理。

（五）教学重难点

教学重点：正确、流利、有感情地朗读课文，体会风娃娃的好心与单纯。

教学难点：懂得“做事情光有好的愿望还不行，还要看是不是真的对别人有用”的道理。

（六）教学方法

教法：朗读指导法、扶放相结合法、情境法。

学法：小组合作法、讨论法、体验法。

（七）教学准备

PPT 课件、音频、图片。

（八）教学课时

第二课时。

（九）教学过程

1. 复习导入，温故知新：

（1）播放风声的音频。同学们，上节课我们认识了一个新朋友，听！他在和你们打招

① 中华人民共和国教育部：《义务教育语文课程标准》，北京师范大学出版社，2011 版第 22 页。

呼，请你们热情地呼唤他的名字吧。热情一点，再热情一点。

（2）板书课题。

（3）风娃娃说他把生字宝宝吹来了，瞧！赶紧和生字宝宝打个招呼吧。

（4）PPT 出示生字。

（5）小组开火车轮流读。

（6）生字都记得了，昨天风妈妈要风娃娃去田野帮助人们做事情，那你们还记得风娃娃做了哪些事情吗？

（7）课件引导，出示风娃娃来到田野、河边和广场的三幅图，提示学生讲述故事。

（8）老师根据学生讲述故事的表现进行评价。

（9）风娃娃说大家真棒，他想带我们一起去田野里，咱们和他一起去吧！

（设计意图：《义务教育语文课程标准（2011 年版）》第一学段指出“喜欢阅读，感受阅读的乐趣”。导入部分，孩子们伴随着老师充满童趣的导语，轻松愉悦地进入情境中，感受风娃娃的可爱与活泼。在上节课整体感知课文的基础上，借助图片提示引导学生讲述故事，符合低年级学生以具体形象思维为主的认知特点，达到复习旧知识和衔接新知识的作用，让孩子们在快乐中学习，感受阅读所带来的快乐）

2. 品读语言，感受体验：

请同学们用你们最喜欢的读书方式读第二自然段，告诉风娃娃你们已经到那里了，瞧一瞧风娃娃都看见了什么？

（1）PPT 出示图片。

（2）风娃娃来到田野看见了什么？谁来读一读。

（3）指导学生读“慢慢”，语速放慢，读出“慢慢”的感觉，齐读。

（4）大风车因为没有风，所以转得特别慢，这个时候抽上来的水也时而中断，时而继续，那文中是怎么说的？

（5）PPT 出示水流得断断续续的动画，谁能读出水“断断续续”的感觉？

（6）生生互评。

（7）如果你是风娃娃，看到这样的情景，你会怎么做呢？我想采访风娃娃，你们此刻会想些什么？

（8）引导学生动作体验“他深深吸了一口气，鼓起腮使劲向风车吹去”。指导个别学生体验动作，要读出“使劲”的感觉，在动作体验中理解“使劲”。全班学生体验动作。

（9）你们吹得多用力呀，这个时候的风车怎样了呢？引导学生读“风车一下子转得飞快！”注意句子中的“！”，语气要重，语速要稍快，应把“一下子”和“飞快”读重音，并做适当停顿。

（10）风车转得飞快，那水——哗啦哗啦地流着？大家听过“哗啦哗啦”的水声吗？播放声频。

（11）“哗啦哗啦”说明有了风娃娃水流得怎么样？（水流得急、快、多）这种模拟声音的词叫作——拟声词。文中第三段也有一个拟声词，谁能以最快的速度找出来（嗨哟）？风车抽水——哗啦哗啦，船工拉船——嗨哟，嗨哟。

（12）联系旧知，适当拓展拟声词。之前我们学过《寒号鸟》，谁还记得寒号鸟是怎么叫的（哆啰啰）？窗外的小鸟——叽叽喳喳，田野里的青蛙——呱呱呱，家里的花猫——喵喵喵，外面有人敲门——咚咚咚。

（13）风车和抽上来的水分别带来了什么变化？

（14）秧苗喝足了水，它对风娃娃是什么态度？引导学生抓住“笑着不住地点头”体会，指导学生边读边演，读出秧苗对风娃娃的感谢。

（15）可爱的风娃娃看见秧苗如此开心，他也——高兴极了。

（16）请男生与女生比赛读一读，看谁能读出风娃娃的高兴。

（17）教师小结：PPT 出示图片，瞧！风娃娃帮助了秧苗，他是多么高兴呀！原来做好事不仅可以让别人开心快乐，我们自己也能收获快乐，那高兴极了的风娃娃下一站又去了哪呢？

（设计意图：童话语言优美生动，但由于低年级学生表现力强，注意力较差，因此采取以读促悟的方法，穿插多种方式的读，指名读、齐读、示范读、表演读等。读中有指导有评价，引导学生在读中感受语言的生动优美，体会风娃娃的好心与可爱，激发学生的学习兴趣。此外，我适当地将本课与之前学过的拟声词相联系起来，初步培养学生的学习迁移能力）

3. 小组合作，深入体验：

（1）明确要求，自主学习。

① 自读要求：请同学们思考“风娃娃去哪里？做了什么？结果又怎么样？”小组从 3~6 自然段中自主选择一个段落合作学习。

② 以小组为单位进行讨论与交流。

③ 教师适时指导学生进行小组合作。

（2）小组展示，教师点拨。

① 风娃娃来到河边做了什么呢？

② 请小组派代表进行回答。

③ 这个部分该怎样读？指导学生放慢语速将“很慢很慢”的感觉读出来，并画上△。

④ 这时候风娃娃看见了，他是怎么过去的？（急忙）

用 PPT 动画展示，如果你是风娃娃，此时此刻你会怎么想？（心情着急，赶紧跑过去）引导学生感受风娃娃的热心。

⑤ 这个时候船是怎样的？请将“飞快”画上△，这里与前文“很慢很慢”形成了鲜明的对比，表现风娃娃的作用很大。

⑥ 指导朗读最后两句，语调较高，语速稍慢，读出船工们高兴的心情和对风娃娃的感谢之情。

⑦ 我可真厉害！不仅吹动了大风车，还吹动了大船，那我帮助了你们，你们想对我说些什么吗？

⑧ 预设：学生 1：谢谢你的帮助！学生 2：风娃娃你真是一个热心的人。学生 3：风娃娃你的作用可真大……教师根据学生的回答适时回应。

⑨ 做了两件好事，又听了大家这么多的赞扬，这时高兴的风娃娃心里会想些什么呢？指名读。

⑩ 可是真的只要力气大就行了吗？

⑪ 这个时候他来到哪了？他看见什么？结果怎么样呢？

⑫ 出示 PPT 动画。这个时候的风筝是怎样的？引导学生理解“摇摇摆摆”和“翻”。

⑬ 风娃娃还做了哪些坏事？（吹跑衣服、吹断小树）

⑭ 风娃娃做了这么多坏事，你们心情怎么样？请你生气地和风娃娃说一说。

⑮ 看着人们都在责怪他，风娃娃委屈极了，他再也不敢帮忙了，他特别委屈，他心里想……请同学读，读出风娃娃的委屈和疑惑。

⑯ 小组合作讨论：为什么风娃娃会觉得委屈？他前面得到人们的赞扬，后面却受到责怪，你能给他一些建议吗？

⑰ 引导学生在合作中交流，在交流中明白故事的道理。

⑱ 是啊，所以当风娃娃回到家问风妈妈的时候，妈妈说了什么？请一位“风妈妈”来读一读。

⑲ 生生评价。

（设计意图：叶圣陶先生曾说“教是为了不教”，在课堂上不仅要传授学生知识，还要传授学生学习方法。另外，语文课程的基本理念中提到“积极倡导自主、合作、探究的学习方式”，因此，在这一环节中，采取了半扶半放的方法，组织学生展开小组合作学习，并依据学生的学习情况适当地点拨指导，提高学生学习的自主性。通过想象说话，训练学生的说话能力）

4. 拓展延伸，迁移体验：

（1）联系生活实践，小组交流：你有没有遇到像风娃娃这样凭借自己的兴致做事，结果好心办坏事的人和事呢？那我们应该怎么做呢？

（2）小结：同学们，做好事不仅能让别人开心快乐，我们自己也能获得快乐。但是有时候会好心办坏事，所以我们做好事的时候不能想当然地做，要明白光有好的愿望还不行，还要看是不是对别人真的有帮助。

（3）同学们，这篇课文告诉了我们“做好事时要考虑对别人是不是有用”的道理，还向我们介绍了风的好处与坏处，请大家翻开书本 108 页的“读一读、想一想”，小组讨论生活中的风还能做些什么？适当联系台风“山竹”。（发电、吹干衣服、吹干汗水、传播种子，但是还会把房屋、树木吹倒）

（设计意图：语文课程标准中指出，“阅读是学生的个性化行为，要珍视学生独特的感受、体验和理解。”因此，通过引导学生联系生活，谈谈自己的感受与理解，引导学生将文本的旨意内化成自我的观点，并拓展风还有哪些好处与坏处，发展学生思维）

5. 作业布置，自主选择：（二选一）

（1）将今天学的故事和身边的人分享。

（2）搜集资料，说说风还有哪些好处与坏处。

（设计意图：由于学生是独特的人，具有个体差异性，因此在作业布置时，教师关注学生的差异性，尊重学生的选择，设计让学生从两道题中根据自己的兴趣和能力基础自主选一道题，促进学生个性的养成）

（十）板书设计

风娃娃

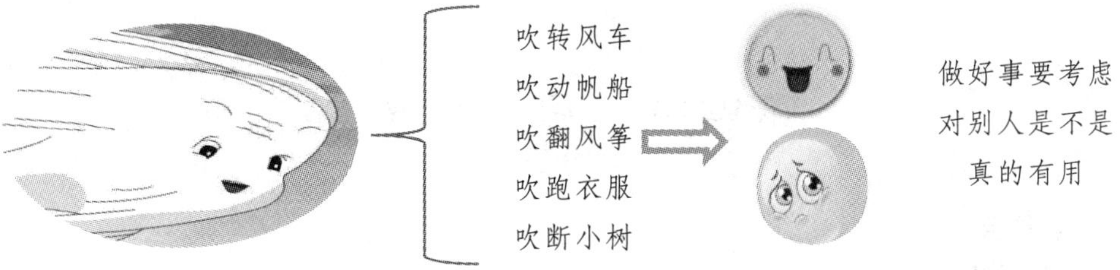

● **主题来源：**

部编版教材《语文》小学二年级上册第八单元第 24 课。

● **案例来源：**

本案例由熊方娟创编执教，吉大师院周露芳教师指导完成。

● **案例教学模式：**

情境感悟式教学模式。

● **案例教学方法：**

朗读法、感受法 、表演法。

● **案例简析：**

《风娃娃》是部编版教材《语文》小学二年级上册的一篇浅显易懂的优美的童话故事，语言生动活泼，富有儿童情趣。在教学中紧扣第一学段课标中“1. 用普通话正确、流利、有感情地朗读课文。”“3. 能联系上下文，理解词句的意思，体会课文中关键词句表达情意的作用。”“4. 能初步把握文章的主要内容，体会文章表达的思想感情。能对课文中不理解的地方提出疑问。”“5. 能复述叙事性作品的大意，初步感受作品中生动的形象和优美的语言，关心作品中人物的命运和喜怒哀乐，与他人交流自己的阅读感受。”“8. 积累课文中的优美词语、精彩句段”[①]的教学要求。

本课时注重体验教学。本课时采用贴近儿童的教学语言，首先，抓住字词学习和句子训练的要点，让学生在阅读中识字，在阅读中体验理解内容，感悟生活的哲理。视频是第二段的片段教学内容，教学层次清晰，方法多样，既注重老师的“导”又关注学生的“学”，富于变化。熊老师首先抓“事情发展”的脉络，让学生有个整体感知的过程，注重了词句训练、想象说话训练、情境体验朗读训练。课文中的 2、3 两段是按事情发展顺序记叙的句式相同的段落，所以在教学的时候首先提三个问题：“看见了什么，做了什么，有什么感受”，让学生整体感知，全面把握。由这三个问题的理解可以做到由扶到放的教学方式，让学生自主迁移学好第三段。其次，注重词、句子的训练，通过画一画、读一读、说一说、演一演、词语搭桥等教学手段，让学生读懂词语，读好句子。学生在朗读中、观察想象中理解积累了“断断续续”“鼓起腮”“哗啦哗啦”等词语，体会了情境，感受到阅读的快乐。

① 中华人民共和国教育部：《义务教育语文课程标准》，北京师范大学出版社，2011 版第 8 页。

第四节　习作教学

教学内容提示：

（一）乐于表达

（二）积累素材

（三）写话和习作

（四）常用标点符号的运用

一、模块主题内容

二、模块课标要求

1. 对写话有兴趣，写自己想说的话。（写想象中的事物，写出自己对周围事物的认识和感想）（第一学段“写话”1）

2. 在写话中乐于运用阅读和生活中学到的词语。（第一学段“写话”2）

3. 学习使用逗号、句号、问号、感叹号。（第一学段“写话”3）

4. 留心周围事物，乐于书面表达，增强习作的自信心。愿意将自己的习作读给人听，与他人分享习作的快乐。（第二学段“习作”1）

5. 能不拘形式地写下自己的见闻、感受和想象，注意把自己觉得新奇有趣或印象最深、最受感动的内容写清楚。（第二学段“习作”2）

6. 能用简短的书信便条进行书面交流。（第二学段“习作”3）

7. 尝试在习作中运用自己平时积累的语言材料，特别是有新鲜感的词句。（第二学段“习作”4）

8. 学习修改习作中有明显错误的词句。根据表达的需要，正确使用冒号、引号等标点符号。（第二学段“习作”5）

9. 课内习作每学年 16 次左右。（第二学段“习作”6）

10. 懂得写作是为了自我表达和与人交流。（第三学段“习作”1）

11. 养成留心观察周围事物的习惯，有意识地丰富自己的见闻，珍视个人的独特感受，积累习作素材。（第三学段“习作”2）

12. 能写简单的纪实作文和想象作文，内容具体，感情真实。能根据内容表达的需要，分段表述。学写常见应用文。（第三学段“习作”3）

13. 修改自己的习作，并主动与他人交换修改，做到语句通顺，行款正确，书写规范、整洁。根据表达需要，正确使用常用的标点符号。（第三学段“习作”4）

14. 习作要有一定速度。课内习作每学年 16 次左右。（第三学段“习作”5）

三、模块训练点

“习作教学”模块，依据模块主题与课标要求，其训练点主要有：

1. 培养学生观察、思考、表达和创造的能力。
2. 学写简单的纪实作文（课内素描）、想象作文、常见应用文。
3. 指导学生学会取材、立意、构思、起草、加工、修改，在写作实践中学会写作。
4. 先说后写，读写结合。

四、模块教学案例简析

● 案例十三

案例 12～16

《本班同学近视原因调查报告》①教学设计

执教人：谭钰

（一）教材分析

指导中、高年级学生学写调查报告是对学生进行实用性文体写作能力训练的一种恰当的形式，旨在培养学生的观察能力、交际能力、分析能力、搜集资料和整理资料的能力。小学中、高学段的课本中，很多版本都有调查报告写作训练，例如人教版小学语文五年级下册教材有调查报告例文《关于李姓的历史和现状的研究报告》；苏教版小学语文教材中三年级下册有调查学校绿化情况，六年级上册有访问家乡名人写调查报告；S 版小学语文四年级下册出现课文《小树死因的调查报告》，语文综合实践活动中要求学写调查报告。本案例是在学生已经学习了课文《小树死因的调查报告》，对调查报告的书写格式有了一定了解的基础上，指导学生对本班近视情况进行调查，进而数据分析，最后进行写作训练。

（二）学生分析

实用性文章的写作能力是学生应具备的基本能力，学生写调查报告是为了解决实际问题，这种动机有助于形成将书本知识运用到实践中去的良好意识。对于中、高学段的学生来说，他们已经具备用理性思维去分析问题的能力。因此，调查报告写作教学的过程中应涵盖听、说、读、写多种能力的训练，放手让学生去整理数据、分析数据并从中得出结论，让学生真正成为学习的主体，帮助学生形成问题意识和探究意识。

（三）教学目标

1. 知识与能力：能运用调查报告的基本格式进行规范写作。

2. 过程与方法：通过小组合作探究学习分析、处理数据的能力。

3. 情感态度价值观：通过对调查数据和资料的分析研究，培养学生珍爱视力、科学用眼的习惯。

---

① 小学《语文》四年级下册百花园三“语文大课堂”，语文教育出版社，2004 版第 62 页。

（四）教学重点

能通过小组合作探究，学会分析、处理数据，并能正确规范地书写调查报告。

（五）教学难点

运用合作的方式，共同探讨、分析、解决问题分析数据。

（六）教学过程

1. 目标导入，明确要求。

（1）同学们在小学四年里一定都写过很多作文吧。那之前写过调查报告吗？关于调查报告你了解多少，可以跟大家分享一下吗？

（2）生汇报。

（3）这节课我们就一起来学习如何写调查报告，请同学们看到 PPT，齐读教学目标。（PPT 出示教学目标）

2. 初步探究，明确格式。

（1）请同学们回顾《小树死因的调查报告》这篇课文，小组讨论思考以下问题：

① 这篇调查报告由哪几个部分组成？

② 说说各部分写的是什么？

（2）小结：第一部分没有小标题，写的是作者写这份调查报告的原因，接着作者分调查、分析、结论、建议四部分介绍了调查的过程、方法和数据；对数据的分析；得出怎样的结论；再针对结论提出合理的建议。

3. 深入探究，明确数据：

（1）写调查报告首先要确定调查主题，在生活中我们可以调查的事物有很多，如居住区环境状况，社会用字情况，校园早餐、午餐情况，小学生零花钱使用情况，道路上乱停放车辆的现象等；今天这节课我们主要是写《本班同学近视原因的调查报告》。

（2）看看你们手中的调查问卷汇总表，这是我们班 52 名同学认真填写统计出来的数据。现在，老师把它划分为两个部分。第一部分（1 题），统计近视人数；第二部分（2~9 题），是从不同方面统计可能导致近视的原因。

（3）小组根据刚刚的划分分析数据：

① 从第一部分的数据中，你们发现了什么？

② 从第二部分中找出最有可能导致我们班同学近视的三个原因。

③ 这些数据说明了什么问题？请同学们结合你们的生活实际谈一谈。（例如：在看书、写字的姿势方面，为什么会有 71%的人喜欢趴着、弯着腰或是躺着学习呢？）

（4）学生交流汇报。

（5）除了老师问卷中设置的原因外，你们还有想到其他方面的原因吗？

（6）小结：刚刚我们一起交流了调查问卷中的数据，我们先是对问卷划分了类别，找出数据占比最大的四个方面，再从直观的数据中进一步分析原因，最后得出结论，这就是数据分析的整个过程。

4. 整理思路，指导写作。

（1）同学们，调查报告的格式清楚了，你们调查的数据也在不知不觉中分析好了。现在，就让我们动脑又动手，把这些材料整理组合成一篇好作文吧！

（2）学生写作，教师指导：

① 注意格式，各个部分写什么内容。

② 注意数据的引用和表达以及数据分析的行文。

③ 注意语言简洁。

5. 总结评价，修改升级。

（1）老师看到很多同学都停下了手中的笔，坐端正了，《本班同学近视原因的调查报告》初稿差不多出来了。有哪位同学愿意上来分享一下你的调查报告呀？大家仔细听好了，等下请同学来评一评他的调查报告哪里写得好，哪里还需要修改，给他提提意见好吗？

（2）这节课，老师和大家一起探讨学习了如何写一份调查报告，现在老师想请两位同学来说一说，这节课你学到了什么？收获到了什么？

（3）看来同学们都收获满满。在今后生活中要注意保护好我们的视力，科学用眼。除此之外，数据分析和探究就存在我们身边，对有疑惑的事情就要勇于去探索答案。课后请同学们继续完成、修改好这篇调查报告。

（七）板书设计

如何写调查报告

格式——原因
　　　——调查
　　　——分析
　　　——结论
　　　——建议

● **主题来源：**

选自语文教育出版社小学《语文》四年级下册语文百花园三中的“语文大课堂”。

● **案例来源：**

本案例由谭钰教师设计执教，吉大师院刘艳芳教师和师院附小王芸教师指导完成。

● **案例教学模式：**

探究式教学模式。

● **案例教学方法：**

案例分析法、引导法、小组讨论合作探究法。

● **案例简析：**

本案例属于习作教学模块中高学段“学写常见应用文”教学内容，体现了小学语文课程标准中的“为解决与学习和生活相关的问题，利用图书馆、网络等信息渠道获取资料，尝试写简单的研究报告。”“能根据内容表达的需要，分段表述。学写读书笔记，学写常见的应用文”[①]的教学要求，教学中侧重学生分析问题、处理资料的能力训练。

本案例的教学密切联系学生的生活实际，特别重视学生在教师引导下的小组自主合作探究，学会对具体调查到的数据进行分析，把综合实践活动和应用文写作训练有机结合，让学生学会调查数据、分析数据并撰写成文。

① 中华人民共和国教育部：《义务教育语文课程标准》，北京师范大学出版社，2011 年版第 13-14 页。

首先，初步探究让学生明确格式的设计。四年级学生是第一次接触调查报告，对调查报告的格式不够了解，而应用文写作格式的规范性非常重要，因此让学生清楚格式非常必要。在本堂课中，教师利用学生刚学的课文《小树死因的调查报告》对调查报告的格式进行巩固。其次，学生自主调查、分析数据的过程有利于提升学生合作探究解决问题的能力。在本课时教学中，学生第一次接触数据，在分析的过程中可能没有方向，需要教师利用步步深入的问题引导学生合作完成数据的分层处理，帮助学生更快更准确地找出导致本班同学近视的原因，为总结数据撰写调查报告做铺垫。再次，用数据支撑写作，帮助学生理解并完成本次调查报告写作。由数据转化成书面表达是一个比较难的过程，教师在教学的过程中利用范文《小树死因的调查报告》结合学生对本班同学近视原因的数据分析，指导学生进行写作，这样既有模板做参考，又有数据作支撑，有效降低写作难度，大部分学生都可以很好地完成本次调查报告的写作。

● 案例十四

案例 12～16

《歌里的诗》①教学设计

执教人：龙琳

（一）教材分析

本堂课内容根据人教版语文六年级上册第六单元第三点“与诗同行”创编，这堂课的设置建立在了解诗歌、收集诗歌、学写诗歌的基础上，通过阅读材料《我们去看海》《致老鼠》《爸爸的鼾声》《给诗加“腰”》《诗中的“秋”》等文章，了解诗歌的形式特点、内容特点，运用多年积累的优美词句，尝试自己创作诗歌，并通过合作学习等方式进行诗歌创作交流，感受诗歌的魅力。

本课内容分为三部分：

1. 通过开展“自己动手写写诗”“举办诗歌朗诵会”“合作编本小诗集”“诗歌知识竞赛”活动，感受诗歌的魅力。

2. 通过阅读材料《我们去看海》《致老鼠》《爸爸的鼾声》《给诗加“腰”》《诗中的“秋”》，了解诗歌的形式特点、内容特点。

3. 对比张籍的《秋思》与岑参的《逢入京使》，学习比较同一类题材的不同写法和诗人不同的情感表达方式，学会读诗的方法。

4. 学习写活动总结。

（二）学情分析

该阶段的学生经过之前的学习，已经逐渐拥有了较为扎实的语文基础，而且该学段的学生感知的无意性与情绪性比较明显，其情感需求也越来越多，诗歌教学正满足了学生这一情感需求。这堂课也是对学生六年来语文学习的一次检验，优美词句的积累，事物特点的把握都能反映学生的语言文字运用能力。

（三）教学目标

1. 了解诗歌是古代流行歌曲，感受古代诗歌吟唱美，知道诗与歌词的联系即诗是歌词。

① 小学《语文》人教版教材六年级上册第六单元第三点“与诗同行”，第 106 页。

2. 研读赏析儿歌：了解韵脚诗韵脚押韵的特点，联系生活实际，发挥想象，仿写韵脚诗。

3. 倡导合作学习，激发学生创作兴趣，培养学生的审美意识。

（四）教学重点

赏析儿歌，知道韵脚诗的特点，学会仿写韵脚诗。

（五）教学难点

学会仿写韵脚诗。

（六）教学方法

游戏法、仿写法、合作探究法。

（七）教学过程

1. 合作游戏，你画我猜，趣味导入。

老师在黑板上画画，学生猜，由此导出“诗歌”，一起走进诗歌的课堂。

设计意图：通过你画我猜游戏进行新课导入，调动学生积极性，吸引学生注意力，活跃课堂氛围。

2. 合作分享，作品诵读，复习回顾。

小诗人们分享自己创作的诗歌。（配乐）

（设计意图：学生以小组的形式，上讲台分享自己作品，既培养学生的自信心与胆量，也培养学生喜欢诗歌、热爱创作诗歌的情感，陶冶学生情操）

3. 合作讨论，古诗吟唱，感知音韵美。

（1）欣赏古诗《望庐山瀑布》，吟唱。询问学生感受。

（2）吟唱古诗的来源，解释古诗是古代流行歌曲。

（3）猜老师喜欢哪类歌曲，引出儿童歌曲教学。

（设计意图：《望庐山瀑布》是学生已经学习过的古诗，在此基础上，学生通过聆听诗歌吟唱，感知古诗的音韵美，初步理解曲调与歌词关系）

4. 合作研读，特色欣赏，感悟语言美。

（1）欣赏儿歌《小星星》，询问学生《小星星》流传久远的原因（曲调，歌词，演唱方面）。

（2）有感情地朗读《小星星》歌词，揭示歌词与诗的联系，歌词即诗。

（3）朗读欣赏《世上只有妈妈好》，研读歌曲表达情感，诗与歌曲的联系。（都表达思想情感）

（4）研读《小星星》特点：字数一样、反复手法。《世上只有妈妈好》的特点：对比手法、反复手法，字与行变化有规律。

（5）思考：两首儿歌最后一个字有何特点？（押韵）从而引出“韵脚诗”的概念，并与“自由体诗”（小诗人自由创作的诗）相区别。

（设计意图：运用吟唱、聆听、朗读等方式，使学生进一步理解“歌词即是诗”；通过两首儿歌歌词的对比，使学生了解歌词形式内容等特点）

5. 合作探究，小组协力，仿写韵脚诗。（方法：一韵到底）

（1）留下《小星星》的曲子，按照其形式特点（一行 7 字，一共 6 行，第五六句与第一二句相重复等），仿写韵脚诗。一共五个组，小组讨论仿写韵脚诗，联系生活实际，结

合场景特点，每个组分别创作有关“春、夏、秋、冬、四季”五个场景中的一个场景。（小组讨论15分钟）

（2）小组上台展示本组创作的韵脚诗。

（3）利用《小星星》的曲调，按照 “春、夏、秋、冬、四季”的顺序，将小组创作的韵脚诗唱出来。（音乐伴奏）

（4）给创作的韵脚诗起名。

（设计意图：按照“一韵到底”的方法，联系现实生活，结合所写景物特点，仿写韵脚诗）

6. 拓展延伸。（下节课解决）

（1）问题：是否从第一行开始，必须每一句都押韵，才能叫“韵脚诗”？

（2）浅析《小草》（隔行押韵），问题：这首诗是否也叫韵脚诗?

（设计意图：问题的提出，充分激发学生的问题意识和进取精神）

（八）布置作业

自定主题，选择自己喜欢的曲子，试着用“一韵到底”的方法填写韵脚诗。

设计理念：进行巩固训练，可以扩大巩固学生的感知量，培养学生的创作兴趣。

（九）板书设计：

韵脚诗

特点：字数相同

修辞手法（对比、反复、拟人……）

尾字押韵

● **主题来源：**

选自小学语文人教版六年级上册第六单元——“与诗同行”。

● **案例来源：**

吉首大学师范学院附小龙琳教师设计并执教。

● **案例教学模式：**

合作探究式。

● **案例教学方法：**

游戏法、仿写法、合作探究法。

● **案例简析：**

本案例属于写作模块教学内容，能跳出窠臼，大胆创新，体现新课标“善于通过专题学习等方式，沟通课堂内外。”“为学生的自主写作提供有利条件和广阔空间，减少对学生写作的束缚，鼓励自由表达和有创意的表达”①的习作教学要求。

龙琳老师利用儿歌作为教学的切入点，并将歌词与诗相联系，以合作探究式教学贯穿课堂始终。

在导入中，老师寓教于乐，通过孩子们喜闻乐见的你画我猜游戏，活跃了课堂氛围，

① 中华人民共和国教育部：《义务教育语文课程标准》，北京师范大学出版社，2011年版第23页。

调动学生的积极性，激发学生的兴趣。让学生聆听古诗吟诵《望庐山瀑布》，明白歌词与曲调是可以分开的，而歌词在句式、押韵、反复、对偶等表现形式上与诗有着异曲同工之妙，优美的歌词也可以看作是一首美妙的诗。借助两首耳熟能详的儿歌《小星星》《世上只有妈妈好》，让学生合作讨论，分析两首儿歌能广为流传并经久不衰的原因，不仅是曲调美，更是重点分析了歌词中所包含的韵律美。句式的一致，具有节奏美；物象的择取，具有意境美；押韵的手法，具有音韵美；从而培养学生喜欢诗歌，乐于创作诗歌的思想情感。两首儿歌的教学，音频的播放，贴近学生的生活，有助于学生深度感知儿歌的美；小组合作学习，仿写韵脚诗，增强了学生的互动意识与合作意识，锻炼了学生的口头表达能力和语言文字运用能力；小组成员上台展示小组作品，有利于培养学生的集体意识与胆量；拓展性问题的设计，充分激发学生的问题意识和进取精神。

● **案例十五**

案例 12～16

《我是一片小树叶》①教学设计

执教人：聂芳

（一）教材分析

《我是一片小树叶》选自湘教版语文三年级下册第五单元的习作训练课。通过创设情境让学生将自己想象成一片小树叶，运用生动、具体、形象的语言就树叶的形状、颜色以及想象可能发生的故事对树叶进行介绍，旨在引导学生将本单元学习的写作方法恰当运用与有效迁移。

（二）学情分析

三年级学生处于生长发育的关键期，他们模仿能力强、好奇心强，活泼好动，但是依赖性强，自我约束力较差。他们对于模仿性、情境性、带有竞争性的训练有很大的兴趣，并且参与度也非常高。若将练习融进游戏活动中，学生很容易接受，也乐于接受。

（三）教学目标

1. 了解树叶的简单知识，能就树叶的颜色、形状等进行描述。
2. 培养学生细致观察，准确表达以及想象能力的训练。
3. 激发学生学习兴趣，引导学生留心观察大自然、热爱大自然的情感。

（四）教学重点

抓住树叶特点，加上丰富想象，把树叶描写得生动形象。

（五）教学难点

展开想象的翅膀，生动具体地描述树叶别样的美。

（六）教学准备

PPT 课件、叶子书签、树叶头饰道具等。

（七）教学方法

情境创设法、激趣引导法、问题探究法等。

① 小学《语文》湘教版教材三年级下册第五单元的习作训练，第 78 页。

（八）教学流程

1. 创设活动情境，欣赏树叶美。

引导语：一年一度的选美大赛又要拉开帷幕了，小树叶们一个个把自己打扮得美美的，咱们一起去看看吧！

（1）播放音频，欣赏图片美。

（2）谈感想，感受美。

（3）进入角色，展示美。

摇身一变大家都是小小树叶，你想成为什么树叶？

板书课题：我是一片小树叶

（设计意图：欣赏多姿多彩的树叶图片，感受美。创设情境，激发兴趣，自然而然进入“我是一片小树叶”的角色中，学生都跃跃欲试，迫不及待想要展示自己的美）

2. 趣味游戏活动，描绘外表美。

引导语：选美比赛正式开始，要求不仅要长得美，更要介绍美。

（1）学生美美地介绍自己。

（2）我是一片银杏叶，我有话说。

我是一片银杏叶，是扇形的，风儿吹来我随风摇摆。

① 帮忙装扮美。（仿写句子）

② 比较判断美。（颜色、形状、比喻句、拟人句）

板书：形状、颜色

（3）总结第一把金钥匙：

运用恰当的比喻与拟人的修辞手法可以使句子更生动具体。

（设计意图：对于三年级的学生，习作教学从观察入手，先说后写。让学生喜于动笔，乐于表达，从而增强习作自信心。趣味游戏、自由表达、顺势而导，巧妙总结，使得学生轻松掌握第一把金钥匙）

3. 激活思维活动，想象亲历美。

引导语：我们从颜色、形状说出了自己的美。如果能把自己的故事或经历描写进来就会更美。现在就让我们一起穿越时空隧道，走进那阳光明媚的春天。

（1）春天万物复苏，我____________。

（2）一阵微风吹来，我____________。

（3）春天你看见了什么，又听见了什么。（加进小动物）

（4）总结第二把金钥匙：

展开丰富的想象，把故事说得生动具体。

（设计意图：表达交流的过程就是碰撞思维、激发灵感的过程。在发展语言表达能力的同时，发展思维能力，激发想象力和创造潜能。轻松攻破教学重点，巧妙淡化教学难点）

4. 交流感受活动，创作分享美。

（1）选美大比拼。

引导语：请同学们把刚才说的句子组织连贯起来，说成一段话，谁能说得最生动、最具体，谁就能获得今天老师带来的冠军桂冠。

（2）小组合作，相互说美。

（3）展示美，冲刺冠军。

（设计意图：回到习作练习的最终目标，动手写作。从口头表达至书面表达，合作中有竞争，增加学生的积极性与参与度）

5. 习作练习活动，书写留住美。

课后写出来，可以选上你喜欢的季节。大自然是本大书，用心发现美、感受美。

（设计意图：除了说话以外写作也是一种很好的倾吐。通过之前的步骤，同学们肯定是有话可写而且是不得不写，要一吐为快了。这也就达到了我们的目的）

（九）板书设计

我是一片小树叶

颜色
形状
经历

看到的

听到的

● **主题来源：**

湘教版小学《语文》三年级下册第五单元的习作训练课。

● **案例来源：**

本案例由花垣县花垣小学的聂芳教师设计并执教。

● **案例教学模式：**

活动探究式教学。

● **案例教学方法：**

情境教学法、观察模仿法、游戏法。

● **案例简析：**

本课例属于习作教学模块教学内容，体现第三学段习作课标“2. 养成留心观察周围事物的习惯。”“3. 能写简单的纪实作文和想象作文，内容具体，感情真实。能根据内容表达的需要，分段表述”[①]的教学要求。

本堂课教学设计最大亮点在于以“小树叶的选美”活动贯穿全程，一步步探究“生动介绍事物”的写作方法，教学过程层次清晰。而且从说到写、从易到难，循序渐进的设计符合学生认知规律，符合课程标准“留心周围事物，乐于表达”的理念和重在“培养学生写作兴趣”的要求。其次，聂老师用活动探究法最大限度活跃课堂气氛，在根本不提及写作的情况下，让孩子们不知不觉地、水到渠成地进入到口头表达和写作的状态。潜移默化，引导无痕。再者，为了让孩子们把树叶描绘生动、有话可说，聂老师巧设活动，将孩子们变身树叶，进行自我介绍，无形中帮助孩子们树立了表达与写作都不是为完成作业，而是生活需要的观点，突出重点，化难为易。进而，聂老师在活动中用句子对比法，想象不同情境，力求促进学生将句子说得具体生动，将故事说得形象。学生在轻松活跃的气氛中相互点评，表达自己的看法，使口头表达能力得到提升，方法指导，扎实有效。

① 中华人民共和国教育部：《义务教育语文课程标准》，北京师范大学出版社，2011 年版第 13 页。

● **案例十六**

案例 12～16

话离别[1]

执教人：盛丽芳

（一）教材内容

自主创作内容（六年级最后一节习作课——话别离）

（二）学情分析

六年级的学生在学校生活六年，必有很多的情怀和感情，在即将离别之际必有很多的不舍及对同学老师学校的怀念。众多感情交织在一起为本堂课的教学提供了一个有利的基础。

（三）教学目标

1. 指导学生依据学校生活，选取题材，把内容表述清楚。

2. 引导学生刻画细节，表达真情实感。

（四）教学重难点

重点：指导学生依据学校生活，选取题材，把内容有条理地写清楚。

难点：引导学生刻画细节，表达真情实感。

（五）教学方法

教法：情景激趣启思法、点拨开窍导写法。

学法：讨论交流法、展示汇报法。

（六）教学过程

1. 诗词导入渲情境。

（根据学生生活创设情景，激发写作兴趣。学生配乐朗读话离别的古诗词，激发学生的情感）

老师让同学们回忆一下，六年来学过哪些有关离别的古诗词，印象最深的一首是什么。

教师出示自己找的诗歌，学生在配乐中齐读，感受古人离别的情怀。

2. 目标导航忆情境。

学生沉浸在古人的离愁别绪中时，老师适时提出今天的话题——话离别。

让学生明确习作要求，为后面的选材、表达做铺垫。

（要求：回忆六年学校生活，选取自己印象最深的人、事、物，把内容具体写清楚。表达真情实感）

学生齐读教学要求。

3. 静静回忆选情境。

学生回忆六年来的生活，用一个词，一句话，一个短语表达出来。

（预想：不舍、怀念、祝福、感谢等）

教师对单个学生进行问答，六年来有没有什么想表达的情感。

4. 心灵倾诉述情境。

出示倾诉要求，让学生按要求倾诉，说清楚，老师按照学生的说话再根据心理、语言、动作等方面进行引导，引导学生把话说生动，表达自己的真情实感，老师再让学生写下来。

---

① 小学《语文》人教版六年级下册第六组“难忘小学生活”，第 123 页。

（七）板书设计

老师您辛苦了	习作六 话别离 人　　感激　　语言 事　　留念　　心理 物　　牵挂　　动作	天下无不散之宴席

● **主题来源：**

选自人民教育出版社的《语文》（六年级下册）第六组“难忘小学生活”。

● **案例来源：**

本课例由保靖县实验小学盛丽芳教师设计并执教。

● **案例教学模式：**

情境启思式教学模式。

● **案例教学方法：**

情境教学法、启发法、讨论探究法。

● **案例简析：**

课标强调“写作教学应贴近学生实际，让学生易于动笔，乐于表达，应引导学生关注现实，热爱生活，积极向上，表达真情实感”。[①]盛老师的设计紧扣了学生的生活，在学生毕业之际，应景而导。学生记忆被唤醒，情感自然喷薄而出，做到了“易写”“乐写”。

本堂课的教学思路清晰，引导非常到位。“诗词导入渲情境”—“目标导航忆情境”—“静静回忆选情境”—“心灵倾诉述情境”，紧扣“情境”做文章，做到让学生“情生”而“意动”，“意动”而“辞发”。这种顺势插入的方法导引，能让学生留心细节，生动表达。而且本课中口语表达与习作融为一体，放手让学生充分表达、合作探究，顺应表达的需求。

第五节　口语交际

教学内容提示：

（一）倾听能力

（二）表达能力

（三）应对能力

（四）情意态度

① 中华人民共和国教育部：《义务教育语文课程标准》，北京师范大学出版社，2011 年版第 23 页。

一、模块主题内容

二、模块课标要求

1. 学讲普通话，逐步养成讲普通话的习惯。（第一学段“口语交际”1）
2. 能认真听别人讲话，努力了解讲话的主要内容。（第一学段“口语交际”2）
3. 听故事、看音像作品，能复述大意和自己感兴趣的情节。（第一学段“口语交际”3）
4. 能较完整地讲述小故事，能简要讲述自己感兴趣的见闻。（第一学段“口语交际”4）
5. 与别人交谈，态度自然大方，有礼貌。（第一学段“口语交际”5）
6. 有表达的自信心。积极参加讨论，敢于发表自己的意见。（第一学段“口语交际”6）
7. 能用普通话交谈。在交谈中能认真倾听，养成向人请教、与人商讨的习惯。（第二学段“口语交际”1）
8. 听人说话能把握主要内容，并能简要转述。（第二学段“口语交际”2）
9. 能清楚明白地讲述见闻，并说出自己的感受和想法。讲述故事力求具体生动。（第二学段“口语交际”3）
10. 与人交流能尊重、理解对方。（第三学段“口语交际”1）
11. 乐于参与讨论，敢于发表自己的意见。（第三学段“口语交际”2）
12. 听人说话认真耐心，能抓住要点，并能简要转述。（第三学段“口语交际”3）
13. 表达要有条理，语气、语调适当。（第三学段“口语交际”4）
14. 能根据对象和场合，稍做准备，作简单的发言。（第三学段“口语交际”5）
15. 注意语言美，抵制不文明的语言。（第三学段“口语交际”6）

三、模块训练点

1. 倾听

（1）第一学段：① 能认真听别人讲话，努力了解讲话的主要内容；② 听故事，把握主要内容。

（2）第二学段：① 认真倾听，能就不理解的地方向人请教，就不同的意见与人商讨；② 听人说话能把握主要内容，并能简要转述。

（3）第三学段：听人说话认真、耐心，能抓住要点。

2. 表达

（1）第一学段：① 学说普通话，逐步养成说普通话的习惯；② 能复述听到的故事大意和自己感兴趣的情节；③ 能较完整地讲述小故事，能简要讲述自己感兴趣的见闻。

（2）第二学段：① 能用普通话交谈；② 能清楚明白地讲述见闻，说出自己的感受和想法。讲述故事力求生动具体。

（3）第三学段：① 表达有条理，语气、语调适当；② 能根据对象和场合，稍做准备，做简单的发言。

3. 应对及情意态度

（1）第一学段：① 与别人交谈，态度自然大方，有礼貌；② 有表达的自信心，积极参加讨论，敢于发表自己的意见。

（2）第三学段：① 与人交流能尊重和理解对方；② 乐于参与讨论，敢于发表自己的意见；③ 注意语言美，抵制不文明的语言。

四、模块教学案例简析

● 案例十七

案例 17～19

《家乡的习俗》[1]口语交际设计

执教人：刘莉

（一）教材简析

《家乡的习俗》是根据语文 S 版教材四年级上册语文百花园八“能说会道”《美丽的传说》创设出的口语交际课。本单元的课程以中国传统节日由来以及历史人物的主要事迹为主，让学生在学习中喜欢上历史文化，主动去了解探索身边的文化。本课时内容上延承这一单元主题，让学生分小组调查了解本地区的习俗及传说，在课堂展示，并力求语言流利连贯生动。

（二）学情分析

四年级的学生具有一定的表述能力，且具有一定的搜集资料的能力。但在表达上经常想到什么说什么，逻辑较差。因此，在教学时要引导学生注意说话的语序，并能逐步脱离文稿进行自主表达。

（三）教学目标

1. 知识与能力：了解本地民族的一些习俗的来源与发展，感受民族文化习俗的魅力，表达内容充实。

2. 过程与方法：通过教师引导，小组讨论合作，能够清楚、明白地讲述自己所了解的民族文化。

3. 情感态度与价值观：感受本民族文化的魅力，激发学生热爱本民族习俗文化并主动传承的愿望。

（四）教学重点

把自己搜集的资料在全班进行展示表达，做到语序连贯，表达流利，并力求生动传神。

---

① 小学《语文》S 版教材四年级上册第八单元，第 74-75 页。

（五）教学难点

1. 能够脱离文本进行表达，并能把见闻与自己感受相联系进行表述。

2. 继承发扬中国文化习俗。

（六）教学方法

引导法、自主学习法、小组合作法。

（七）课前准备

学生分小组，完成对本地各民族传统节日的资料调查搜集，准备好说话题材和内容。

（八）教学过程

1. 谈话导入，列举习俗。

（1）教师点明家乡所在地湘西土家族苗族自治州是一个极具特色的民族文化传统非常深厚的少数民族地区，询问学生查找资料的结果，知道家乡有哪些习俗。

（2）学生根据查找的资料与自己的理解说一说对习俗的理解。

（3）教师总结习俗的含义。

设计意图：检查学生资料搜集情况，在谈话中放松学生的情绪，活跃课堂气氛。

2. 目标导控，整理表达。

（1）观看视频，自主表达。

① 播放“钢火烧龙”视频。

② 学生自主表达看到了什么及感受。

③“钢火烧龙”意味着什么？

④ 教师提问“钢火烧龙”是什么节举办的活动，以及是如何查找到资料的。

⑤ 学生自主表达。

设计意图：培养学生发散思维的能力及资料搜集能力。

（2）整理资料，罗列要点。

① 依据学生对“钢火烧龙”是什么节举办的活动的回答，总结并板书“时间”。

② 教师提问习俗活动的形式即场面并板书“活动形式”。

③ 习俗意味着什么，由学生总结属于习俗的“意义”。

④ 教师提问为什么会出现，引出习俗来由的传说。从何处查找的资料？

⑤ 学生根据从网上查找的资料进行回答，教师板书“传说”。

（3）根据板书，梳理步骤。

如何将一个习俗说清楚，说明白，教师引导学生根据板书梳理表达的步骤。

设计意图：从习俗的展示、思维的发散、要点的罗列到表达的顺序，连在一起就是学生接下来上台展示的范例，让学生的表达更加有条理。

3. 小组合作，展示习俗。

（1）小组合作，整理资料。

① 学生自主交流准备的资料。

② 学生小组合作，相互补充资料。

设计意图：小组内锻炼学生表达能力、沟通能力，梳理表达内容。

（2）学生展示，发表感受。

① 学生逐个上台展示介绍家乡的习俗。播放课件或视频。

② 教师询问学生相关资料是如何搜集与准备的。

③ 在学生资料的基础上，教师相机补充相关资料。

④ 学生表达后，教师提问学生在准备相关习俗时的心情与感受。

⑤ 难度上升，让学生在教师帮助下脱稿展示，用自己的话来介绍。

设计意图：让学生联系自己的感受进行表达，以自己的理解实现自由表达。

4. 交流总结，传承文化。

学生自由谈上完整堂课后的感受，教师进行总结。用梁启超的话进行思想的提升，板书“传承中国传统文化”。

设计意图：锻炼学生概括总结能力。

（九）板书设计

家乡的习俗

时间 ——→ 活动形式 ——→ 传说 ——→ 意义

传承中国传统文化

设计意图：将表达要点清晰罗列，除对学生上台自由发言起提示与范例作用外，还能突出教学重难点。

● **主题来源：**

选自小学语文 S 版教材四年级上册语文百花园八“能说会道”。

● **案例来源：**

本案例由吉首市第一小学刘莉老师设计并执教。

● **案例教学模式：**

目标-导控教学模式。

● **案例教学方法：**

引导法、小组合作法、自主学习法。

● **案例简析：**

本案例《家乡的习俗》是小学语文 S 版教材四年级上册百花园八能说会道中“口语交际”模块的主题内容，体现了课标第二学段“口语交际”“3. 能清楚明白地讲述见闻，说出自己的感受和想法。讲述故事力求具体生动。”和“综合性学习”“1. 能提出学习和生活中的问题，有目的地搜集资料，共同讨论”①的要求。引导法、小组合作法、自主学习法等多种教学方法的应用，让学生在教师的目标导控下学会表达，做到有话说，知道说，流利说，最后达到自由说的目的。

首先，上课前布置学生作业，搜集家乡的习俗，让学生在上课时有话说，有内容可以表达，同时紧扣了单元主题内容，促进学生对本地区本民族风俗文化的了解，增进民族认同感。其次，学生有表达的内容是口语交际教学的基础，除此之外还需有表达的欲望，因此，教师通过一个学生熟悉的热闹有趣的家乡习俗视频观看来引发共鸣，打开学生说话的欲望。接着通过教师的问题引导，学生说出自己准备的内容或自己在生活中的体验，教师

① 中华人民共和国教育部：《义务教育语文课程标准》，北京师范大学出版社，2011 年版第 11-12 页。

顺势总结出表达要点，让学生知道如何去说。再次，学生上台自主展示，经过自己的准备与在小组中的讨论演练，在一定程度能够流利表达自己想要讲的内容。最后，让学生脱离自己准备的内容，根据自己准备的图片自由说，自由表达。这些习俗是学生在生活中所经历过的，资料的搜集是让学生对习俗了解更加全面，使学生具备自由说的能力。在此基础上的“自由说”环节，既能提升课题能力目标阶梯式递进，又能增强学生表达的自信。

● **案例十八**

案例 17～19

口语交际《打电话》[①]教学设计

执教人：熊叶

（一）教学内容

语文部编版教材一年级下册口语交际《打电话》。

（二）教材分析

这是语文部编版教材一年级下册口语交际《打电话》教学内容，包括两个部分：怎样打电话和试一试。其中试一试又有三种情况：① 打电话约小明踢球；② 打电话向老师请假；③ 一个叔叔给爸爸打电话，爸爸不在，怎么办？这次的口语交际内容是学生生活中的内容，有极强的现实意义，对锻炼学生的口语交际能力有很大的作用。

（三）学情分析

一年级的学生正在学习普通话，能认真地听别人讲话，可以与别人有礼貌地交谈，乐于表达自己的想法。但是这个过程中需要老师加以引导，强调一些表达习惯。

（四）教学目标

1. 学会打电话，能有条理地说清电话内容。

2. 培养学生口头表达能力，学会把话说清楚、具体。

3. 培养学生倾听的能力，学会在倾听的过程中认真、仔细，不插话。

（五）教学重点

引导学生通过有序的语言组织，把打电话的内容介绍清楚，做到说话清楚，有条理，具体。

（六）教学难点

在讨论的过程中要认真倾听，文明插话，在活动中提高听话、说话能力。

（七）教学过程

1. 联系生活，激趣导入。

（1）听音频，思考音频中的人在干什么。

（2）提问：

① 同学们在生活中打过电话吗？

② 怎样打电话？先干什么？再干什么？

（设计意图：联系生活实际，激发学生兴趣，自然过渡到新授教学内容）

2. 聚焦生活，学习表达。

（1）学习三个关于打电话的小故事，学生针对故事中的情节进行补充展示，得出结论：

---

① 小学《语文》部编版教材一年级下册口语交际《打电话》，第 62 页。

打电话时要有礼貌、说清楚、认真听。

（设计意图：通过故事让学生在情境中体验打电话时的注意事项，感受更加深刻）

（2）学习打电话的儿歌：电话要拨号，问好把名报，说事要清楚，注意有礼貌。

（设计意图：将打电话时的要求用儿歌表达出来，贴近一年级学生的思维模式和学习习惯，记忆效果更好）

3. 关注生活，尝试表达。

（1）挑战：

① 打电话约小明踢球。

② 打电话向老师请假。

先同桌之间交流，再全班展示。同学对参与者进行评价。

（设计意图：联系生活实际演练学习内容，激发学生兴趣，提高学生的参与热情，促进生生互动，师生互动）

（2）试一试：

① 看视频（小猪佩奇给爸爸打电话），思考如果爸爸不在怎么办？

② 叔叔给爸爸打电话，爸爸不在，你该怎么说？小组讨论后全班展示。

（设计意图：针对不同的情况对电话内容的不同调整，锻炼学生的应变能力和表达能力）

4. 延伸生活，拓展交流。

（1）看视频，了解急救电话。

（2）小结：听到有哪些急救电话？（提醒不能随意拨打，只能在有需要时拨打）

（设计意图：通过视频让学生了解急救电话，通过复述加深印象，培养学生的安全意识）

5. 总结。

打电话时要有礼貌、讲清楚、认真听；急救号码要记牢，不能随意拨打。

（设计意图：对课堂教学内容进行一个总结，加深学生印象）

（八）板书设计

	有礼貌
打电话	说清楚
	认真听

● **主题来源：**

语文部编版一年级下册口语交际《打电话》。

● **案例来源：**

本案例由吉首市第二小学熊叶教师设计并执教。

● **案例教学模式：**

生活情境迁移式教学模式。

● **案例教学方法：**

小组合作法、实践操作法、情境体验法。

● **案例简析：**

《义务教育语文课程标准》在实施建议中对口语交际教学提出了这样的建议："口语交际能力是现代公民的必备能力。应培养学生倾听、表达和应对的能力，使学生具有文明和谐地进行人际交流的素养。应努力选择贴近生活的话题，采用灵活的形式组织教学。”[①]本案例很好地践行了这种生活化教学理念。

在导入中，老师通过贴近学生生活的情境，既活跃气氛，又顺畅而巧妙地过渡到“打电话”的内容和对话练习中，同学们乐于参与。

教授新课时，教师利用故事、视频，让学生观看、思考、讨论，明确打电话的要求。接着让学生发挥想象，想一想自己会怎样做，并做出尝试。在学生尝试表达的实践过程中慢慢完善打电话的要求与内容。最后创设“试一试”的表达的环节，通过独立说、小组说、同桌说等多种形式的训练，在充分实践的基础上让学生在表达中拓展延伸，达到充分训练和巩固知识的目的。这堂课的设计激发了真实的交际需求，达到了全员参与的真正的互动。加大实践量，让学生在交际中学会交际，充分体现了口语交际课的情境性、互动性和实践性特点。

● 案例十九

案例 17～19

动物明星评选会[②]

执教人：杨丹

（一）教材分析

本课内容选自语文 S 版三年级下册语文百花园二。这一单元写了很多可爱勇敢的小动物，口语交际的内容在学生通过观察和收集资料，了解小动物的外形、生活习性和特有的技能等知识的基础上和生活积累上，要求能够把所了解的动物特征清楚流利地用口头语言表达出来。

（二）学情分析

三年级的学生能够较完整地复述小故事。课程标准在口语交际方面要求小学中年级的学生除了“学会认真倾听，把握主要内容”之外，还要求讲述故事要具体生动。这一点是需要加强训练的。

（三）设计理念

口语交际是听和说双方的互动过程，应培养学生倾听、表达和应对的能力。“动物明星评选会”这堂口语交际课在具体的交际情境中进行，努力贴近生活话题，鼓励学生展示自己，在教学活动以及日常生活中锻炼学生的口语交际的能力。

（四）教学目标

1. 能清楚明白地从外形、生活习性以及对人类贡献这些方面来介绍自己喜欢的小动物。
2. 培养学生口头表达的能力，力求把话说清楚，内容表达具体生动。
3. 培养学生养成认真倾听、文明插话的好习惯。
4. 培养学生评价他人的能力。

（五）教学重点

学会条理清晰的口头表达，以及将所要说的内容表达清楚。

---

① 中华人民共和国教育部：《义务教育语文课程标准》，北京师范大学出版社，2011 年版第 24 页。

② 小学《语文》S 版教材三年级下册百花园二“有趣的动物”，第 11 页。

（六）教学难点

养成认真倾听、文明插话的好习惯，能根据一定的标准来评价他人。

（七）教学方法

小组合作法、想象法、讲授法、对话法。

（八）教学过程

1. 创设情境，激发兴趣。

青青农场正在举办“动物明星评选会”。猜一猜第一个上场的动物是谁？（播放大白鹅的音频）

2. 竞赛驱动，学会表达。

活动一：围绕“我最美”的主题，夸夸大白鹅

（1）明确口语交际的要求。

说话的同学：把话说清楚，内容要具体。听的同学：仔细、认真倾听，做到文明插话。评价的同学：从声音是否洪亮、内容是否具体来评价。

（2）根据句式，同桌之间相互说一说。（PPT 展示句式）

（3）请同学展示，再评价，颁发“最佳表达奖”和“最佳评委奖”。

活动二：围绕“你了解我吗？”夸夸大白鹅

（1）了解大白鹅生活的地方？（池塘）

（2）展示图片，追问大白鹅在池塘都干什么了？

（3）根据句式，同桌之间相互练习。（课件展示训练句式）

（4）同学展示与评价，颁发“最佳表达奖”。

活动三：围绕“我最棒”夸夸大白鹅

（1）说一说大白鹅对人类的贡献。（图片展示）

（2）根据句式，同桌之间相互练习，比一比谁夸得最好。（课件展示训练句式）

（3）请同学展示并学生进行评价，颁发“最佳表达奖”。

（4）想一想：省略号的内容补充。

（5）听听大白鹅的自我介绍（老师读课件上展示的介绍语）。

（设计意图：在这一环节中，老师给了三个句式让同学们进行口语交际的训练，让学生初步地学会口头表达，锻炼学生的口头表达、倾听与评价的能力）

3. 竞赛展示，自我表达。

（1）图片展示其余九种动物（小狗、鸭子、大公鸡、小猫等）。

（2）从图片中挑选一种动物，和同桌说一说自己最喜欢的动物以及喜欢它的原因。

（3）全班指名回答。

（4）小组合作，从外形、生活习性和对人类的贡献这三方面介绍自己喜欢的动物明星。（教师指导）

（5）全班交流，选两三个小组为代表上台展示。

（6）评选“最佳小组合作奖”。

（7）给自己喜欢的小动物颁发一个“荣誉称号”。

（设计意图：这一环节中，老师让同学们说一说自己喜欢的小动物，并要求说出喜欢它的原因。这一环节充分地调动了学生的积极性，能让他们更好地融入课堂，并且能培养

学生的口头表达的能力。老师引导学生说清楚自己的要求，让学生能有条理地表述清楚、将内容说具体）

4. 拓展延伸。

森林里的动物也想举办一场“动物明星评选会”，猜一猜森林里会有哪些动物？（图片展示森林里的动物）

（设计意图：由青青农场延伸到森林，丰富学生对于动物的认识，同时也能延续学生的热情，将课堂进行下去，更好地达到口语交际训练的目的，培养学生听说读写的能力）

（九）课后作业

回家给自己最喜欢的小动物做一个档案，并把它介绍给自己的家人。

设计意图：作业的目的在于训练学生的书面表达能力，以及巩固本堂课所学的知识。

（十）板书设计

动物明星评选会

说：话说清楚，内容具体

听：认真倾听，文明插话

评：声音洪亮，内容具体

外形　生活习性　对人类贡献

● **主题来源：**

本课内容选自语文 S 版小学三年级下册语文百花园二。

● **案例来源：**

本案例由泸溪县明德小学杨丹教师设计并执教。

● **案例教学模式：**

竞赛式教学模式。

● **案例教学方法：**

小组合作法、实践操作法、情境想象法。

● **案例分析：**

这堂口语交际课程是中段语文口语交际内容。

《语文课程标准》在第二学段口语交际教学目标中提出：“听人说话能把握主要内容”“讲述故事力求具体生动”。在教学实施建议中提出“努力选择贴近生活的话题，采用灵活的形式组织教学”[①]。本案例紧扣教学目标要求，采用了竞赛式教学模式，以任务内驱增强学生参与的积极性。

“夸夸大白鹅”这一口语交际训练，是基于学生通过观察和收集资料，了解小动物的外形、生活习性和特有的技能等知识和生活积累的基础上的，对学生来说是有话可说的。但是，如何把大白鹅的特点生动形象地介绍给大家，对于三年级的学生来说是有一定难度的。为了突破这个难点，在本教学设计中，采取了示范句式、套用句式的形式，降低表达的难度。在此基础上，引导学生由仿到创，从不同的角度介绍大白鹅的特点，力求表达生动，提高学生口头表达能力。

---

① 中华人民共和国教育部：《义务教育语文课程标准》，北京师范大学出版社，2011 年版第 11 页。

第三章　小学数学教学案例

第一节　数与代数

教学内容提示：

（一）数的认识

（二）数的运算

（三）数量的估计

（四）探索规律

（五）代数式与方程

一、模块主题内容

二、模块课标要求

1. 在现实情境中理解万以内数的意义，能认、读、写万以内的数，能用数表示物体的个数或事物的顺序和位置。（数的认识 1，1～3 年级）

2. 能说出各数位的名称，理解各数位上的数字表示的意义；知道用算盘可以表示多位数。（数的认识 2，1～3 年级）

3. 理解符号 $<$ 、$=$、 $>$ 的含义，能用符号和词语描述万以内数的大小。（数的认识 3，1～3 年级）

4. 在生活情境中感受大数的意义，并能进行估计。（数的认识 4，1～3 年级）

5. 能结合具体情境初步认识小数和分数，能读、写小数和分数。（数的认识 5，1～3 年级）

6. 能结合具体情境比较两个一位小数的大小，能比较两个同分母分数的大小。（数的认识 6，1～3 年级）

7. 能运用数表示日常生活中的一些事物，并能进行交流。（数的认识 7，1～3 年级）

8. 结合具体情境，体会整数四则运算的意义。（数的运算 1，1～3 年级）

9. 能熟练地口算 20 以内的加减法和表内乘除法，能口算百以内的加减法和一位数乘除两位数。（数的运算 2，1 ~ 3 年级）

10. 能计算三位数的加减法，一位数乘三位数、两位数乘两位数的乘法，三位数除以一位数的除法。（数的运算 3，1 ~ 3 年级）

11. 认识小括号，能进行简单的整数四则混合运算（两步）。（数的运算 4，1 ~ 3 年级）

12. 会进行同分母分数（分母小于 10）的加减运算以及一位小数的加减运算。（数的运算 5，1 ~ 3 年级）

13. 能结合具体情境进行估算，并会解释估算的过程。（数的运算 6，1 ~ 3 年级）

14. 经历与他人交流各自算法的过程。（数的运算 7，1 ~ 3 年级）

15. 能运用数及数的运算解决生活中的简单问题，并能对结果的实际意义做出解释。（数的运算 8，1 ~ 3 年级）

16. 在现实情境中，认识元、角、分，并了解它们之间的关系。（数量的估计 1，1 ~ 3 年级）

17. 能认识钟表，了解 24 时计时法；结合自己的生活经验，体验时间的长短。（数量的估计 2，1 ~ 3 年级）

18. 认识年、月、日，了解它们之间的关系。（数量的估计 3，1 ~ 3 年级）

19. 在现实情境中，感受并认识克、千克、吨，能进行简单的单位换算。（数量的估计 4，1 ~ 3 年级）

20. 能结合生活实际，解决与常见的量有关的简单问题。（数量的估计 5，1 ~ 3 年级）

21. 探索简单的变化规律。（探索规律，1 ~ 3 年级）

22. 在具体情境中，认识万以上的数，了解十进制计数法，会用万、亿为单位表示大数。（数的认识 1，4 ~ 6 年级）

23. 结合现实情境感受大数的意义，并能进行估计。（数的认识 2，4 ~ 6 年级）

24. 会运用数描述事物的某些特征，进一步体会数在日常生活中的作用。（数的认识 3，4 ~ 6 年级）

25. 知道 2、3、5 的倍数的特征，了解公倍数和最小公倍数；在 1 ~ 100 的自然数中，能找出 10 以内自然数的所有倍数，能找出 10 以内两个自然数的公倍数和最小公倍数。（数的认识 4，4 ~ 6 年级）

26. 了解公因数和最大公因数；在 1 ~ 100 的自然数中，能找出一个自然数的所有因数，能找出两个自然数的公因数和最大公因数。（数的认识 5，4 ~ 6 年级）

27. 了解自然数、整数、奇数、偶数、质（素）数和合数。（数的认识 6，4 ~ 6 年级）

28. 结合具体情境，理解小数和分数的意义，理解百分数的意义；会进行小数、分数和百分数的转化（不包括将循环小数化为分数）。（数的认识 7，4 ~ 6 年级）

29. 能比较小数的大小和分数的大小。（数的大小，4 ~ 6 年级）

30. 在熟悉的生活情境中，了解负数的意义，会用负数表示日常生活中的一些量。（数的认识 8，4 ~ 6 年级）

31. 能计算三位数乘两位数的乘法，三位数除以两位数的除法。（数的运算 1，4 ~ 6 年级）

32. 认识中括号，能进行简单的整数四则混合运算（以两步为主，不超过三步）。（数的运算 2，4 ~ 6 年级）

33. 探索并了解运算律（加法的交换律和结合律、乘法的交换律和结合律、乘法对加法的分配律），会应用运算律进行一些简便运算。（数的运算 3，4 ~ 6 年级）

34. 在具体运算和解决简单实际问题的过程中，体会加与减、乘与除的互逆关系。（数的运算 4，4 ~ 6 年级）

35. 能分别进行简单的小数、分数（不含带分数）加、减、乘、除运算及混合运算（以两步为主，不超过三步）。（数的运算 5，4 ~ 6 年级）

36. 能解决小数、分数和百分数的简单实际问题。（数的运算 6，4 ~ 6 年级）

37. 在具体情境中，了解常见的数量关系：总价=单价×数量、路程=速度×时间，并能解决简单的实际问题。（数的运算 7，4 ~ 6 年级）

38. 经历与他人交流各自算法的过程，并能表达自己的想法。（数的运算 8，4 ~ 6 年级）

39. 在解决问题的过程中，能选择合适的方法进行估算。（数的运算 9，4 ~ 6 年级）

40. 能借助计算器进行运算，解决简单的实际问题，探索简单的规律。（数的运算 10，4 ~ 6 年级）

41. 在具体情境中能用字母表示数。（代数式与方程 1，4 ~ 6 年级）

42. 结合简单的实际情境，了解等量关系，并能用字母表示。（代数式与方程 2，4 ~ 6 年级）

43. 能用方程表示简单情境中的等量关系（如 $3x+2=5$，$2x-x=3$），了解方程的作用。（代数式与方程 3，4 ~ 6 年级）

44. 了解等式的性质，能用等式的性质解简单的方程。（代数式与方程 4，4 ~ 6 年级）

45. 在实际情境中理解比及按比例分配的含义，并能解决简单的问题。（正比例、反比例 1，4-6 年级）

46. 通过具体情境，认识成正比例的量和成反比例的量。（正比例、反比例 2，4 ~ 6 年级）

47. 会根据给出的有正比例关系的数据在方格纸上画图，并会根据其中一个量的值估计另一个量的值。（正比例、反比例 3，4 ~ 6 年级）

48. 能找出生活中成正比例和成反比例关系量的实例，并进行交流。（正比例、反比例 4，4 ~ 6 年级）

49. 探索给定情境中隐含的规律或变化趋势。（探索规律，4 ~ 6 年级）

三、模块训练点

1. 结合现实情境感受数的意义。

2. 从日常生活中抽象出数的过程，能认、读、写整数、分数、小数、百分数和负数，能说出各数位的名称。

3. 在生活情境中感受大数的意义，并能进行估计。

4. 能熟练地口算 20 以内的加减法和表内乘除法，能口算百以内的加减法和一位数乘除两位数。

5. 能计算三位数的加减法，一位数乘三位数、两位数乘两位数的乘法，三位数除以一位数的除法。

6. 在具体情景中能对整数、小数和分数进行准确的四则运算，并理解各类计算的算理。

7. 认识生活中常见的量；了解货币单位及他们之间的关系；了解 24 时计时法，认识时间并了解他们之间的关系，结合自己的生活经验体验估计时间的长短；在具体情境中感受并认识重量单位，能进行简单的单位换算。

8. 能分别进行简单的整数、小数、分数（不含带分数）加、减、乘、除运算及混合运算（以两步为主，不超过三步）。

9. 结合简单的实际情境，了解等量关系，并能用字母以及方程表示。

10. 探索给定情境中隐含的规律或变化趋势。

四、模块教学案例

● **案例一**

案例 1～4

《11～20 各数的认识》[①]微课教学设计

执教人：刘兰娥

授课教师	刘兰娥	学科	数学	教龄	22
微课名称	11～20 各数的认	视频长度	5 分 13 秒	录制时间	2016 年 1 月
知识点来源	学科：数学　　年级：一年级　　教材版本：人教版				
知识点描述	认识计数单位，掌握数的组成				
预备知识	听本微课之前需了解的知识：能正确数出数量在 11～20 之间物体的个数				
教学类型	讲授型				
适用对象	一年级				
设计思路	学生能正确数出数量在 11～20 之间物体的个数，知道这些数是由一个十和几个一组成的，认识计数单位，掌握数的组成，初步了解十进制，发展学生的数感，经历数概念的形成过程，初步体验计数的发展过程和作用				
教学过程					
	内容				时间
一、片头（30 秒以内）	大家好，本节微课重点学习 11～20 各数的认识，知道这些数的组成				30 秒以内
二、正文讲解（4 分钟左右）	第一部分内容： 学习 11～20 各数的认识。 用自己喜欢的方法摆出 12 根小棒。 哪一种方法一眼就能看出是 12 根小棒呢？				253 秒

① 《义务教育教科书·数学》（人教版）一年级上册第 74 页。

续表

二、正文讲解 （4 分钟左右）	第二部分内容： 1. 认识计数单位：10 个一就是 1 个十。 2. 掌握数的组成：1 个十和 2 个一组成（12）。12 里面有（1）个十和（2）个一。 3. 几捆和几根合起来是 15 根呢？摆一摆，我们就能找到答案：（1）个十和（5）个一组成 15。15 里面有（1）个十和（5）个一。 4. 我们摆了 19 根小棒，再放 1 根是多少根？该怎么放？为什么？ 两捆就是两个十。 两个十就是 20。20 里面有两个十	253 秒
	第三部分内容： 1. 生活中我们经常运用今天学习的知识来数数 2. 总结：拍手歌	
三、结尾 （30 秒以内）	授课完毕，谢谢聆听	30 秒以内

● **主题来源：**

选自《义务教育教科书·数学》（人教版）一年级上册第 74 页的内容。

● **案例来源：**

本课例选自湖南省张家界市北门小学刘兰娥教师的教学设计。

● **案例简析：**

本案例是“数的认识”模块中的主题内容，体现了第 2 条课标内容中的能说出各数位的名称，理解各数位上的数字表示的意义。围绕第 2 大训练点，从日常生活中抽象出数的过程，能认、读、写整数，能说出各数位的名称。

本案例“11 ~ 20 各数的认识”三级主题采用讲授和操作相结合的教学模式设计，讲解法、操作实验法等多种教学方法交的叉使用，让学生认识 11 ~ 20 各数。具体分析如下：

《11 ~ 20 各数的认识》这节课，教师用讲授的形式把重点放在理解“十是一个计数单位，10 个一就是 1 个十，知道十几的组成”这个知识点上。这是一个注重动手操作，借助数形结合，让学生感悟体验知识的形成过程的优秀微课案例。首先，从单根的拿法和整捆的拿法对比中进一步明白整捆拿法的优势，让学生体会到 10 个一就是一个整体，接受并认可“10 个一是 1 个十”，感受十进制，为今后计算“满十进一”作铺垫。其次，动手摆一摆 11、13，让学生体会十几的组成，特别注重拐弯数的组成引领。比如“19 根小棒再放 1 根是多少根？该怎么放？”“另一个十在哪里”，让学生体会够 10 根又要捆 1 捆，再次深入理解 10 个一是 1 个十，同时对 2 个十是 20 的体验也水到渠成。

● **案例二**

克和千克[1]

执教人：莫芬

案例 1 ~ 4

（一）教学内容

《克和千克》是《义务教育教科书·数学》（人教版）二年级下册第 100-103 页及相应

① 《义务教育教科书·数学》（人教版）二年级下册第 100-103 页

练习。本节课是在学生已初步建立物品有轻有重的观念基础上进行教学的，是质量单位教学的起始课。由于质量单位不像长度单位那样直观、具体，不能仅靠眼睛观察得到，学生对克和千克这两个单位缺少具体的感知。本节课重点让学生在实践活动中体验、感受克和千克，建立 1 克和 1 千克的质量观念，通过活动了解克和千克之间的关系，理解 1 千克=1000 克。

（二）教学目标

1. 知识与技能：在具体生活情境中，让学生感受并认识质量单位克和千克；初步建立 1 克和 1 千克的观念，理解 1 千克=1000 克。

2. 过程与方法：通过掂一掂、估一估、称一称等教学活动，初步建立 1 克和 1 千克的质量观念，并学会以此为标准去估量物体的质量。

3. 情感、态度、价值观：培养学生积极的数学情感，体会质量单位与生活的密切联系。

（三）教学重点和难点

1. 重点：初步建立 1 克和 1 千克的质量观念。

2. 难点：理解 1 千克=1000 克。

（四）教学方法

方法：发现法、练习法。

（五）教学过程

1. 生活引入，感悟质量单位。

老师：（课件出示苹果图）这是一箱苹果，在包装箱上你看到了什么？

学生 1：我看到了苹果图片和“苹果”两个字。

老师：包装上除了有商品名称和图片，还有什么？

学生 2：净含量：25 kg。

老师：“净含量”就是指包装里的物品实际有多重，这就是物体的质量。字母“kg”是质量单位，中文意思是“千克”。[板书：千克（kg）]所以，这箱苹果的“净含量”是 25 千克。

老师：我们桌上也有很多物品，来，大家找找，桌上这些物品的净含量是多少？（好，开始）（师巡视、指导各小组。）

学生 1：这包盐的净含量是 500 克。（投影）

老师：“克”也是质量单位，可以用字母“g”来表示。[板书：克（g）]

老师：谁来说说其他商品的净含量？

学生 2：这包面条的净含量是 1 千克。（投影）

老师：还有吗？

学生 3：这盒牙膏的净含量是 50 g。（投影）

老师：今天，我们就一起来认识质量单位克和千克。（板书：克和千克）

2. 操作体验，认识质量和质量单位。

（1）区分单位。

老师：现在，请大家掂一掂（师边掂边说）桌上的这些物品，有什么感觉？（好，开始）

学生：我发现物品有轻有重。

老师：对，还有吗？

老师：哪个物品最轻？哪个物品最重？（指黑板）

学生：口香糖最轻，洗衣液最重。

老师：口香糖有多重？

学生：15 克。

老师：洗衣液有多重？

学生：2 千克。

老师：对，生活中，计量比较轻的物品，常用“克”（g）作单位，计量比较重的物品，常用“千克”（kg）作单位。

（2）认识克。

老师：那么，1 克到底有多重呢？我给每一组都准备了一个 2 分的硬币放在信封里，它约重 1 克，请大家拿出来放在手上轮流掂一掂。（好，开始）

学生掂硬币。

学生：2 分的硬币好轻好轻啊！

老师：在刚才大家掂的过程中，我听到有小朋友说：“好轻啊，好轻啊！”那在我们的生活中，你觉得哪些物品的质量大约 1 克？

学生 1：一块橡皮大约重 1 克。

老师：一块新橡皮可不止 1 克重，除非，用到只剩一点点，才有可能是 1 克。

老师：还有吗？

学生 2：一片树叶约重 1 克。

老师：有的树叶约重 1 克，有的树叶比 1 克重，有的比一克轻。

学生 3：一粒黄豆约重 1 克。

老师：真的吗？

老师：生活中，我们常用天平称比较轻的物品。

老师（课件出示天平）：这是一架传统天平，这种天平现在很少用了，现在生活中或实验室里用的大多是电子天平。电子天平是最新一代的天平，它可以直接称量，不需要砝码。称量时，先取下天平罩，放于天平后，轻轻按开机键，指示灯亮，稍后显示 0.0 g，即可开始使用。猜一猜放几粒黄豆约为 1 g 重。你瞧！4 粒黄豆约重 1 g。

（3）认识千克并理解进率：1 千克=1000 克

老师：从刚才的活动中，我们知道 1 枚 2 分的硬币约重 1 克，4 粒黄豆约重 1 克，现在，请你们看看桌上面条的净含量各是多少？

学生：一包是 1 千克，另一包是 1000 克。（同时投影演示）

老师：来，每人轮流双手同时掂一掂，有什么感觉？

学生 1：一样重。

学生 2：左边这包重些？

老师：事实胜于雄辩，我们一起来称一称，称比较重的物品可以用盘秤。

老师：这台盘秤的单位是“千克”。

老师：我们先称这包面条（先投影净含量再称），指针指向几？

学生：指针指向“1”。

老师：也就是说这包面条重 1 千克。（在“千克”前面板书“1”）

老师：再称这包（先投影净含量再称），指针又指向几呢？

学生：指针还是指向“1”。

老师：指针都指向“1”说明什么？

学生：两包面条一样重。

老师：所以，1 千克=1000 克。（板书）

老师：（指导读：1 千克=1000 克，在读的时候，要让人一听就知道等号两边的单位不一样，也就是数和单位之间稍微隔开。1 千克=1000 克）

老师：一起来读一下。

老师：大家都读得很好，那反过来再来读一读。（指着黑板读）

老师：很好，刚刚我们认识了质量单位克和千克，知道 1 千克=1000 克。桌子上有这么多物品，谁和谁合起来会是 1 千克？或者是同一种物品几个会是 1 千克？（500 克的盐，几包会是 1 千克）小组合作找一找，算一算。

3. 交流体会，全课总结。

老师：通过刚才的学习，我们认识了质量单位“克和千克”，知道了称比较重的物品用千克作单位，称比较轻的物品用克作单位，还知道 1 千克=1000 克。

4. 巩固练习，延伸拓展。

（1）练习二十第 1、2、5、6 题。

（2）判断题。

（3）你会改错吗？

5. 说收获。

这节课你学得开心吗?有什么收获?

6. 扩展延伸。

布置作业：请同学们回家后，找找身边也重 1 克和 1 千克的物品有哪些？

（六）板书设计：

克 和 千克

（g） （kg）

↓ ↓

质量 轻 重

1000 克 = 1 千克

● **主题来源：**

选自《义务教育教科书·数学》（人教版）二年级下册第 100-103 页的内容。

● **案例来源：**

本课例选自湖南省湘潭市湘大子校莫芬教师的教学设计。

● **案例教学模式：**

操作-感悟教学范式。

● **案例简析：**

本案例是“数量的估计”模块中的主题内容，体现了第 19 条课标内容：在现实情境中，感受并认识克、千克、吨，能进行简单的单位换算。围绕第 7 个模块训练点，认识生活中常见的量；在具体情境中感受并认识重量单位，能进行简单的单位换算。

本案例“克与千克”三级主题采用操作—感悟教学范式设计，演示法、谈话法、操作实验法等多种教学方法的交叉使用，让学生了解两个重量单位。具体分析如下：

课标要求：数学教学应从学生的生活经验和已有的知识背景出发，向他们提供充分的从事数学活动和交流的机会，帮助他们在自主探索的过程中真正理解和掌握基本的数学知识技能、数学思想和方法。本节课让学生通过看、掂、比、估称等数学活动，体验生活中常见物品的质量，自主建构质量观念，巧设情境，让学生在找1克的物品中感受和建立克的质量观念。

在教学克与千克的关系时，多渠道主动获取知识，指导学生初步学会根据参照物有依据地估测，在活动中获得有效的体验，渗透数学思想方法。教学过程要关注学生的生活经验和已有的知识体验是《标准》的重要理念之一。新课开始便创设学生熟悉的生活情境——看一看物品包装袋上的重量标识，认识克，再用手掂一掂、比一比，在学生已有的轻重观念的基础上进行教学，让学生知道比较物品的轻重可用眼睛看，也可用手掂一掂或用秤称一称，建立估量意识。以此激发学生的学习兴趣，使学生初步感受数学与日常生活的密切联系。

● **案例三：**

案例 1～4

1 000以内数的认识①

执教人：李燕

（一）教学内容

“1000以内数的认识”是人教版二年级下册第68页的内容。本节课的教学是在学生已经学习了“20以内数的认识”“100以内数的认识”的基础上，进一步学习千以内的数。这部分知识不仅是计算的基础，而且在日常生活中有着广泛的应用。本课中，要让学生认识计数单位“千”，感知千以内的数，发现相邻两个计数单位之间的十进关系，知道1000以内数数的方法和规律。如果这部分知识掌握好了，学生可以类推学习万以内的数甚至更大的数。

（二）教学目标

1. 知识与技能：能认、读、写千以内的数，能说出各数位的名称，识别各数位上数字的意义。发现相邻两个计数单位之间的十进关系。

2. 过程与方法：通过在具体情景中让学生经历数数活动的过程，体验数的产生，培养学生的数感和估计意识；经历观察、猜想、操作及与同伴合作交流等数学活动过程，使学生初步学会有条理地思考和解决问题。

3. 情感态度与价值观：感受数字与日常生活的密切联系，培养学生的数感和学好数学的信心。

（三）教学重点与难点

1. 重点：1000以内数的读法、写法及数的组成。

---

①《义务教育教科书·数学》（人教版）二年级下册第68页。

2. 难点：拐弯处数的数法，中间、末尾有0的数的读法。

（四）教学过程

1. 数数活动。

（1）体验“一千”产生的过程。

（出示一个小正方体）

① 今天，李老师带来了一个小朋友，看看它是谁？

（出示一条，包含10个小正方体）

猜猜这里会有几个这样的小正方体？（生猜）我们一起来数一数。

师小结：一个一个地数，10个一是十。

②（出示一块）再猜这一块里会有多少个这样的小正方体？

（生猜）请生来数数验证自己的答案。

师小结：10个10个地数，10个十是100。

③（出示一个大正方体）这个大朋友是谁？这个大正方体里到底藏了多少个这样的小正方体呢？

我们来数一数，怎么数才能把里里外外、上上下下的小正方体都数到，一个也不漏掉，小组商量后数一数。（交流数法）

师：你们组有多少个小方块？是怎么数的？并展示数的过程。

生：一个一个地数，10个一是（一十）。

一十一十地数，10个十是（一百）。

还可以一百一百地数，10个百是（一千）。

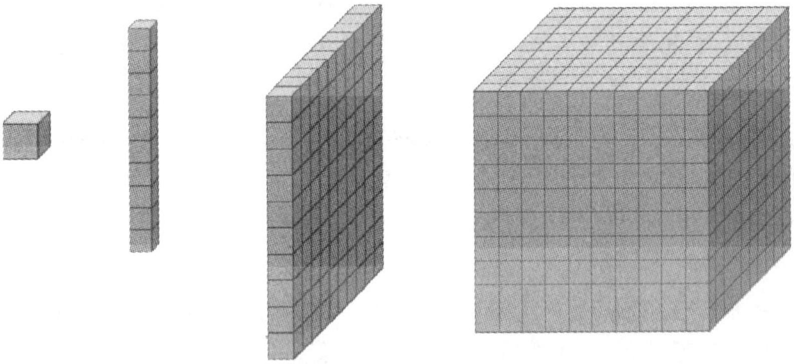

图1　个、十、百、千方块图

④ 师小结：这个大正方体里的确藏有1 000个小正方体。原来我们可以有顺序、科学地数，这样才不重复也不会漏掉。让我们看大屏幕再次回顾数法。

这节课，我们一起认识1 000以内的数。（师板书课题）

设计意图：想通过孩子们已有的数数经验即“10个一是十”“10个十是一百”，再借助大正方体，观察发现一条里面有10个一是十；一块里面有10个十是一百；一个大正方体里有10个一百是一千，从而认识一千，并领悟相邻计数单位间的进率是十。

（2）体会数的组成。

① 下面我们一起来看看图上一共有多少个小正方体？

你看到了什么？你是怎么知道的？
你又看到了什么？
600 再加 3 个百是几个百？
900 加（　　）个百就是 1 000。
② 练习。
1 000 里有（　　）个百，（　　）个一。
1 000 里有（　　）个十，你是怎么知道的？
设计意图：通过问题进入数的组成教学，学生通过课件演示直观地得出结论，一个数是由几个百、几个十和几个一组成的。
下面，我们来挑战一下会不会数 1 000 以内的数。看要求：
③ 从 308 数到 315。
哪个同学来试试？
（再看第二个要求）
④ 从 800 数到 1000。
我们比比赛，看哪组的数法多。
每个小组展示不同的数法。
800、801、802、803……
800、802、804、806……
800、810、820、830、840、850、860、870、880、890、900……
800、850、900、950、1 000
800、900、1 000
（体验不同的数法，有快有慢，掌握数数的规律）
设计意图：通过小组比赛的形式进行数数练习，目的让孩子掌握不同的数数方法。比如一个一个地数、五个五个地数、十个十个地数、一百一百地数……着重强调拐弯数数。
同学们连数数都想到这么多好办法，我们继续挑战读数、写数。
2. 读数、写数活动。
（1）请同学们完成练习第 3 题。
“哪两个同学来说说自己是怎么做的？”（请学生上台展示）
天津广播电视塔总高度 415 米，是世界上唯一的一座“水中之塔”。
（2）画、读、感受高度。
三根天津超级大麻花礼品价格为 308。
在计数器上画出 308、写出 308，发现哪个数位上一个计数单位也没有就在这个数位上写 0。
会写 1 000 吗？（千位上写 1，百位、十位、个位写 0）
问：1 000 是几位数，怎样写？
和前面的数相比，有什么不同？
设计意图：强调 0 的占位作用以及 1 000 的读法。
3. 游戏活动、巩固提升。
师：同学们表现很赞，我们来玩一个游戏，愿意吗？

（1）认识镖盘。

师：这是一个飞镖盘，谁看懂了吗？来说说。

生：打中的区域不同得分也就不同，分别有 1 000 分、100 分、10 分和 1 分。

（2）了解游戏规则。

师：比赛镖盘有了，就差选手了，咱们麻花队和馒头队来 PK，如何？

① 每个小组选出男、女选手各三名，每人投一镖，六镖合起来算总分。

② 其他同学当裁判记分，包子队负责给麻花队选手记分，记在左边的记分卡上。麻花负责给包子队选手记分，记在右边的记分卡上。

（3）开始游戏。

试投。

正式比赛。

现在由裁判代表宣布结果：

男生队投了（　　）个千（　　）个百（　　）个十和（　　）个一，总分是______，女生队投了（　　）个千（　　）个百（　　）个十和（　　）个一，总分是______，（　　）队获胜。让我们掌声恭喜（　　）队。（　　）队虽然没赢，但也输得有风范，掌声鼓励！请比赛队员们为认真、负责的裁判们点赞！

设计意图：这个“投飞镖”的游戏孩子们很喜欢，投中不同的区域得分不同。在游戏的过程中，孩子们既能开心地玩，又巩固了数的读写及组成，课堂气氛特别活跃。

4. 提升练习，横线上可以填什么数。

________、________、400、________、________……

设计意图：通过练习让孩子灵活地掌握数的顺序、学会有规律地填数。

5. 课堂总结

通过这节课的学习，你收获了什么？

● **主题来源：**

选自《义务教育教科书·数学》（人教版）二年级下册第 68 页的内容。

● **案例来源：**

选自湖南省吉首大学师范学院附属小学青年优秀教师李燕教师的教学案例。

● **案例教学模式：**

活动式教学范式。

● **案例简析：**

本案例是“数的认识”模块中的主题内容，体现了课标内容中的“1. 在现实情境中理解万以内数的意义，能认、读、写万以内的数。”“2. 能说出各数位的名称，理解各数位上的数字表示的意义”以及第三个训练点：“在生活情境中感受大数的意义，并能进行估计”。

本案例“1 000 以内数的认识”三级主题采用活动式教学范式设计，通过多媒体演示法、谈话法、小组合作法等多种教学方法的交叉使用，让学生认识 1 000 以内的数。具体分析如下：

本节课从学生的发展和学习需求出发，在整体设计上注重了数数和数感的培养。

1. 注重学生对于 1 000 的概念理解，通过数数活动建立数感数的认识由100以内扩展到1 000以内，数目增多增大，内涵更丰富了，抽象程度也更高了。在引出1 000之前，老师首先让学生明白数数可以用不同的方法进行，为了让学生建立具体的数感，让学生从一个一个数到十个十个数，再到百个百个地数，最终引出10个一百是1 000，强化了1 000在学生脑中的印象以及对于1 000的感受与认识。

2. 运用动态演示和教具计数器，通过拨数、读数、写数活动突破难点

本课的教学重点是会数的读写及体会数的组成，依据课标“数学知识、思想、方法必须由学生在实践活动中理解、感悟、发展，而不是单纯依靠教师的讲解去获得的”这一要求，老师在学生学习数的组成时，并不是直接告诉学生如何机械地记忆，而让学生在动画操作演示和重复操作计数器的活动中感悟，让学生经历了数学知识“再创造”的过程。运用计数器直观地向学生展示1 000以内数的组成，通过在计数器上拨出不同的数，使学生在了解到数的组成的同时，也解决了读数中出现的几个特殊情况，当中间出现0时，不能省略，因为这一个0表示占位。

3. 在游戏活动中让学生感受数的意义

本节课以游戏、活动贯穿始终，把数学知识无形地融入其中。在适合学生年龄、形式多样的游戏活动中引导学生数数，体会数的意义及应用价值，有润物细无声之感。另外由浅入深，由客观到主观的练习，体现了层次性与开放性。

● **案例四**

案例 1～4

7的乘法口诀①

执教人：李燕

（一）教学内容

《7的乘法口诀》是人教版二年级上册第六单元“乘法口诀（二）”的内容，学生们之前已经学习了2到6的乘法口诀，有了自编口诀的经验，并能利用口诀写出两个乘法算式，解决相关的乘法问题。通过调查发现，很多孩子已经知道7的乘法口诀。我想，这堂课可以放手让孩子们自主探究学习7的乘法口诀，而不是从零开始。

（二）教学目标

1. 知识与技能：加深对7的乘法口诀的记忆和理解。

2. 过程与方法：经历自编7的乘法口诀的过程，培养学生对新知的质疑、探究、验证、类推以及应用的能力，培养学生合作、交流的意识。

3. 情感、态度与价值观：通过合作交流的学习方式，培养学生参与合作的意识。

（三）教学重点和难点

重点：会自编口诀。

难点：能用口诀解决生活中的实际问题

（四）教学方法

借助钢琴上的白色琴键，用谈话法展开教学。一架钢琴上有52个白键，一组音阶是7个白键，两组音阶是2个7，三组音阶是3个7，四组音阶是4个7……最后让孩子通过

---

①《义务教育教科书·数学》（人教版）二年级上册第68页。

圈一圈、加一加、乘一乘，自主探索、合作学习类推出7的乘法口诀。

（五）教学过程

1. 欣赏音乐。（欣赏钢琴曲）

师：同学们，今天老师给大家带来了一首好听的钢琴曲，下面我们一起来欣赏。（老师和学生边欣赏音乐边随节拍律动）

设计意图：美妙的音乐叩响了新知的大门，孩子们在欣赏音乐的同时，已经开始好奇今天的数学课会学什么呢？

2. 自主迁移，合作学习。

（1）出示钢琴键盘图，孕育7的乘法问题。

① 师：同学们，刚才我们欣赏的乐曲就是钢琴弹奏出来的，我们再来听其中的一组音，仔细听一听有几个音？

师：我们一起来唱一唱这7个音吧。

② 师：我们刚才听到的音就是这组白键发出来的，像这样七个音组音阶。（出示键盘图，圈出小C1组音阶）

③ 学生解决问题，教师适时板书。

师：一组音阶里有多少个白键？

师：谁可以列式计算？1×7= 7×1=

师：谁可以编出乘法口诀？（一七得七）

④ 出示两组音阶，学生解决问题，教师适时板书。

师：同学们还想再听听吗？1234567 1234567

师：你听到了什么？

师：两组音阶有多少个白键？

（板书：7+7=14　2×7=14　7×2=14，口诀：二七十四　）

设计意图：通过模唱一组音阶、两组音阶，轻松地进入了7的乘法口诀的学习，同时也给所有的孩子进行了一次乐理知识普及，孩子们很感兴趣。

（2）小组合作，整理出7的乘法口诀。

① 师问：一架钢琴里到底有多少个白键呢？请小组长分配好学习任务，一起完成数学练习。

② 小组合作学习，完成表格，整理出相关的乘法口诀。

学生展示，师适时点拨。

③ 观察7的乘法口诀的规律。

师：我们一起来观察这7的乘法口诀，你发现了什么？（引导学生从上往下或从下往上有序地观察）

学生交流：从上往下观察，我们发现每一次会增加一个7；从下往上观察，我们发现上一句口诀比下一句口诀减少一个7。结果正好相差7。

④ 小结：同学们，今天我们通过圈一圈、数一数、算一算的方法学习了7的乘法口诀，大家表现真棒！

设计意图：通过小组合作学习的形式，孩子们圈、数、算，编出 7 的乘法口诀，并通过观察讨论，孩子们找到了乘法口诀的编排规律，同时也将“有序观察”这个数学思想渗透给孩子们。

3. 练习巩固。

（1）游戏：你问我答。（同桌之间完成）

同桌 A：四七（　　）。

同桌 B：四七（二十八）

……

（2）小松鼠每天吃 5 颗松果，篮子里的松果够它吃一个星期的。篮子里一共有多少颗？

（3）生活中的数学问题。

① 出示古诗《赠汪伦》：

李白乘舟将欲行，忽闻岸上踏歌声。桃花潭水深千尺，不及汪伦送我情。

师：这是一首七言绝句，我们看看古诗里一共有多少个字？

② 有一种昆虫和 7 有关。（七星瓢虫）

仿青蛙歌，我们一起唱七星瓢虫歌：

1 只瓢虫 1 张嘴，7 个星星 6 条腿；

2 只瓢虫 2 张嘴，14 个星星 12 条腿；

3 只瓢虫（　　）张嘴，（　　）个星星（　　）条腿；

……

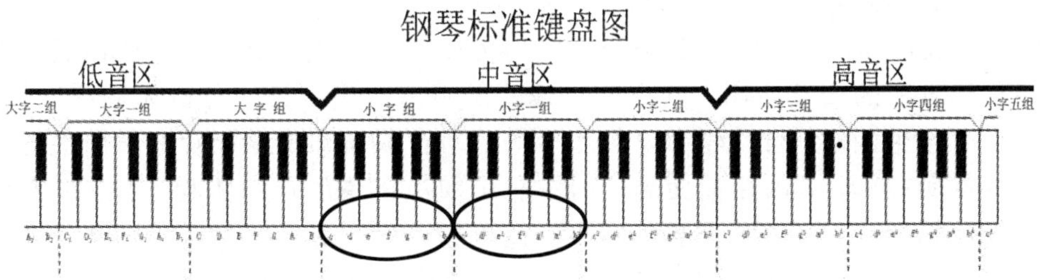

图 1　钢琴标准键盘图

设计意图：新课标指出：数学教学要紧密联系学生的生活实际，从学生的生活经验出发，创设各种情景，为学生提供从事数学活动的机会，激发学生对数学的兴趣以及学好数学的愿望。

该环节通过对口诀、唱儿歌等丰富有趣的活动，结合生活中与 7 相关的问题，让学生充分运用口诀解决问题，提高学生用口诀进行计算的熟练度，让学生感受到数学的趣味性。

4. 课堂小结。

这节课你开心吗？学到了哪些本领啊？

（附练习表格 7 的乘法口诀）

表 1　7 的乘法口诀

白键个数	乘法算式	乘法口诀
7	1×7=7　　7×1=7	一七得七

● **主题来源：**

《义务教育教科书·数学》（人教版）二年级上册第 68 页的内容。

● **案例来源：**

湖南省湘西自治州吉首大学师范学院附属小学李燕教师。

● **案例教学模式：**

合作迁移式。

● **案例简析**

本案例是“数的运算”模块主题内容，体现了第 9 条课标内容：“能熟练地口算 20 以内的加减法和表内乘除法，能口算百以内的加减法和一位数乘除两位数。”围绕第 4 个训练点，熟练表内乘除法，口算一位数乘除两位数。

本案例“表内乘法”三级主题采用经验—传递教学范式设计，通过谈话法、小组合作法等多种教学方法的交叉使用，让学生自编 7 的乘法口诀。具体分析如下：

注重学生自主探索，合作学习。激发学生主动获取新知是新课程改革所倡导的，也是本节课的特点所在。学生因在前面的学习中有了乘法口诀的自编体验，所以很容易利用旧知迁移进行新知的学习。整堂课教师以钢琴的七组白键为素材，整理出加法算式、乘法算式，放手让学生自主探索 7 的乘法口诀，激发学生学习的主动性，充分发挥了学生学习主体作用。教与学的双边活动不仅让学生的学习积极性大大提高，还能锻炼学生的知识和经验的迁移能力，有利于学生对学习方法的掌握。另外，教师引导学生学会有序地观察口诀，发现口诀排列规律（从上往下观察，依次多一个 7，从下往上观察，依次减少一个 7），然后再记忆口诀是十分必要的。即使学生忘记了哪一句口诀的结果，也是可以凭借口诀之间的联系，找到答案。整个环节学生们动口、动手、动脑，人人主动参与学习，学生的学习能力得到很好的发展，真真实实做到了以学生为主的课堂。

● **案例数字化素材提供**

1. 视频：本案例的课堂教学视频。

2. 教材内容扫描：《义务教育教科书·数学》（人教版）二年级下册小学教材单元主题“表内乘法（二）”中的三级主题“7 的乘法口诀”教材内容。

● **案例五**

案例 5～8

《用字母表示数》①片段课教学设计

执教人：潘海英

（一）教学内容

“用字母表示数”是人教版小学数学五年级上册第 56-57 页的内容，它是简易方程这一单元的起始课。内容看似浅显、平淡，但它是代数的起点，是由算术思维到代数思维的转型，是数学学习从常量到变量的一个转折点，是认识过程上的一次飞跃，因此本节课有着特殊的意义。既是本单元认识方程的基础，也是后续学习用方程解决小数、分数、百分数问题的知识储备。课标要求在具体情境中能用字母表示数；结合简单的实际情境，了解等量关系，并能用字母表示。教材的编排意在帮助学生在熟悉的问题情景中理解并学会用字母表示数；让学生完整地经历用字母表示数的抽象概括过程，并在过程中感受字母表示数的必要性，理解用字母表示数的意义。

（二）教学目标（片段课）

1. 知识与技能：理解用字母表示数（式）的意义；结合实际问题，会用含有字母的式子表示其中的数量和数量关系。

2. 过程与方法：通过观察、发现、交流、归纳等操作，经历用字母表示数的抽象概括过程，初步感受代数思想，渗透符号化意识。

3. 情感与态度：激发学生学习的兴趣，体会数学的简洁美；感受悠久灿烂的数学文化。

（三）教学重难点

1. 教学重点：感悟用字母表示数（式）的意义，能用含有字母的式子表示简单的数量关系。

2. 教学难点：能正确用含有字母的式子表示数量之间的关系。

（四）教学方法

讨论-发现法、练习法。

（五）教学过程

1. 儿歌激趣，感受字母（式）的作用。

（1）念儿歌：1 只青蛙 1 张嘴，
2 只青蛙 2 张嘴，
3 只青蛙 3 张嘴，
……

师：请大家继续念下去

师：怎么不念了呢？

生：念不完。

师：谁可以用一句话把这首儿歌念完？

生 1：（a）只青蛙（a）张嘴。

生 1：（x）只青蛙（x）张嘴。

①《义务教育教科书·数学》（人教版）五年级上册第 56-57 页。

师：真做到了！是谁帮了你大忙？（字母）可以用其他的英文字母表示吗？（26 个字母都可以）受你们的启发，我也可以用一句话念完了：

（n）只青蛙（n）张嘴。

这里的 n 可以表示哪些数呢？

生 1：可以是 1，2，3，4，5……

生 2：可以是所有的整数。

生 3：可以是所有的自然数。

师：以前我们只学习了用 1，2，3 这样的数表示青蛙的只数，今天我们还可以用 a 或 x 或 n 这样的“数”来表示青蛙的只数。只是 1，2，3 这样的数表示的是确定的只数，而 a 这样的“数”表示的是不确定的只数。

师：你还见过哪些用字母表示数的例子？

生：用字母表示长方形周长、面积，还有加法交换律等。

（2）继续念儿歌：1 只青蛙 1 张嘴，2 只眼睛 4 条腿。

两只青蛙两张嘴，4 只眼睛 8 条腿。

……

还能用一句话念完儿歌吗？

生 1：（a）只青蛙（a）张嘴，（2xa）只眼睛（4xa）条腿。

生 2：（a）只青蛙（a）张嘴，（2a）只眼睛（4a）条腿。

生 3：（a）只青蛙（a）张嘴，（b）只眼睛（c）条腿。

师：真厉害！哪种更好？为什么？（数字和字母可以相乘，强调写法）

生：因为 1 只青蛙有 1 张嘴、2 只眼睛、4 条腿。我觉得第三种说法没有其他两种好，他没有体现眼睛和腿与青蛙数量之间的关系。所以我认为第二种最好，它更简洁。

师：你提到了一个很好的词：关系。看来字母表示不确定的数，含有字母的式子不但能表示具体的数量（2a 表示 a 只青蛙的眼睛数量），还可以表示数量之间的关系（2a 表示 a 只青蛙时眼睛数量是青蛙只数的 2 倍）。

2. 情境感悟，探究新知。

（出示情境图）老师比小明大 25 岁。

表 1　小明和老师的年龄表

小明的年龄	老师的年龄
5	5+25=30
10	10+25=35
11	11+25=36
……	……

问：（1）此表中什么变了？什么没有变？（观察数据变，而关系不变）

引导学生把关注点放在对数量关系的研究与思考上。

（2）你能用一个式子来表示任意一年老师的年龄吗？

生：小明年龄+25=老师年龄。

（3）还有更简便的方法吗？

生：a+25=老师的年龄。

（4）这里的字母 a 表示什么含义？a 可以表示 200 吗？

生：不能，因为老师不可能活到 200 岁。

说明这里的字母 a 表示了一定范围的数。字母的范围要根据实际情况而定。

师：a+25（a 表示小明的年龄）又表示什么？a+25 还表示了什么？（数量关系）

（5）代入求值。

当小明 6 岁读小学时，老师多少岁？（适时指导书写格式，板书：当 a=6 时，a+25=6+25=31）

当 a=18 时，在小明的成人仪式时，老师又是多少岁呢？（板书：当 a=18 时，a+25=18+25=43）

小结：字母 a 表示的是一个可以变化的数，a+25 随着 a 的变化而变化，但只要 a 确定了，a+26 就是一个确定的数了。含有字母的式子既可以表示数量，还能表示数量之间的关系。

3. 巩固练习，内化提升。

（1）回顾过程，初步学会假设字母表示关系。

① 鸵鸟的奔跑速度为 70 千米/时，鸵鸟 *t* 小时奔跑（　　）千米。

② 人的身高早晚可能会相差 2 厘米，在早上最高，晚上最矮。一个人早上身高 b 厘米，晚上的身高可能是__________厘米。

（2）归纳提升：让学生理解为什么要学习用字母表示数；什么情况下用字母表示数，用字母表示数时需注意什么？

（适当介绍：韦达是第一个较系统使用字母表示数的人）

4. 布置作业，课外延伸。

基础练习：练习十二第 1 题；提升训练：练习十二第 4 题。

5. 板书设计。

用字母表示数

小明的年龄	老师的年龄	
11	11+25	
12	12+25	
13	13+25	字母可以表示 {不确定的数；任意的数；一定范围的数；数量及数量关系；
……		
a	a+25	

● **主题来源：**

《义务教育教科书·数学》（人教版）五年级上册第 56-57 页的内容。

● **案例来源：**

吉首大学师范学院初等教育系在读学生潘海英的教学设计，指导教师：石艳平。

● **案例教学模式：**

感悟-内化式。

● **案例简析：**

本案例是“代数式与方程”模块中的主题内容，体现了第 41 条和 42 条课标内容中的“在具体情境中能用字母表示数”，“结合简单的实际情境，了解等量关系，并能用字母表示”。围绕第 9 个训练点，结合简单的实际情境，了解等量关系，并能用字母以及方程表示。

本案例“用字母表示数”三级主题采用感悟-内化教学模式设计，讨论-发现法、练习法、谈话法等多种教学方法的交叉使用，让学生体会“用字母表示数”以及它的学习价值。具体分析如下：

学生由具体的数过渡到用字母表示数，是认识上的一次飞跃。对于他们来说是很抽象、显得较枯燥的。而这些知识是学习简易方程以及将来学习代数的主要基础，是学生算术思维到代数思维的过渡。因此整个设计围绕让学生明确同一事物可以用不同的字母表示、不同事物用不同字母表示，根据具体情境，学会使用字母表达式来完成。

这节课从学生熟悉的儿歌开始，在老师的引导下对用字母表示不确定的数这件事，学生深刻地体会了其必要性和数学的简洁性。再回忆已经学过的运算定律字母表达式、公式的字母表达式，通过对熟悉事物的联想感悟，抽象的字母变得具体而富有意义，引导学生自己发现字母可以表示不确定的数、任意的数。这体现了数学教学要以学生已有的知识经验和生活经验为基础的新课标理念。通过老师和小明年龄对比这一有趣的生活情境，营造了一个生动活泼的课堂气氛，在情境中以问题为主线，层次深入，有意让学生理解并说出字母以及含字母的代数式表示的意义，明确字母的取值。帮助学生对字母可以表示数（确定的数、任意的数、一定范围的数）、数量以及数量关系这一事实进行内化。让学生感受字母表示数的必要性的同时，完整地经历用字母表示数的抽象概括的过程，也为方程的建立埋下伏笔。

第二节　图形与几何

教学内容提示：

（一）图形的认识及性质

（二）分类和度量

（三）图形的平移、旋转、轴对称

一、模板主题内容

二、模块课标要求

1. 能通过实物和模型辨认长方体、正方体、圆柱和球等几何体。（图形的认识 1，1～3 年级）

2. 能根据具体事物、照片或直观图辨认从不同角度观察到的简单物体。（图形的认识 2，1～3 年级）

3. 能辨认长方形、正方形、三角形、平行四边形、圆等简单图形。（图形的认识 3，1～3 年级）

4. 通过观察、操作，初步认识长方形、正方形的特征。（图形的认识 4，1～3 年级）

5. 会用长方形、正方形、三角形、平行四边形或圆拼图。（图形的认识 5，1～3 年级）

6. 结合生活情境认识角，了解直角、锐角和钝角。（图形的认识 6，1～3 年级）

7. 能对简单几何体和图形进行分类。（图形的认识 7，1～3 年级）

8. 结合生活实际，经历用不同方式测量物体长度的过程，体会建立统一度量单位的重要性。（测量 1，1～3 年级）

9. 在实践活动中，体会并认识长度单位千米、米、厘米，知道分米、毫米，能进行简单的单位换算，能恰当地选择长度单位。（测量 2，1～3 年级）

10. 能估测一些物体的长度，并进行测量。（测量 3，1～3 年级）

11. 结合实例认识周长，并能测量简单图形的周长，探索并掌握长方形、正方形的周长公式。（测量 4，1～3 年级）

12. 结合实例认识面积，体会并认识面积单位平方厘米、平方分米、平方米，能进行简单的单位换算。（测量 5，1～3 年级）

13. 探索并掌握长方形、正方形的面积公式，会估计给定简单图形的面积。（测量 6，1～3 年级）

14. 结合实例，感受平移、旋转、轴对称现象。（图形的运动 1，1～3 年级）

15. 能辨认简单图形平移后的图形。（图形的运动 2，1～3 年级）

16. 通过观察、操作，初步认识轴对称图形。（图形的运动 3，1～3 年级）

17. 会用上、下、左、右、前、后描述物体的相对位置。（图形与位置 1，1～3 年级）

18. 给定东、南、西、北四个方向中的一个方向，能辨认其余三个方向，知道东北、西北、东南、西南四个方向，会用这些词语描绘物体所在的方向。（图形与位置 2，1～3 年级）

19. 结合实例了解线段、射线和直线。（图形的认识 1，4～6 年级）

20. 体会两点间所有连线中线段最短，知道两点间的距离。（图形的认识 2，4～6 年级）

21. 知道平角与周角，了解周角、平角、钝角、直角、锐角之间的大小关系。（图形的认识 3，4～6 年级）

22. 结合生活情境了解平面上两条直线的平行和相交（包括垂直）关系。（图形的认识 4，4～6 年级）

23. 通过观察、操作，认识平行四边形、梯形和圆，知道扇形，会用圆规画圆。（图形的认识 5，4～6 年级）

24. 认识三角形，通过观察、操作，了解三角形两边之和大于第三边、三角形内角和

是 180°。（图形的认识 6，4 ~ 6 年级）

25. 认识等腰三角形、等边三角形、直角三角形、锐角三角形、钝角三角形。（图形的认识 7，4 ~ 6 年级）

26. 能辨认从不同方向（前面、侧面、上面）看到的物体的形状图。（图形的认识 8，4 ~ 6 年级）

27. 通过观察、操作，认识长方体、正方体、圆柱和圆锥，认识长方体、正方体和圆柱的展开图。（图形的认识 9，4 ~ 6 年级）

28. 能用量角器量指定角的度数，能画指定度数的角，会用三角尺画 30°、45°、60°、90°角。（测量 1，4 ~ 6 年级）

29. 探索并掌握三角形、平行四边形和梯形的面积公式，并能解决简单的实际问题。（测量 2，4 ~ 6 年级）

30. 知道面积单位：平方千米、公顷。（测量 3，4 ~ 6 年级）

31. 通过操作，了解圆的周长与直径的比为定值，掌握圆的周长公式；探索并掌握圆的面积公式，并能解决简单的实际问题。（测量 4，4 ~ 6 年级）

32. 会用方格纸估计不规则图形的面积。（测量 5，4 ~ 6 年级）

33. 通过实例了解体积（包括容积）的意义及度量单位（立方米、立方分米、立方厘米、升、毫升），能进行单位之间的换算，感受 1 立方米、1 立方厘米以及 1 升、1 毫升的实际意义。（测量 6，4 ~ 6 年级）

34. 结合具体情境，探索并掌握长方体、正方体、圆柱的体积和表面积以及圆锥体积的计算方法，并能解决简单的实际问题。（测量 7，4 ~ 6 年级）

35. 体验某些实物（如土豆等）体积的测量方法。（测量 8，4 ~ 6 年级）

36. 通过观察、操作等活动，进一步认识轴对称图形及其对称轴，能在方格纸上画出轴对称图形的对称轴；能在方格纸上补全一个简单的轴对称图形。（图形的运动 1，4 ~ 6 年级）

37. 通过观察、操作等，在方格纸上认识图形的平移与旋转，能在方格纸上按水平或垂直方向将简单图形平移，会在方格纸上将简单图形旋转 90°。（图形的运动 2，4 ~ 6 年级）

38. 能利用方格纸按一定比例将简单图形放大或缩小。（图形的运动 3，4 ~ 6 年级）

39. 能从平移、旋转和轴对称的角度欣赏生活中的图案，并运用它们在方格纸上设计简单的图案。（图形的运动 4，4 ~ 6 年级）

40. 了解比例尺；在具体情境中，会按给定的比例进行图上距离与实际距离的换算。（图形与位置 1，4 ~ 6 年级）

41. 能根据物体相对于参照点的方向和距离确定其位置。（图形与位置 2，4 ~ 6 年级）

42. 会描述简单的路线图。（图形与位置 3，4 ~ 6 年级）

43. 在具体情境中，能在方格纸上用数对（限于正整数）表示位置，知道数对与方格纸上点的对应。（图形与位置 4，4 ~ 6 年级）

三、模块训练点

“图形与几何”模块，依据模块主题与课标内容，其训练点主要有：

1. 学生经历观察、猜测、对比、操作、实验等数学实践活动，学会空间想象，初步获得基本的几何知识和必要的几何技能，丰富对几何概念及几何图形特征的理解。

2. 学生能够利用图形特征进一步掌握图形周长、面积、体积的测量，并能解决简单的实际问题。

3. 学生能正确描述实物或几何图形的运动和变换；并利用几何直观进行思考。

4. 学生能采用适当的方式描述物体的相对位置，通过对周围环境直接感知、对空间位置与方向的理解，会描述简单的路线图。

四、模块训练指导

《义务教育教育数学课程标准》中“图形与几何”的四方面内容都以图形为载体，以培养空间观念、推理能力，以及更好地认识与把握我们生存的现实空间为目标，不仅着眼于学生理解和掌握一些必要的几何事实，而且强调学生经历自主探索和合作交流的过程，丰富空间想象并形成积极的学习态度和情感。义务教育数学课程标准提倡让学生经历“数学化”和“再创造”的过程，不采用“公理定义→定理性质→例题→习题”的结构形式，因此在教学图形与几何内容时我们特别强调以下几点：

1. 强调内容的现实背景，联系学生的生活经验和活动经验。
2. 加强几何建模以及探究过程，强调几何直观，培养学生空间观念。
3. 要重视量与测量，并把它整合在有关内容中，加强测量的实践性教学。
4. 掌握合情推理，增强演绎推理意识，强化理性精神。

五、模块教学案例

● **案例六**

案例 5～8

《线段、直线和射线》[1]教学

执教人：罗啸

（一）教学内容

此内容是人教版小学数学四年级上册内容。直线、射线、线段是认识几何图形的开始，是构成三角形、四边形等平面图形的基本元素。本内容小学阶段重在直观理解图形的构成、基本特点性质以及它在生活中广泛的应用。因此，本节课看似简单，但在图形知识构建和教学中却处于重要的地位。

（二）教学目标

1. 知识与技能：认识线段、直线和射线的特征；感知线段、直线和射线的异同。

2. 过程与方法：通过观察、对比、操作等活动，学生经历直线、射线和角的表象的形成过程，发展学生空间想象能力。

3. 情感态度和价值观：体会数学知识与实际生活的紧密联系。

---

①《义务教育教科书·数学》（人教版）四年级上册第 38-39 页。

（三）教学重点和难点

1. 教学重点：线段、直线和射线的特征。

2. 教学难点：直线和射线的概念。

（四）教学方法

谈话法、演示法。

（五）教学过程

1. 激趣导入。

出示一根干面条，谈谈吃面条的感受，引入新课。

2. 探究新知。

（1）面条模拟，认识线段。

面条到底有多长？我们来估一估，画一画它的长度。

它其实就是一条线段。一根拉紧的线或是一根紧绷的弦都可以看成一条线段。请大家找找我们身边藏着的线段。

找线段的特征。

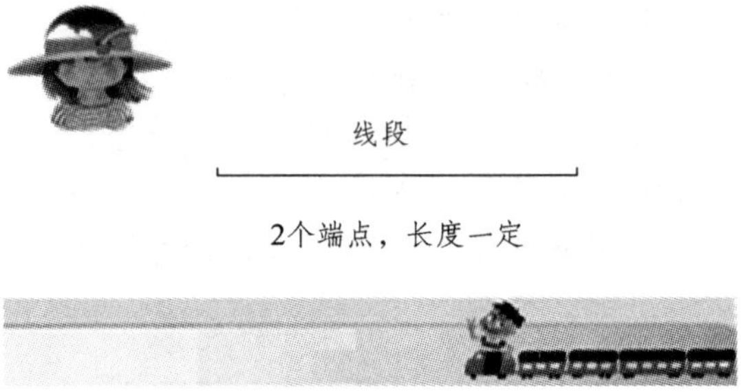

图1　线段的特征图

（2）描述想象，认识直线。

把橡皮筋一点点拉长，体验延长。

把线段两端无限延长就得到了一条直线，想象无限延长，穿出教室，穿出校园，穿向太空。

找直线的特征。

图2　直线的特征图

（3）实物模型，认识射线。

生活中见到的车灯射出的光是什么线呢？

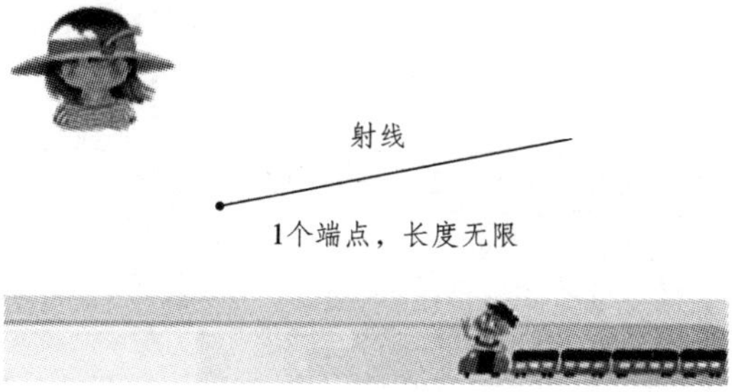

图 3　射线的特征图

找射线的特征。

（4）比较线段、直线和射线的异同。

名称	相同点	不同点
线段	直线	2个端点，长度一定
直线		无端点，长度无限
射线		1个端点，长度无限

图 4　线段、直线、射线的异同点图

在下图中寻找线段 AB、直线 AB 和直线 L、射线 AB 和射线 BA。学会用字母表示它们。

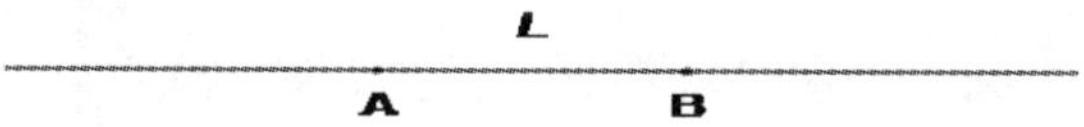

直线上两点间的一段叫作线段。
把线段的一段无限延长，就得到一条射线

图 5　找一找

3. 闯关练习。

（1）识别线。

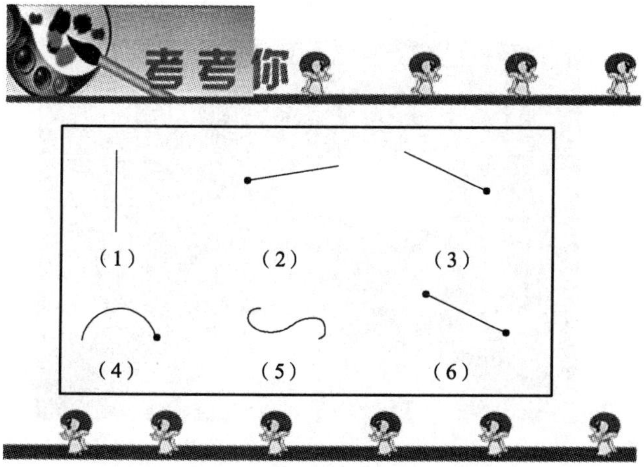

图 6　考考你

（2）画线。

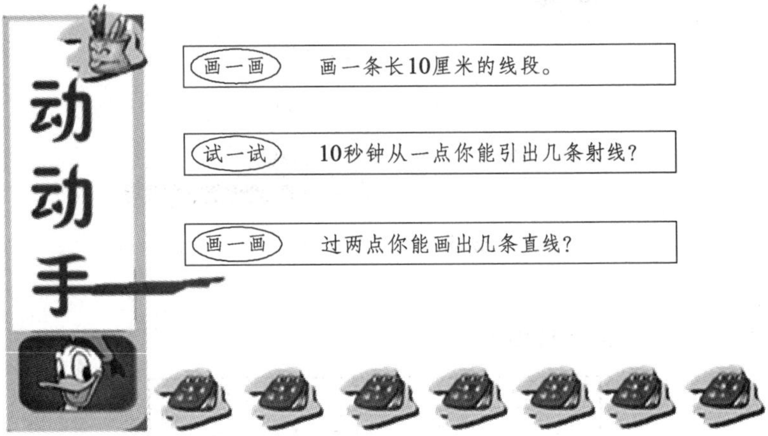

图 7　动动手

（3）判断。

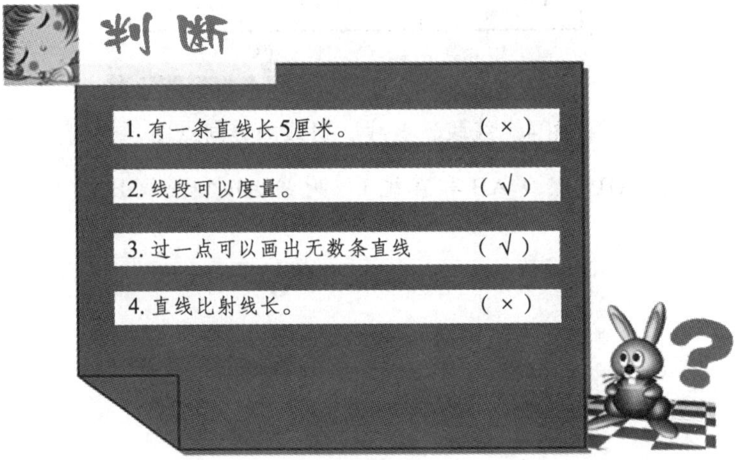

图 8　判断

（4）日食影片欣赏，在这一自然现象中寻找线段、射线和直线。

图 9　日食图片欣赏

4. 总结。

通过今天的学习，你有什么收获？

● **主题来源：**

《义务教育教科书·数学》(人教版) 四年级上册第 38-39 页的内容。

● **案例来源：**

选自吉首大学师范学院附属小学优秀数学教师罗啸课堂教学案例。

● **案例教学模式：**

模拟-想象教学模式。

● **案例评析：**

本案例是“图形的认识”模块中的主题内容，体现了第 19 条课标内容：“结合实例了解线段、射线和直线”。围绕第 1 个训练点，学生经历观察、猜测、对比、操作、实验等数学实践活动，初步获得线段、直线和射线的知识和画图的基本技能。

本案例“线段、直线和射线”三级主题采用模拟-想象教学模式设计，演示法、谈话法等多种教学方法的交叉使用，让学生认识线段、直线和射线。具体分析如下：

生活离不开线，有了线才能形成面，有了面继而有体。《小学数学课程标准》明确指出：学生的学习内容应是“现实的、有意义的、富有挑战性”的学习内容。本课设计在课前安排学生找线，收集整理汇报，从而使教师的教学活动自然地建立在学生的生活经验和知识背景基础之上。线段、直线和射线这三个概念中，直线最难理解，因此老师在教学直线特征时穿插了一个拉橡皮筋的环节，通过看到不断变长的橡皮筋想象到无限延长的样子。再通过课件把延长的动态变化演示出来，这样直线、射线的特征在学生的脑海中就有了清晰的表象，再结合想象，学生就容易抓住概念的本质。在拓展延伸部分用课件展示日食的成因，并运用交互型课件灵活的特点使学生的回答能马上呈现出来。学科整合是新课标所要实现的目标之一，这一设计巧妙地从自然学科中挖掘数学学习的素材，让学生获得知识的表象，抓住概念的本质，感悟数学丰富的内涵。

● **案例七**

案例 5～8

平行四边形的面积[①]

执教人：丁雨薇

（一）教学内容

本节课是小学五年级上册第六单元《多边形的面积》第一课时，即教材 87-88 页。它是在学生掌握了平行四边形的特征以及长方形、正方形的面积的基础上进行的，是进一步学习三角形面积、梯形面积，乃至立体图形表面积等内容的基础。因此，本课具有承上启下的重要作用。

（二）教学目标

1. 知识与技能：掌握平行四边形的面积计算公式，能运用公式正确计算四边形的面积，解决相应的实际问题。

---

①《义务教育教科书·数学》(人教版) 五年级上册第 87-88 页。

2. 过程与方法：在测量、观察、猜测、验证的探究过程中，能清楚地表达自己的思考过程与结果，体会转化的思想方法。

3. 情感态度与价值观：体验成功的快乐，体会数学知识的奇妙，感受数学学习的价值。

（三）教学重点和难点

1. 教学重点：掌握平行四边形面积计算公式。

2. 教学难点：理解平行四边形面积计算公式的推导过程。

（四）教学方法

多媒体演示法、操作实验法、发现法等。

（五）教学过程

1. 复习旧知，导出课题。

师：同学们，咱们数学课本的封面是什么平面图形？

生：长方形。

师：老师现在摸的是长方形的什么？

生：面积。

师：长方形的面积怎样计算？$S=ab$

师：老朋友大家都没忘，今天我们要一起来认识一个新朋友，请根据老师的信息提示，展开你们想象，它会是谁？

师课件呈现，同学们看见了什么？一条线段。

师：同学们又看见了什么？一个角。

师：猜一猜接下来会画出什么？

生 1：三角形？

生 2：平行四边形？

生 3：梯形？

接着出现第四条边。

生：平行四边形！

师：老师将平行四边形涂上漂亮的颜色，那么涂色部分是……

生：平行四边形的面积。

师：这就是我们今天要认识的新朋友——平行四边形的面积（板书课题）。

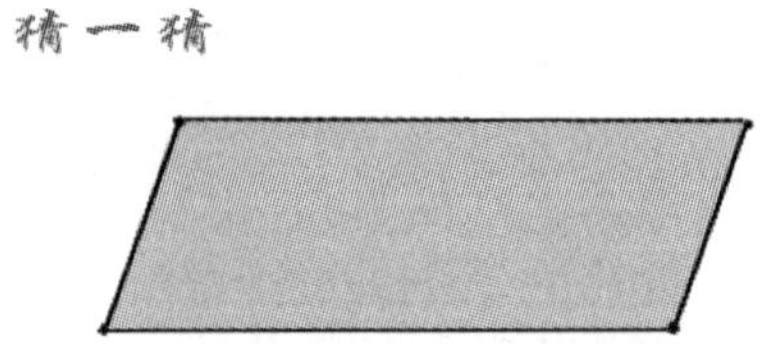

图 1　平行四边形

2. 问题导向，探究新知。

（1）发现和提出问题。

师：关于平行四边形的面积你能发现并提出什么问题吗？

生 1：怎样求出平行四边形的面积？
生 2：求出平行四边形的面积需要哪些条件？
生 3：我还想知道为什么要这样求平行四边形的面积？
师：刚才同学们发现都很有价值，老师简单地整理一下就是：
① 平行四边形的面积与什么有关？
② 是什么关系？
③ 为什么是这种关系？
（2）分析和解决问题。
① 探究问题一：平行四边形的面积与它的什么有关？
师：请同学们猜一猜平行四边形的面积与它的什么有关？
生 1：平行四边形的面积可能与它的底和邻边有关。
生 2：平行四边形的面积可能与它的底和高有关。
师：同学们提出了两种不同的猜想，到底哪种猜想是正确的呢？

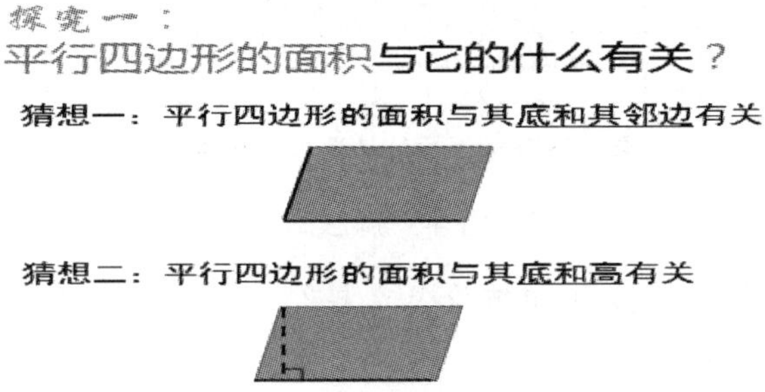

图 2　探究一

师：首先以小组为单位，利用材料袋的学习用具，通过实验分别去验证两种猜测：然后交流汇报（推选代表）。

生 1：我们组对第一种猜想进行了实验：首先用我们的学具做了一个平行四边形的框，然后用力推压，发现平行四边形的面积逐渐变小，直至把它的面积推压为 0，然而在此过程中平行四边形的长底和邻边的长度都没有改变。这就说明：平行四边形的面积与它的长底和邻边无关。

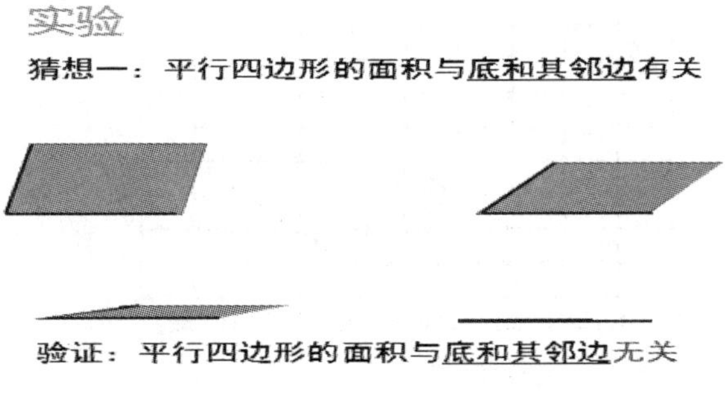

图 3　实验

师：同学们同意他们的验证吗？这个小组的实验验证有一定说服力，老师也很欣赏他们的做法和结论。哪个小组推选代表说说第二种猜想的验证？

生 2：我们组验证了第二种猜想。利用的是数方格的方法。

师：哦？数方格！这是我们三年级时学过的内容。请将你们的方格纸作品拿上来老师进行投影。接着说说你们组的想法。

生：首先在方格纸上画了一组等底等高的平行四边形，尽管形状不一，但通过“数方格算面积”的方法，发现它们的面积都相等。这就说明：只要确定了平行四边形的底和高的长度，尽管画出的平行四边形形状不一，但都不会改变它的面积大小。因此，我们的结论是：平行四边形的面积与它的底和高有关。

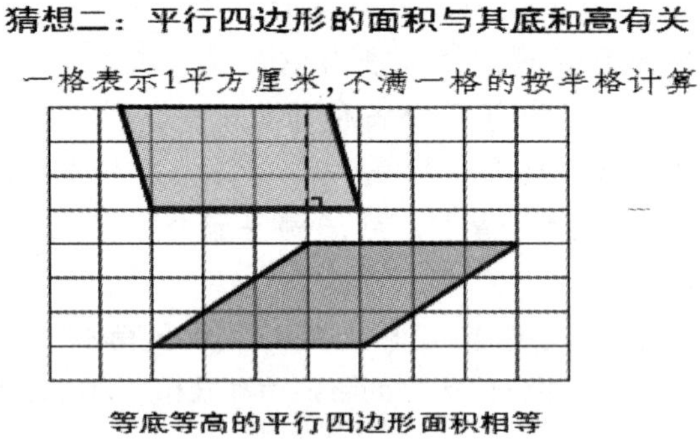

图 4　猜想二

师：同学们认为这组验证方法和结论怎么样？

生：很好，是正确的。

师：善于思考！请把掌声送给他们。现在同学们通过猜想—实验—验证，明确了平行四边形的面积与它的底和高有关。下面我们进一步展开探究，平行四边形的面积与它的底和高到底有什么关系呢？

② 探究问题二：平行四边形的面积与它的底和高有什么关系？

生 1：我们在方格纸上画了一个底为 4 厘米、高为 3 厘米的平行四边形，通过“数方格算面积”方法，发现该平行四边形的面积也是 12 平方厘米，刚好等于它的底和高的乘积。因此，我们认为平行四边形的面积等于底乘高。

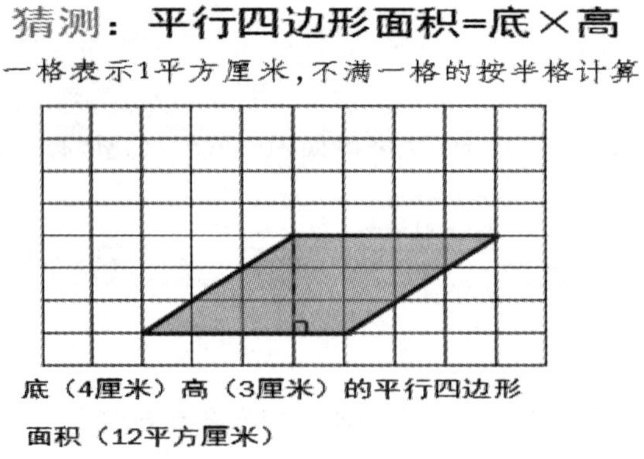

图 5　猜测

师：又是一个不错的发现。同学们认为怎么样？

生：这是不是巧合呢？

师：其他组的同学对你们组的发现提出了质疑，这可怎么办？有办法解决吗？

生 2：我们组在方格纸上还画了 2 个不同底和高的平行四边形，发现：平行四边形的面积都等于相应底与其高的乘积。

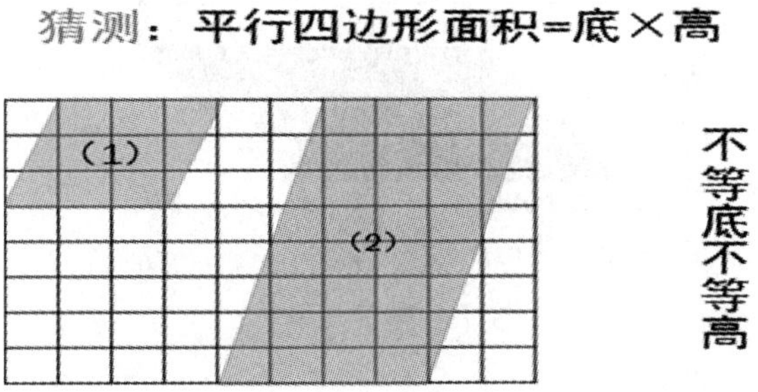

（1）底是 3 cm，高是 3 cm，面积是 9 cm^2

（2）底是 4 cm，高是 6 cm，面积是 24 cm^2

图 6　猜测

师：通过大家的共同努力，我们又解决了一个问题：平行四边形的面积=底×高（$S=ah$）（板书：平行四边形的面积=底×高）

③ 探究问题三：平行四边形的面积为什么等于底×高呢？

师：同学们在“数方格算面积”过程中发现了：平行四边形的面积=底×高：这一公式真的适合所有的平行四边形吗？

师：转化是之前咱们学习过的一种非常重要的数学思想方法。它是用已经学过的知识来解决新的问题。在这里我们是否能将平行四边形的面积公式问题转化为已经学过的平面图形，比如长方形的面积公式来考虑呢？

生：老师，可以通过剪、拼的方法先把平行四边形转化为长方形。

师：真好！受到了启发！按这位同学的思路，我们只要理清了两个图形中底、高分别和长、宽之间的关系，似乎可以更好地揭示平行四边形的面积=底×高了。

师：只是你们想想具体如何剪呢？

生：画一条线，沿着线去剪。

师：这条线是平行四边形的哪部分？

生：高。

师：有多少条？

生：无数条。

师：非常棒！同学们讨论出了具体的做法，现在开始动手做吧！

师：谁愿意上台展示？

生上台展示剪、移、拼的过程。

师：方法可不止这几种，咱们可以利用下课时间接着探究，继续创新，现在我们来讨论这几个问题：转化前和转化后什么变了？什么没变？

生：形状变了，面积没变。

师：还能发现什么？原来的平行四边形的底变成了……

生：原来的平行四边形的底变成了长方形的长！原来的平行四边形的高变成了长方形

的宽！

（课件呈现）

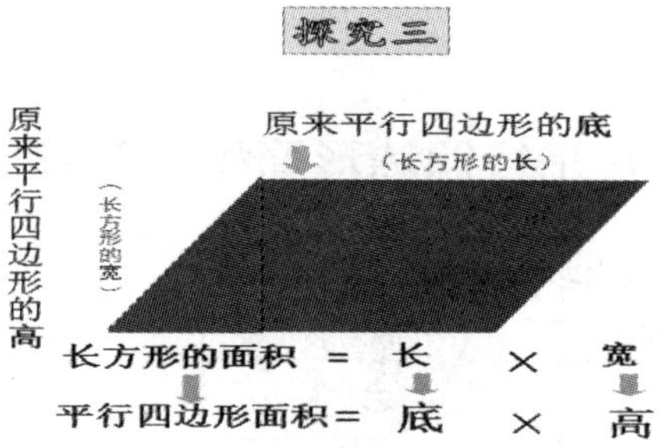

图 7　探究三

师：现在你们还有什么发现？

生：这个长方形的长与平行四边形的底相等，这个长方形的宽与平行四边形的高相等，根据长方形的面积就可知道：平行四边形的面积=底×高。

师：真聪明！用字母表示呢？

生：$S=ah$（板书）

3. 实践运用，提升技能。

（1）学习例 1。

学生读题后利用新知自主解答。

（2）分层练习。

① 计算下面的面积。

② 填出表内空格的数。

③ 下面哪个平行四边形的面积是 6 平方厘米？

④ 计算下图面积。

4. 全课总结，归纳整理。

（1）提问：回忆一下这节课你们收获了什么知识？能不能向大家分享你是怎样一步一步收获的？你知道了哪些解决问题的方法？

（2）引导学生根据板书清晰流畅表达思路。

（六）板书设计

平行四边形的面积

剪、移、拼

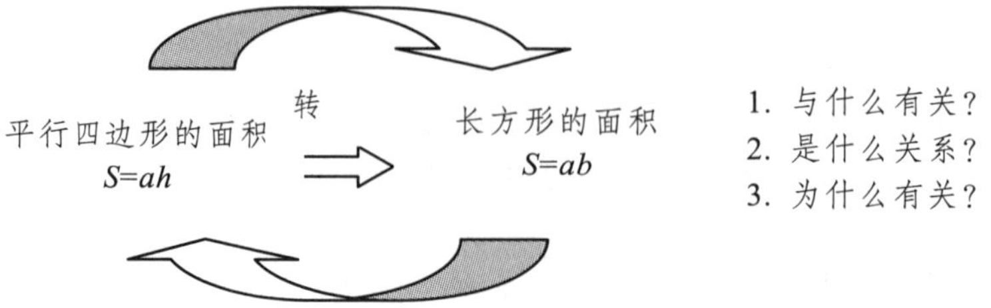

图 8　平行四边形的面积图

● **主题来源：**

《义务教育教科书·数学》（人教版）五年级上册第87-88页的内容。

● **案例来源：**

选自保靖县复兴九年一贯制学校丁雨薇教师（指导老师：周昱）的课堂教学案例。

● **案例教学模式：**

问题导向式教学模式。

● **案例简析：**

本案例是“分类与度量”模块中“面积的测量”的主题内容，体现了第29条课标内容中“探索并掌握三角形、平行四边形和梯形的面积公式，并能解决简单的实际问题”的要求。围绕第2大训练点，学生能够利用图形特征进一步掌握图形面积的测量，并能解决简单的实际问题。

本案例“平行四边形的面积”三级主题采用猜想-验证教学模式设计，操作实验法、发现法等多种教学方法的交叉使用，让学生掌握平行四边形的面积计算公式以及公式的推导过程。具体分析如下：

本课以问题引领为导向，让学生亲身经历探究平行四边形面积计算公式的推导过程。通过猜测验证、转化变形、联系比较、迁移推理、回顾总结、实践应用等数学活动，掌握平行四边形面积的计算方法，体验知识的发生过程，让学生不仅能知其然，且知其所以然，顺利完成了学生对新知的建构。“平行四边形的面积究竟与它的什么有关？”“是什么关系？”“为什么是这种关系？”等三个核心问题的发现与提出、分析与解决，让学生掌握平行四边形的面积公式等基础知识，形成运用平行四边形的面积公式计算其面积的基本技能，积累在探究平行四边形面积公式的活动中的基本活动经验，感悟转化重要的基本数学思想，体现了数学新课程中重视“四基”的核心理念。

● **案例八**

《平行与垂直》[①]教学设计

执教人：刘兰娥

案例5～8

（一）教学内容

《义务教育教科书·数学》小学四年级上册P56-57内容。直线的平行与垂直是在学生认识了点和线段以及射线、直线的基础上安排的，也是进一步学习空间与图形的重要基础之一。教材引导学生联系生活情景，在识别直线相交和不相交的基础上认识平行线，掌握平行线的画法。教师要帮助学生在原有的感性认识基础上，遵循学生的认知规律，由生活实例引入，通过猜测、动手画线、图形反馈、分类、观察、讨论、归纳来建立“垂直”与“平行”两个概念。

（二）教学目标

1. 知识与技能：帮助学生初步理解同一平面内两条直线的特殊位置关系：即平行与垂直，初步认识平行线和垂线。培养学生的空间观念、空间想象能力。

---

①《义务教育教科书·数学》小学四年级上册第56-57页。

2. 过程与方法：在分析、比较、综合的观察与思维中渗透分类的思想方法。

3. 情感态度与价值观：培养学生对生活的感情和树立合作探究的学习意识。

（三）教学重难点

1. 教学重点：正确理解“相交”“互相平行”“互相垂直”等概念，发展学生的空间想象能力。

2. 教学难点：理解“在同一平面内”“永不相交”等概念的本质属性。

（四）教学方法

谈话法、多媒体演示法、操作实验法等。

（五）学具教具

课件、纸、小棒、彩笔、三角板、长方形纸。

（六）教学过程

1. 谈话引入新课。

上课之前，老师给大家介绍一位老朋友，咱们和它打个招呼吧！（生：直线）回忆一下，直线有什么特点？（没有端点，可以向两端无限延伸）今天这节课继续研究与直线有关的知识。

2. 自主探索平行与垂直的概念。

（1）想象画。

师：我们把这张白纸看成一个平面，孩子们，闭上你们的眼睛，想象一下，这个平面变大了，又变大了，变得无限大，在这无限大的平面上出现了一条直线，又出现了一条直线，你想象的两条直线有什么样的位置关系呢？睁开眼睛，把它们用彩色笔画在纸上。

（学生动手画）

（大家互相看看，让老师也看看）

师：画完的同学举起来互相看看，画得一样吗？

生：不一样。

师：谁愿意把你画的两条直线展示给大家看看？（学生展示）

师：同学们的想象可真丰富，在同一平面内想象两条直线竟然出现这么多不同的样子，现在我们选几组有代表性的直线来研究。

（2）提取 6 组直线。（把每个作品标上号①②③④⑤⑥）

师：你能根据直线的位置关系把这六组直线分类吗？同组的小朋友一起讨论，边分边想，为什么这样分？组长把分好的结果记录下来。（学生活动）

（3）学生汇报。

生 1：①和②交叉了分为一类，③④⑤⑥没有交叉分为一类。

师：刚才老师听到一个词“交叉”，两条直线“交叉”了，也就是两条直线相碰了，用数学语言应表述为两条直线“相交”了，请同学们记住“相交”这个词。

生 2：老师我有意见，我认为①②③④应分为一类，⑤⑥分为一类，因为③④两条直线无限延长后也会相交。

师：③④两条直线无限延长后真的会相交吗？学生动手验证。

（课件动态演示）

师：③④两条直线无限延长后真的相交了，③④两条直线也可以和①②分为一类。

小结：在同一平面内，两条直线的位置关系有两种情况，相交和不相交。

（4）揭示概念：互相垂直，互相平行。

① 互相平行。

师：⑤⑥两条直线无限延长后真的不相交吗？动手验证一下。

学生画一画，量一量……

活动后汇报：

生 1：不会相交，因为我把两条直线延长之后没有相交。

生 2：不会相交，因为我量了两条直线之间的宽度没变。

（课件动态演示）

师：像这种在同一平面内不相交的两条直线叫作平行线，也可以说这两条直线互相平行。板书："平行"。

师：两条直线互相平行必须具备一些什么条件？

生 1：直线。

生 2：同一平面。

生 3：不相交。

生 4：必须有 2 条或 2 条以上的直线，才说互相，一条直线不能说互相平行。

（课件动态演示）

（出示魔方：a 两条直线在同一个平面　b 不在同一个平面）

师：同学们真了不起，发现了在同一平面内不相交的两条直线是平行线，也可以说这两条直线互相平行。

② 互相垂直。

师：大家再看看相交的几组直线中，哪几组比较特殊？

生：⑤和⑥，这两条直线互相垂直了。

师：你怎么知道？

生：用量角器或三角板量。

师：两条直线相交形成直角，我们应画上直角符号。（标上直角符号）同学们真不简单，知道用科学的方法验证，让我们一起来量一量（用三角板的直角去量）。

（课件动态演示）

师：像这种在同一平面内，相交成直角的两条直线叫作互相垂直。（板书：垂直）两条直线互相垂直必须具备一些什么条件呢？

生 1：直线。

生 2：相交成直角。

生 3：同一平面。

师：其中的一条直线叫作另一条直线的垂线，两条直线的相交点叫垂足。

（指向黑板）

全课总结：今天这节课我们研究了两条直线在同一平面内的两种特殊的位置关系（板书：垂直与平行），知道了在同一平面内不相交的两条直线叫作平行线，也可以说这两条直线互相平行，相交成直角的两条直线叫作互相垂直。

3. 深化理解，应用拓展。

（1）猜一猜，摆一摆。

① 把两根小棒都摆成和第三根小棒平行，这两根小棒是什么关系？

② 把两组小棒都摆成和第三根小棒垂直，这两根小棒是什么关系？

（2）日常生活中有没有见过这两种现象？

① 教室里找一找。

② 出示运动场主题图。

师：运动场上有哪些地方运用到垂直与平行的知识呢？（看书 P64 同桌互相说一说）

生 1：双杠的两条横杠互相平行。

生 2：双杠的横杠和支架互相垂直。

生 3……

③ 几何图形中找平行与垂直。（数学书 P68 第 2 题，做学习卡片）

④ 欣赏生活中有关“平行或垂直”的知识的图片。

（课件动态演示）

（斑马线、高楼大厦、家具等）

4. 课堂总结。

孩子们，我们的生活离不开数学，数学能使我们生活变得更加有序，更加美好，让我们都做有心人吧！去感受数学的美，去感受生活的美。

● **主题来源：**

《义务教育教科书·数学》小学四年级上册第 56-57 页的内容。

● **案例来源：**

选自张家界市永定区北门小学刘兰娥教师的课堂教学案例。

● **案例简析：**

本案例是“图形的认识及性质”模块中“平行四边形和梯形”的主题内容，体现了第 22 条课标内容中“结合生活情境了解平面上两条直线的平行和相交（包括垂直）关系”。围绕第 1 大训练点，学生能够用两条直线的平行和相交（包括垂直）位置关系，描述和解释生活现象。

本案例“平行与垂直”三级主题采用感知发现式教学模式设计，谈话法、操作实验法、发现法等多种教学方法的交叉使用，让学生掌握两条直线的位置关系。具体分析如下：

教学的艺术，不是传授而是激发和唤醒，所以老师要利用学生非常熟悉的生活材料，引发学生的数学思考。本课根据学生已有的经验和教材的内容特点，本着“学生的数学学习过程是一个自主构建自己对数学知识的理解过程”的教学理念，利用多媒体课件、采用探究式教学设计让学生通过观察、想象、讨论、操作、交流，经历感知——比较——理解——发现这一认知过程。同时，注重学生的自主探索。整个教学设计力求改变学生的学习方式，突出学生的主体性，充分体现“以学生为中心法教学”理念与思想。在教师的组织引导下，让学生在开放的学习过程中，自始至终处于积极状态，主动地进行探索与发现，多角度和多样化地解决问题，从而实现知识的自我建构，掌握科学研究的方法，形成实事求是的科学探究精神。

第三节　概率与统计

教学内容提示：

（一）简单数据统计过程

（二）随机现象发生的可能性

一、模板主题内容

1. 简单数据统计过程

1. 分类与整理。（一下，第三单元）
2. 数据收集整理。（二下，第一单元）
3. 复式统计表。（三下，第三单元）
4. 条形统计图。（四上，第七单元）
5. 平均数与条形统计图。（四下，第八单元）
6. 折线统计图。（五下，第七单元）
7. 扇形统计图。（六上，第七单元）

2. 随机现象发生的可能性

可能性。（五上，第四单元）

二、模块课标要求

1. 能根据给定的标准或者自己选定的标准，对事物或数据进行分类，感受分类与分类标准的关系。（统计与概率 1，1 ~ 3 年级）

2. 经历简单的数据收集和整理过程，了解调查、测量等收集数据的简单方法，并能用自己的方式（文字、图画、表格等）呈现整理数据的结果。（统计与概率 2，1 ~ 3 年级）

3. 通过对数据的简单分析，体会运用数据进行表达与交流的作用，感受数据蕴涵的信息。（统计与概率 3，1 ~ 3 年级）

4. 经历简单的收集、整理、描述和分析数据的过程。（可使用计算器）（简单数据统计过程 1，4 ~ 6 年级）

5. 会根据实际问题设计简单的调查表，能选择适当的方法（如调查、试验、测量）收集数据。（简单数据统计过程 2，4 ~ 6 年级）

6. 认识条形统计图、扇形统计图、折线统计图；能用条形统计图、折线统计图直观、有效地表示数据。（简单数据统计过程 3，4 ~ 6 年级）

7. 体会平均数的作用，能计算平均数，能用自己的语言解释其实际意义。（简单数据统计过程 4，4 ~ 6 年级）

8. 能从报纸杂志、电视等媒体中，有意识地获得一些数据信息，并能读懂简单的统

计图表。（简单数据统计过程 5，4～6 年级）

9. 能解释统计结果，根据结果做出简单的判断和预测，并能进行交流。（简单数据统计过程 6，4～6 年级）

10. 结合具体情境，了解简单的随机现象；能列出简单的随机现象中所有可能发生的结果。（随机现象发生的可能性 1，4～6 年级）

11. 通过试验、游戏等活动，感受随机现象结果发生的可能性是有大小的，能对一些简单的随机现象发生的可能性大小做出定性描述，并能进行交流。（随机现象发生的可能性 2，4～6 年级）

三、模块训练点

“概率与统计”模块，依据模块主题与课标内容，其训练点主要有：

1. 了解在现实生活中有许多问题应当先做调查研究，收集数据。通过统计表的分析做出判断，体会数据中蕴涵着的信息。

2. 了解在现实生活中有许多问题应当先做调查研究，收集数据。通过对条形统计图、扇形统计图、折线统计图的分析做出判断，体会数据中蕴涵着的信息。了解对于同样的数据可以有多种分析的方法，需要根据问题的背景选择合适的方法。

3. 通过数据分析体验随机性，了解简单的随机现象。从生活实例出发，理性地思考了解随机现象。通过试验、游戏等活动，感受随机现象结果发生的可能性是有大小的，能对一些简单的随机现象发生的可能性大小做出定性描述。

四、模块教学案例

● 案例九

案例 9～12

可能性[①]

执教人：李燕

（一）教学内容

人教版小学数学五年级上册第四单元的例 1、例 2。“可能性”对于五年级的学生来说，头脑里并不是完全空白的，学生在生活和学习中已经具有一些简单随机现象的知识基础和生活经验。而且五年级的学生已经具备了一定的自学能力，数据收集、统计、分析的能力，表达能力较强。所以，这堂课应该通过有趣的活动，让学生玩中学，创造一种轻松、愉快的学习氛围。

（二）教学目标

1. 知识与技能：在具体情境中，让学生感受到简单的随机现象，能够列出简单试验中所有可能发生的结果。并能感悟事件发生的可能性是有大小的。

2. 过程与方法：通过实际操作初步感受随机事件发生的统计规律性，学生经历“猜

①《义务教育教科书·数学》（人教版）五年级上册第 44-45 页。

想——实践——验证”的过程，培养猜想意识、表达能力以及初步的判断和推理能力。

3. 情感态度与价值观：学生感受到生活与数学的联系，培养学生学习数学的兴趣。

（三）教学重点和难点

1. 教学重点：通过活动让学生充分体验随机事件发生的确定性和不确定性。

2. 教学难点：初步感受随机事件发生的统计规律性，并知道事件发生的可能性是有大小的。

（四）教具准备

课件、抽奖箱、各色彩球。

（五）教学方法

讨论法、启发法、操作实验教学法。

（六）教学过程

1. 猜球游戏，感受“一定”“可能”“不可能”。

（1）师：“同学们，看看箱子里装了什么球？”

（课件出示一个抽奖箱，里面装有 2 个红球、2 个黄球和 2 个蓝球。）

（2）师：如果我随便摸出一个球，会出现什么情况？

生 1：李老师可能会摸到红球。

生 2：李老师可能会摸到黄球。

生 3：李老师可能会摸到蓝球。

小结：对于不确定的情况我们用“可能”一词。（板书：可能）

（3）我可能会摸出黑球吗?为什么？

生：不可能摸出黑球，因为箱子里面没有黑球。（板书：不可能）

追问：还不可能出现什么情况？

生：除了红黄蓝三色球外，其他颜色的球都不可能摸到。

（4）如果我想随便摸一个都是红球，可以怎么做？请个同学上台来放球。

生边操作边说：我取出黄蓝两色球，箱子里只剩下红球了，摸出来的一定是红球。（板书：一定）

（5）小结：我们不能确定的事就用“可能”来表述，对于能确定的事情用“一定”和“不可能”来表述。

设计意图：通过猜球游戏让学生猜测会摸出什么颜色的球，引导学生初步体验事件发生的确定性和不确定性，学会用“一定”“可能”“不可能”正确表述。

（6）判断对错，并说明理由。

① 太阳不一定从东方升起，西方落下。（　　）

② 明天的数学测验小明可能得满分。（　　）

③ 玻璃杯从 10 层的高楼掉在水泥地面上，一定是碎了。（　　）

④ 在深圳，一年四季都下雪。（　　）

（7）生活中还有很多类似的例子，学生之间用“一定”“可能”“不可能”说句话。

设计意图：通过判断对错、描述生活中事情的可能性，学生们相互交流、评析，感受数学就在身边，体会数学学习与现实的联系。同时，用数学语言描述生活中事件发生的可能性，也帮助学生规范表达，加深认识的过程。

2. 摸球游戏，体会可能性的大小

（课件出示抽奖箱，3 蓝球 1 红球）

师：请两个同学来玩摸球游戏，每人选一个颜色作为自己的获胜色。

（1）两个学生都选择了蓝色，问：为什么不选红色呢？选红球的人一定输吗？

（2）学生大胆推测：

蓝球多一点，可能摸到的机会多一点。

选红球的人不一定会输，可能第一次就会摸到红球就赢了。

……

（3）师：大家的推测到底对不对呢？我们动手摸一摸，来验证一下。

（4）小组合作摸球，提出要求。

① 小组长组织大家轮流摸球，记录下颜色。

② 把球放回去摇匀再摸，重复 30 次。

（5）各组长汇报每组的摸球情况，汇总数据。

（6）从实验结果中，大家发现了什么？

生 1：蓝球的数量多，摸到的可能性大一些。

生 2：红球的数量少，摸到的可能性小一些。

表 1　摸球情况统计

组名 / 摸球	一组	二组	三组	四组	五组	六组	合计
红球	5	9	4	3	6	7	34
蓝球	25	21	26	27	24	23	146

（7）师：如果我想红球赢的可能性大一些，要怎么放球？

学生上台放球。（红球的数量多放一点，取走一些蓝球。）

（8）如果我想要公平的游戏规则，怎么办？

生：红球和蓝球的数量一样多，游戏就公平了。

（9）知识链接。

在足球比赛中通常用抛硬币的方式确定谁先开球。大家想想：一个硬币抛下去会出现什么情况？先猜想，用抛硬币的方式进行谁先开球，公平吗？

学生们大胆推测，说明理由。

生：我认为不公平的，因为你不知道会抛到正面还是反面，也许会一直是正面呢？

生：我认为是公平的，因为抛正反面的概率都是二分之一。

…

（10）师：几位数学家探讨了这种方式是否公平，我们来看看表格中的数据，你发现了什么？

（11）小结：不管抛了多少次，正面朝上和反面朝上的次数都是接近总次数的一半，所以，抛硬币这个方式是公平的。数学家们为了一个设想做了成千上万次的实验，他们的这种求真的精神值得我们学习。

表 2　抛硬币实验表

试验者	抛硬币次数	正面朝上次数	反面朝上次数
德·摩根	4 092	2 048	2 044
蒲丰	4 040	2 048	1 992
费勒	10 000	4 979	5 021
皮尔逊	24 000	12 012	11 988
罗曼诺夫斯基	80 640	39 699	40 941

设计意图：通过摸球活动体验，让学生通过动手试验列出所有可能发生的结果，再让学生收集、分析数据以及讨论交流统计结果，初步感受随机事件发生的统计规律性，并知道事件发生的可能性是有大小的。知识链接中的几位数学家的抛硬币实验一是让学生的认知到达一个高度，上万次的数据弥补课堂摸球次数的不足，二是让学生对知识要有求真、探索的精神，同时让学生在与同伴的合作和交流中获得良好的情感体验。

3. 巩固练习。

（1）小方和小明摸牌，把 8 张扑克牌打乱顺序后，反扣在桌面，每次任意摸一张再放回。（牌面：2、3、4、5、6、7、8、9）

小明说：摸到比 5 大的牌算我赢，比 5 小的算小方赢。

小方说：这个游戏不公平。

你们同意小方的说法吗？请设计一个公平的游戏规则。

设计意图：用不公平的游戏规则引入，设置悬念，再设计公平的游戏规则，当两种赢的牌面数量相等时，这个游戏就公平了。如摸到 2、3、4、5 算小明赢，7、8、9、10 算小方赢；或者是 3、5、7、9 单数牌算小明赢，2、4、6、8 算小方赢。让数学知识有趣起来，充分调动学生学习数学的积极性，也让学生体会数学与生活的联系，激发学习兴趣。

（2）某超市搞促销活动，买满 288 元可抽奖一次。

一等奖	1 名	48 寸大彩电
二等奖	5 名	电磁炉
三等奖	30 名	电热水壶
纪念奖	100 名	运动水杯
谢谢惠顾	若干	

图 1　促销图

师：如果你们是商场的老板，设计一个抽奖转盘。

学生活动，上台展示自己设计的抽奖转盘，并说说自己的想法。

师：这个游戏规则公平吗？你在生活中还见过类似这样不公平的事情吗？

小结：看来商家很好地利用了可能性这个知识，让自己赚取更多的利润，我们要理性地消费。

设计意图：生活中是不是处处都充满公平呢？让孩子作为一个商家，从如何盈利的角度设计一个游戏转盘，让孩子们明白中奖的可能性是很小的，培养理性消费的观念。

4. 总结。

同学们有什么收获？（知道了有的事件一定发生，有的事件不可能发生，还知道了事件发生的可能性有大有小……）

设计意图：课堂小结，不但要进行知识的回顾整理，也应该关注学生学习的过程以及学习过程中的情感体验。

● **主题来源：**

《义务教育教科书·数学》（人教版）五年级上册44-45页的内容。

● **案例来源：**

本课例选自湖南省吉首市吉首大学师范学院附属小学李燕教师的教学设计。

● **案例教学模式：**

活动体验教学模式。

● **案例简析：**

本案例是“随机现象发生的可能性”模块中的主题内容，体现了第10条课标内容“结合具体情境，了解简单的随机现象；能列出简单的随机现象中所有可能发生的结果”和第11条课标内容“通过试验、游戏等活动，感受随机现象结果发生的可能性是有大小的，能对一些简单的随机现象发生的可能性大小做出定性描述，并能进行交流”。围绕第3大训练点，“通过数据分析体验随机性，了解简单的随机现象。”“感受随机现象结果发生的可能性的大小”。

本案例“可能性”三级主题采用活动体验教学范式设计，讨论法、启发法、操作实验教学法等多种教学方法的交叉使用，让学生体会可能性。具体分析如下：

新课标要求“了解在现实生活中有许多问题应当先做调查研究，收集数据，通过分析做出判断，体会数据中蕴含的信息。通过数据分析体验随机性，数据分析是核心”。“可能性”是教材中出现的一个新的教学内容，属于“统计与概率”这一知识领域的“概率”范畴，由于概率知识比较抽象，小学生理解起来有一定的困难。本节课的设计主要是以直观的内容为主，创造性地使用教材资源，教师生动的语言、形象的活动材料、富有趣味的活动形式（“猜球游戏”“摸球游戏”“设计公平的游戏规则”“设计抽奖转盘”），为学生创设了独立思考、自我体验、自我探索、合作交流的学习环境，使得教学过程始终民主、平等、宽松、愉快。本课最大的亮点在于让学生在活动中亲历数学，体验数学。《数学课程标准》明确指出：“让学生在具体的数学活动中体验数学知识。”基于这点，老师创设了让学生猜会摸到哪种颜色的球的活动，逐步丰富学生对不确定及确定现象的体验。通过摸球活动体验，学生通过动手试验列出所有可能发生的结果，再收集、分析数据以及讨论交流统计结果，能初步感受随机事件发生的统计规律性及事件发生的可能性的大小，突出教学重点。让学生“设计公平的游戏规则”“设计抽奖转盘”来将所感悟的数学知识用于生活实践，真正做到学以致用。整个教学过程就成为“游戏——猜测——体验——推想——验证”的活动过程，使学生在活动中亲历数学，体验数学。

第四节　综合与实践及数学广角

教学内容提示：

综合与实践：

（一）实践活动
（二）综合运用
数学广角：
（一）找规律
（二）推理
（三）搭配中的组合
（四）搭配中的概率
（五）集合
（六）优化
（七）鸡兔同笼
（八）植树问题
（九）找次品
（十）数与形
（十一）鸽巢问题

一、模块主题内容

综合与实践：

1. 第一学段：以实践活动为主要形式，激发学生学习的兴趣，感受学习数学的价值，强调数学与生活的联系。

2. 第二学段：以综合运用为主要形式，通过尝试综合运用数学知识和方法解决简单的实际问题，加强数学知识的运用，体会数学与周围世界的联系。

数学广角：

1. 一年级：找规律。（下册）
2. 二年级：搭配。（一）（上册）
推理。（下册）
3. 三年级：集合。（上册）
搭配。（二）（下册）
4. 四年级：优化。（上册）
鸡兔同笼。（下册）
5. 五年级：植树问题。（上册）
找次品。（下册）
6. 六年级：数与形。（上册）
鸽巢问题。（下册）

二、模块课标要求（综合与实践）

综合与实践：

1. 通过实践活动，感受数学在日常生活中的作用，体验能够运用所学的知识和方法

解决简单问题，获得初步的数学活动经验。（综合与实践 1，1 ~ 3 年级）

2. 在实践活动中，了解要解决的问题和解决问题的办法。（综合与实践 2，1 ~ 3 年级）

3. 经历实践操作的过程，进一步理解所学的内容。（综合与实践 3，1 ~ 3 年级）

4. 经历有目的、有设计、有步骤、有合作的实践活动。（综合与实践 1，4 ~ 6 年级）

5. 结合实际情境，体验发现和提出问题、分析和解决问题的过程。（综合与实践 2，4 ~ 6 年级）

6. 在给定目标下，感受针对具体问题提出设计思路、制定简单的方案解决问题的过程。（综合与实践 3，4 ~ 6 年级）

7. 通过应用和反思，进一步理解所用的知识和方法，了解所学知识之间的联系，获得数学活动经验。（综合与实践 4，4 ~ 6 年级）

数学广角：

感受数学在日常生活中的作用，体验能够运用所学的知识和思维方法解决特定的一类问题，初步建立、掌握一些常见的数学思想和方法。

三、模块训练点

“综合与实践”模块，依据模块主题与课标内容，其训练点主要有：

1. 选取研究主题组织学生开展数学活动，积累生活经验和活动经验，感受数学在现实世界中的存在，体会数学的乐趣和价值。

2. 结合实际情境，发现和提出问题，提出设计方案并实施。进一步理解所用的知识和思想方法。

“数学广角”模块，依据模块主题与课标内容，其训练点主要有：

学段	内容	数学思想方法
1 第一学段	分类	比较和分类思想方法
	找规律	有序思维
	搭配（一）	排列组合思想方法
	逻辑推理	逻辑推理思想方法
	集合	集合的思想方法
	搭配（二）	排列组合思想方法
2 第二学段	烙饼问题	优化思想方法
	排队论	运筹思想
	田忌赛马	对策论
	植树问题	化归、建模等思想方法
	数字编码	数字编码思想
	数与形	数形结合思想
	鸡兔同笼问题	假设法思想方法，数学建模思想
	鸽巢问题	数学建模思想

四、模块教学案例

● 案例十

案例 9～12

找规律[①]

执教人：罗啸

（一）教学内容

《找规律》是人教版小学数学一年级下册第七单元第一课时的内容。本节课的内容是学生在生活中对“规律”已经有了许多感性认识，以及在“分类与整理”单元中学生选择分类的标准时，对于发现规律的角度（如颜色、形状等）有所积累的基础上进行教学的。探索规律实际上就是培养学生的“符号化思想”。教材在编排时，注重从学生已有的基础出发，让学生在熟悉的情境中，通过观察、操作等活动发现规律、理解规律。

（二）教学目标

1. 知识与技能目标：学生在具体情境中找出简单事物的变化规律。

2. 过程与方法目标：通过观察和操作找出色彩、图形、数字的排列规律，并能根据发现的规律进行推理，学会规律的表述方法。

3. 情感态度与价值观目标：能运用简单的规律解释现实中的现象，感受数学与日常生活的密切联系，在与他人的合作交流中感受学数学、用数学的乐趣。

（三）教学重点和难点

1. 教学重点：引导学生学会观察并能够找出所列举事物的规律，理解规律的含义。

2. 教学难点：根据发现的规律进行推理，体会数学的思维方法。

（四）教学方法

多媒体演示法、谈话法、发现法等。

（五）教学过程

1. 游戏中观察，初识规律。

师：大家都玩过哪些游戏？

生：老鹰抓小鸡，攻城……

师：会玩石头、剪刀、布这个游戏吗？

生：会。

师：谁来挑战我？

生 1 上台与老师划拳比输赢。

师：孩子，你赢了，运气不错。

师：谁再来挑战我？

生 2 上台。

师：不好意思，我赢了。

---

①《义务教育教科书·数学》（人教版）一年级下册第 85 页。

师：想不想和电脑玩玩这个游戏？

生：想。

师指定1人上台。

师：我给你3次机会，看你能赢几次。准备开始！

师：赢了两次，不错。

师指定另1人上台，同样3次机会与电脑PK。

师：赢了一次，还行。

师：谁来猜猜电脑下一次会出什么拳？

生：一定会出锤头。

师：你确定吗？

生：我确定，完全确定。

师：看样子，你对自己充满信心，我同样给你3次机会，试一试。

师：恭喜你，赢了3次。

师：谁能像他一样玩3次赢3次？

师指定一人与电脑玩3次

师：每次都赢，你做到了，真棒！

师：大家都想玩，我们一起来，准备开始！

图1　电脑出拳图

师：孩子们，你们每次都赢，是怎样做到的？

生1：电脑出拳总是先出石头，再出剪刀，然后出布。

生2：出了一次石头、剪刀、布，然后又出一样的。

师：我明白了，电脑出拳是有规律的。

板书：规律

2. 情境中观察，发现规律。

师：商量一下，怎样才算有规律。

生1：出石头、剪刀、布，再出石头、剪刀、布才算有规律。

生2：重复才算有规律。

师：电脑出拳总是石头、剪刀、布、石头、剪刀、布，这样一次次重复着，我们好好看一看。

图 2　电脑划拳图

师：孩子们，你们掌握了电脑出拳的规律，我得换一个游戏。

（1）猜糖游戏，体会规律的内涵。

师：下一个游戏猜糖。这里有一个魔法箱子，箱子里有很多糖，我们来看看，都有些什么糖？

师：第一次蹦出棒棒糖，第二次牛奶糖，第三次棒棒糖。

猜下次会蹦出什么糖？

生：我猜牛奶糖。

师：同意的举手！

师：全班都同意。

师：我们来看结果，是什么糖？

生：口香糖。

生目瞪口呆。

师：猜错了，为什么要猜牛奶糖？

生 1：前面是棒棒糖，牛奶糖。

生 2：棒棒糖后面跟着牛奶糖。

师：前面出现了棒棒糖，后面跟着牛奶糖，我们以为会重复前面的情况，结果猜错了。没关系，再猜，下一次会出现什么糖？

生：棒棒糖。

师：看对不对？

生：错了，是巧克力。

师：别灰心，再来。

生：我猜棒棒糖。

师：看猜对了吗？

生：又错了，是果冻。

师：假如我让下面的听课老师猜，你估计他们能猜对吗？

生 1：猜得对。（大部分赞成）

生 2：我们都猜不对，他们怎么能猜对呢？

师：说得太好了，为什么很难猜对？

生：这些糖果排列没有规律。

（2）巧用图片，寻找色彩中的规律。

师：孩子们太聪明了，我请大家来看一幅画，我只看出了孩子们在开联欢会，你们呢？

图 3　开联欢会图

生 1：小旗一面红，一面黄，一面红，一面黄。

师：哦，小旗的颜色是有规律的，还有吗？

生 2：小花一朵绿一朵红，也是有规律的。

生 3：灯笼一个紫一个蓝，颜色是有规律的。

生 4：小朋友们也是一个男一个女围起来的。

师：大家眼睛真亮，找到了规律，请问最后这面小旗是什么颜色？

生：黄色。

师：为什么是黄色？

生 1：红色后面是黄色。

生 2：红色、黄色是有规律的。

师：后面这朵小花是什么颜色？

生：红色。

师：紫色灯笼后面应该跟一个什么颜色的灯笼？

生：蓝色灯笼。

师：最后一个孩子是男孩还是女孩？

生：女孩。

3. 拓展延伸，创造规律。

（1）通过想象，画出规律。

师：看了又美又有规律的画，我们也来画一画，请大家拿出白色长条纸和笔，在上面画出有规律的图案。

师巡视，挑选作品展示在黑板上。

图 4　规律图图案

师：第一幅画得怎么样？

生：很好，很清楚，有规律。

师：第二幅呢？

生：数字有规律，不过还可以写得更好一点。

师：今天我班来了 36 个人上课，难怪想到数字 3 和 6。

师：大家都画好了吗？举起来，给下面的听课老师看看。

（2）通过思考，摆出规律。

师：你们做得真好，原来颜色、图形、数字的排列都可以有规律。看着你们画画，我也忍不住画了一幅，我画得怎么样？

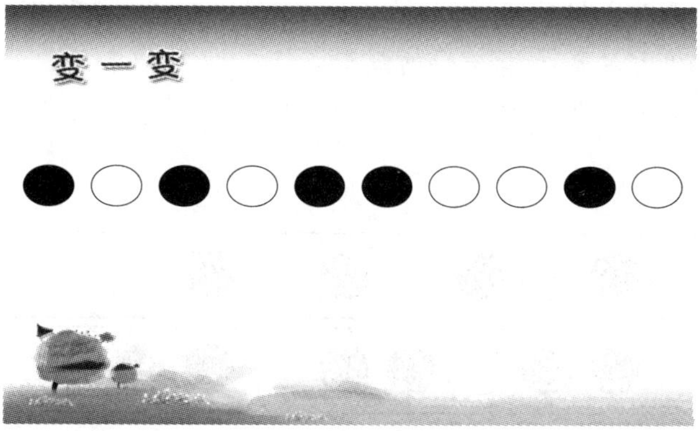

图 5　变一变

生：画得没有规律。

师：你能移动其中的两颗子，让它变得有规律吗？

生：一颗黑与一颗白换一下。

师：我们一起来把话讲清楚，左数第几颗与第几颗交换位置。

生：左数第 6 颗与第 7 颗换。

师：这样棋子的排列就有规律了。

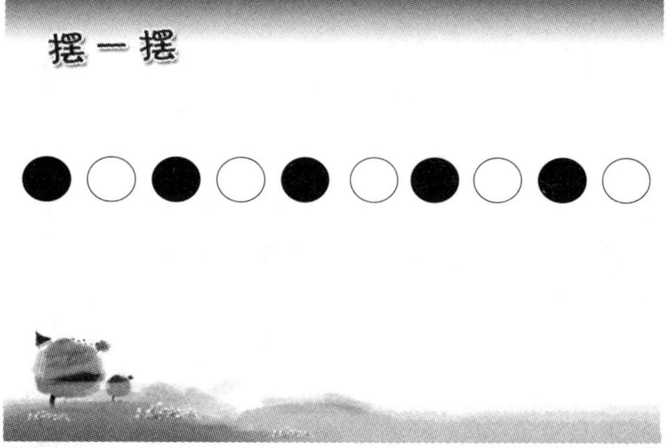

图 6　摆一摆

师：大家的眼睛真亮。其实我也给你们准备了很多棋子，装在信封里了，现在我们把

它倒出来 。

师：请用这些黑白棋子，摆出和大屏幕上不一样的规律，把棋子粘贴在红色的长条纸上，开始。

师巡视。

师：需要帮助的举手。

生 1 举手：黑子太多了。

师：对，巧妙地用上它们。

生 2 举手：所有的棋子都要用完吗？

师：可以不用完。

生 3 举手：一定要摆出规律吗？

师：一定要摆出和大屏幕上不一样的规律。

师巡视，挑选作品展示在黑板上。

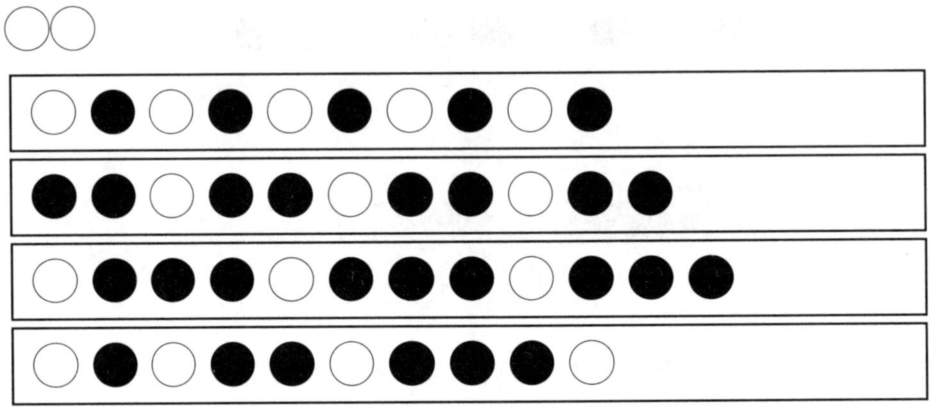

图 7　规律图

师：我们一起来欣赏这些作品。

师：第一幅有规律吗？

生：有。

师：第二幅呢？

生：也有。

师：第三幅呢？

生：有。

师：有怎样的规律？

生：一颗白子，三颗黑子，一颗白子，三颗黑子……

师：第四幅有没有规律？

生 1：有。

生 2：没有。

师：告诉大家这幅作品有规律。你看颜色，白，黑，白，黑在重复，而且黑子由一颗到两颗再到三颗，黑子每出现一次就要增加一颗，这是我们以后要学习的更高级的规律。你们表现真是太出色了。

（3）联系生活，发现身边的规律。

师：今天我们找到了规律，悄悄告诉你们，有一个孩子叫小宝，他对规律也很感兴趣，让我们一起来了解他。

师：小宝每天按时起床，自己穿衣服，过斑马线到学校，瞧，他的学校多漂亮。

他来到学校，第一件事就是锻炼身体，121、121、121……看他跳得多带劲。

小宝爱运动，爱学习，也爱玩。时间一天天，一年年过去了，小宝长大了，其实小宝就是我们自己，在我们身边也藏着很多规律，赶快找找吧！

生 1：路边的电线杆有规律。

生 2：跑步的口令也有规律。

3. 拍手结课，欣赏音乐中的规律。

师：我们找到了规律，找到了快乐……想不想再快乐一点？

生：想。

师：全体起立，让我们运动运动吧！

师：让我们在快乐的有规律的拍手歌中再见吧！

● **主题来源：**

选自人教版小学数学一年级下册第七单元“找规律”主题中的第一个内容。

● **案例来源：**

选自吉首大学师范学院附属小学数学教师罗啸的课题教学案例。

● **案例教学模式：**

观察-发现式教学模式。

● **案例简析：**

本案例是“数学广角”模块中的主题内容，体现了数学广角课标内容“感受数学在日常生活中的作用，体验能够运用所学的知识和方法”解决特定的一类问题，初步建立、掌握一些常见的数学思想方法。围绕数学广角第 1 大训练点，培养学生发现、初步探索规律的能力。

本案例“找规律”三级主题采用观察-发现教学范式，多媒体演示法、谈话法、发现法等多种教学方法的交叉使用，让学生初步体会有序思维。具体分析如下：

每个学生都能初步感受一些基本的数学思想方法是“数学广角”的主要教学目标之一。本案例以探索图案和数字等简单的排列规律为载体，把重要的有序思维通过日常生活中简单生动的游戏加以呈现，让学生在玩中领悟数学学习的真谛。从教学过程来看注意呈现以下几个亮点：

1. 为了学生很好地理解规律的含义，发现图形和数字排列的简单规律，本案例除了利用好教材中的相关素材外，还让学生在熟悉和喜欢的游戏中通过观察、思考，慢慢发现内容丰富、形式多样的“规律”，帮助学生通过对比性的分析，更全面地认识规律。

2. 教师精心设计多角度、多形式的课堂教学活动（猜一猜、想一想、画一画、变一变，摆一摆），将动脑与动手相结合，将观察与推理相结合，促进学生不断加深对规律的认识和理解。

3. 为了认识规律的根本，案例中教师通过多次制造经验冲突（猜糖游戏）、认知冲突（变一变），反复让学生进行体会，形成深刻印象，进而把握规律。此外，案例中“画一画”

活动让学生从“看到”到“想到”，从“有限”到“无限”，不断丰富对规律的认识。

本案例整合了颜色规律、图形规律、数字规律、简单规律、复杂规律。通过学生观察、动手、思考，从认识规律到最后创造规律，实现了对规律由浅至深、由表及里的深刻认识，体会了规律的多样性。每一教学环节，力求让学生触类旁通，在学习中有所创造。本课为学生设计的数学活动，有利于学生在活动中展开观察、操作、猜测、推理、交流，从而感受到数学思想方法的奇妙与作用。

● **案例十一**

案例 9～12

找次品[①]（一）

执教人：周昱

课题名称	找次品	执教者	周昱
学习内容	人教版五下数学广角——找次品（第 111～113 页）		
教材分析	具体分析：本节课主要以“找次品”这一操作活动为载体，让学生通过观察、猜测、实验等方式感受解决问题策略的多样性；在此基础上通过归纳、推理等方法，进一步体会运用优化策略解决问题的有效性。结构编排上：注重体现数学知识的逻辑顺序；分析方法上：重视“数学化”，倡导由具体到抽象、由特殊到一般的数学分析模式；数学思维上：强调数学思维的一般过程，着力培养学生勇于探索的思维品质以及解决数学问题的意识和能力。 假设条件：本节课要找的次品外观与合格品完全相同，只是质量上有所差异，且事先已经知道次品比合格品轻（或重），另外，在所有待测物品中只有唯一的一个次品。 编排意图：创设“找次品”活动，向学生渗透优化的数学思想，提高学生有效分析和解决问题的能力。 课标要求：在观察、猜测、实验等活动中，发展合情推理能力，能进行有条理的思考，能较清楚地表达自己的思考过程和结果		
学情分析	学生此前学习过“沏茶”“田忌赛马”“打电话”等内容，对于用画图方式发现隐含规律和用简单的优化思想解决问题的策略具备一定的基础。 本节课探究活动中要用到的天平，学生在以往学习等式性质等知识时，对天平的结构、用法以及平衡和不平衡所反映的信息都有了较好地掌握。 随着新课改的深度推进，自主探究、小组学习、合作交流等学习方式已为广大学生所接受，能较好地完成探究任务		
学习目标	1. 知识与技能：借助实物操作或画图等方式，体验找次品方法的多样化和最优化；发现和理解“把物品总数平均分成三份来称，保证最少的次数找出次品”。 2. 过程与方法：在观察与操作、猜想与验证、推理与归纳等数学活动中，感悟“优化”的数学思想，发展合情推理能力。在注重逻辑顺序、强调数学思维品质的过程中，逐步提高抽象概括和分析解决实际问题的能力。 3. 情感态度与价值观：感受数学在日常生活中的广泛应用，体会数学的简洁美和神奇魅力，激发学习数学的兴趣		
重点难点	1. 学习重点：理解并掌握找次品的方法，体会最优方案的特点 2. 学习难点：用简明的方法记录找次品的数学思维过程		

①《义务教育教科书·数学》（人教版）五年级下册第 112-113 页。

<table>
<tr><td>教法学法</td><td colspan="2">教法：直观演示、质疑引导
学法：观察思考、自主探究、合作交流</td></tr>
<tr><td>学习准备</td><td colspan="2">天平、实物、记录单、多媒体课件</td></tr>
<tr><td colspan="3">流程设计</td></tr>
<tr><td colspan="2">学习过程</td><td>设计意图</td></tr>
<tr><td colspan="2">一、创设情境，提出问题
1. 了解什么是次品
师：同学们听说过次品吗？你是怎样理解次品的？（板书：次品）
生：次品有的是外观有瑕疵、有的是成分不合要求、还有的是质量不达标……次品虽小，危害很大。
师：非常棒！老师今天就要考考大家——找次品。（板书：找）那么，我们首先要知道在什么条件下找次品。
2. 明确找次品的条件
今天我们这个找次品活动的条件就是：
① 待检物品的外观完全一样；
② 事先知道次品比合格品质量轻或重；
③ 所有待检物品中只有一个次品。
3. 熟悉找次品的工具
师：只需从质量轻重的角度检测出次品，可用什么工具？
生：天平。
师：天平有两个托盘，如果两个托盘里的物品质量相等，天平保持平衡；如果不相等，重的一端就会下落，轻的一端就会上翘，指针会指向较重的一端。
4. 探究找次品的方法
师：今天我们就运用天平来探究找次品的方法</td><td>从学生的生活经验和知识基础出发，唤醒记忆、激活认知、明确条件，为学生自主探究奠定基础</td></tr>
<tr><td colspan="2">二、有效组织，探究本质
1. 在2个物品中找次品
师：老师现在有两瓶外观完全一样的木糖醇，但有一瓶被老师吃了几粒变轻了，现在请你做检测师，你有什么办法找到这一瓶？
生：用天平秤，左右托盘各放一瓶，往上翘的那瓶就是老师吃过的。
师：好办法！根据质量轻重，用天平找出次品。在2个物品中找1个次品，只要称一次就可找出次品。
2. 在3个物品中找次品
师：现在这2瓶的基础上添加1瓶合格品，也就是与吃了几粒的那一瓶混在一起了，你会用天平找出这瓶吗？需要称几次？
生：需要2次，在天平两边各放1个，如果平衡，拿下1个再换另1个，往上翘的那瓶就是次品。
师：还有别的方法吗？
生：需要1次，在天平两边各放1个，如果平衡，没称的那个就是要找的次品，如果不平衡，往上翘的那瓶就是要找的次品。
师：你会更欣赏谁的方法？
生：我会更欣赏第二个同学的方法，他用的次数少，平衡就不要再称了，剩下的那瓶就是次品了。
师：说得真好！还用上了推理，考虑问题也很全面，3个物品，任拿2个各放天平一边，不管是否平衡都只要1次就能找出次品。下面我们统一记录方法，以便记录和交流
板书：
3（1，1，1）　　1次
3. 在5个物品中找次品（感知称法的多样化）</td><td>明确问题，环环相扣。
在难点处问，助推突破难点。
在亮点处追问，引人深入思考</td></tr>
</table>

续表

师：现在在原来3瓶中混加了2瓶，从5瓶中用天平怎么找到次品？ （1）想一想：5瓶找一个次品，需要称几次才能找到次品？你会怎么称？ （2）小组合作：在桌面上摆一摆，一人摆一人记，用刚才那种方法写在记录单上。 （3）小组汇报： 生1：5（1，1，3）　　1次 生2：5（2，2，1）　　2次 （4）理解“保证”的意义：我们有多种称法，要保证找出这个次品，至少要称几次？ 生1：1次。 生2：2次。 师：有争议才会有精彩！看谁说的有道理？ 生：天平有平衡和不平衡两种情况，我们不能保证一定平衡，所以要保证找出次品，我们就要考虑不平衡的情况，也就是说必须做最坏的打算。 师：同意吗？说得真好，那咱们就把可以不考虑的情况擦除。记录变成了： 5（1，1，3）　　2次 5（2，2，1）　　2次 4. 在9个物品中找次品。 师：要“保证”找出5瓶中那瓶次品，至少需要称2次。在此基础上再次添加4瓶合格品混在一起，一共9瓶。 （1）想一想：9瓶中有1瓶次品，你又有几种称法？至少称几次才能保证找到次品？ （2）猜一猜：会有哪些称法？ 生：（1，1，7）（2，2，5）（3，3，3）（4，4，1） 哪种称法保证找出次品的次数最少？ 生：（3，3，3）（4，4，1）…… （3）议一议：同桌交流、动手验证到底是哪一种称法？在纸质天平上模拟称一称，并把方法填写在记录单上。 （4）说一说：小组派代表汇报，汇报各自小组操作验证结果。（老师选代表记录单展示，贴在黑板上。） 生1：9（4，4，1） 生2：9（2，2，5） 生3：9（3，3，3） （5）选一选：优化选择，多种算法，如果让你选择，你会选择哪种称法？为什么？ 生：选第3种，因为它保证找出次品的次数最少。 5. 聚焦数理，发现规律 （1）观察思考：这种称法为什么保证找出次品的次数会最少呢？它与别的称法有什么不一样？请大家仔细观察、认真思考。 生：我发现它是平均分成三份来称的。 生：不管是否平衡，保证找出次品的次数是一样的。 师：好眼力！为什么不管平衡不平衡，保证找出次品的次数会是一样的呢？ 生：因为不管是否平衡，次品都在3瓶里面找。 师：这是一个非常有价值的发现。这也是为什么平均分成三份，保证找出次品次数最少的原因，你发现了吗？ （2）比较发现：请大家观察上述称法，称一次后，次品分别在几个里面找：第一种称法，次品在4瓶里找：第二种称法，次品在5瓶里找：平均分成三份，次品在3瓶里找。 生：3瓶里面更好找，因为找的范围小，自然就好找。 师：真厉害！同学们不仅好眼力，而且准确地表达了思维过程。 （3）猜想验证。 师：9瓶当中找一瓶，平均分成三份来称，保证找出次品的次数是最少的，那如果在27瓶甚至更多瓶中，平均分成三份来称，保证找出次品的次数也会是最少吗？ 验证：27（9，9，9）——9（3，3，3）——3（1，1，1）	明确问题，环环相扣。 在难点处问，助推突破难点。 在亮点处追问，引人深入思考

续表

<table>
<tr><td colspan="2">三、规律应用，凝练思维
1. 独立完成随堂练习
81 个瓶中只有 1 个是次品（稍轻些），保证找出次品至少要几次？
2. 完成拓展练习
243 个瓶中只有 1 个是次品（稍轻些），保证找出次品至少要几次？
3. 完成综合练习
教材第 113-114 页第 4 题、第 5 题</td><td>乘胜追击，水到渠成</td></tr>
<tr><td colspan="2">四、总结留疑，拓展升华
（1）都说数学是思维的体操，相信同学们这节课都有收获，说说你都收获了什么？
（2）你还有疑问吗？
生：如果物品个数不是 3 的倍数时，怎么称可以保证找出次品的次数会最少呢？
师：问得好，这是我们下节课学习的内容，同学们可以先在课后思考，有兴趣的可以一起讨论</td><td></td></tr>
<tr><td>布置作业</td><td colspan="2">1. 教材第 56 页第 3 题、第 4 题。
2. 思考题：如果物品个数不是 3 的倍数时，怎么称可以保证找出次品的次数最少呢？</td></tr>
<tr><td>板书设计</td><td colspan="2">找次品
生 1：9（4，4，1）
生 2：9（2，2，5）
生 3：9（3，3，3）
把物品总数平均分成三份，保证找出次品的次数最少。
验证：27（9，9，9）——9（3，3，3）——3（1，1，1）</td></tr>
</table>

● **主题来源：**

选自人教版小学数学五年级下册数学广角——找次品，第 112-113 页的内容。

● **案例来源：**

选自吉首大学师范学院初等教育系书记、数学系副教授周昱的课堂教学设计。

● **案例简析：**

本案例是“数学广角”模块中的主题内容，体现了数学广角课标内容“感受数学在日常生活中的作用，体验能够运用所学的知识和方法”[①]解决特定的一类问题，初步建立、掌握一些常见的数学思想方法。围绕数学广角第 1 大训练点，培养学生优化思想方法。

本案例“找次品”三级主题采用探索式教学模式，直观演示、质疑引导等多种教学方法的交叉使用，让学生初步体会优化思想。具体分析如下：

整堂课的设计以问题为指引，以操作为主要活动，以思想方法的渗透为重点展开。首先对学生难以理解的概念“次品”进行界定，接着通过 3 个、5 个待测物品让学生大胆地猜想如果用天平来称至少要几次才能保证找到次品，激发了学生的求知欲望，同时让学生初步感知利用天平原理找次品的方法，并且在 5 个中找 1 个次品的过程里让学生体会“要保证找出这个次品，至少要称几次”的含义。再顺势推及 9 个、27 个待测物品让学生比较数据和方法的彼此联系，从而掌握这一类数据特征（待测物品个数是 3 的倍数）的找次

① 中华人民共和国教育部：《义务教育数学课程标准》，北京师范大学出版社，2011 年版第 16 页。

品的方法。接下来老师大胆地选择了81、243个待测物品来利用规律作为此思想方法的巩固。设计层层探究，揭示规律，学生在探索过程中渐渐柳暗花明，让人不禁感叹数学的魅力！本课的设计还有一个亮点是在学生众多的策略中提炼出一般方法和优化策略。最后，再利用归纳出的方法去解决待测物品数量更多的问题。这过程中，老师渗透了不完全归纳法、优化策略、分析、讨论等多种教学方法，让学生体会优化思想方法。

一路顺利地探索下来，学生对待测物品个数是3的倍数时的情形印象深刻，思路明确，效果显著。

● 案例十二

案例9～12

找次品[①]（二）

执教人：石艳平

（一）教学目标

1. 知识技能目标：让学生初步认识从不是3的倍数个数量中“找次品”这类问题的基本思想策略和方法。

2. 过程方法目标：学生通过观察、猜测、试验、推理等活动，体会解决问题策略的多样性及运用优化策略。

3. 情感态度价值观目标：感受到数学在日常生活中的广泛应用，尝试用数学的方法来解决实际生活中的简单问题。

（二）教学重难点

1. 教学重点：掌握找次品的方法，体会优化思想。

2. 学习难点：用思维导图记录找次品的思维过程。

（三）教学方法

演示法、谈话法等。

（四）教学过程

1. 游戏导入，孕育思想。

师：老师心里想着一个自然数，这个数的范围是1～7，要想以最快的速度猜出来，你会选择先猜几呢？

生：1，4，6，3……

师：想采访猜4的同学，你为什么先猜4呢？

生：因为4是在中间位置，如果答案比4大，接下来就只需在5、6、7里猜了。如果比4小，接下来就只需在1、2、3里猜了。不管怎样，我都可以排除一半。

师：原来你猜4是想缩小范围，锁定目标。有做侦探的潜质！上节课我们正是在这种思想的启迪下，利用天平原理把待测物品（3个，9个，27个……）平均分成3份，找出了1件次品。可我觉得这些数都是一些特殊的数，他们都是3的倍数，如果我们要从100个这样数较大而且还不是3的倍数里找次品，又该如何找呢？（学生陷入思维的难点）

2. 探究尝试，体会思想。

① 《义务教育教科书·数学》（人教版）五年级下册第112-114页。

师：是不是觉得100太大了些？在数学上我们在研究问题较复杂的时候，时常可以从简单的入手。要不我们从5开始研究。（重点让学生说清要保证找出这个次品，至少要称几次）

请大家试着找一找。

生1：5（1，1，3）

生2：5（2，2，1）

师：至少需要几次呢？1次？2次？

师：要保证找出这个次品，至少要称几次？谁来说说“保证”“至少”是什么意思？

生：要保证找出次品，我们就要忽略运气好的情况，也就是说必须做最坏的打算。至少就是在保证找出次品的前提下需要称的最少的次数。

师：同意吗？所以以上两种分法从5件物品中保证找出1件次品，至少需要称2次。

师：再试试从8件中找出1件次品，看至少需要称几次保证能找到次品。

（1）学生说自己的想法：

生1：平均分成两份（4，4）。

生2：分成3份（3，3，2）。

生3：分成3份（2，2，4）。

（2）分组动手操作：用手模拟天平，用学具代替木糖醇，5人为一小组，1人操作，1人记录，2人思考，1人汇报。

8（4, 4）—4（2, 2）—2（1, 1）　　3次

8（3, 3, 2）平—2（1, 1）；不平—3（1, 1, 1）　　2次

8（2, 2, 4）平—4（2, 2）—2（1, 1）；不平—2（1, 1）　　3次

师：找次品方法多种多样，结合以上几种情况谈谈你是怎么理解“最少要称几次才能保证找出次品”？

生：分成（3，3，2）所用的次数更少，而且称2次，保证能把次品找出来。

师：那这种分法与其他几种相比，有什么讲究呢？

生：第二种分成3份，而且每份的个数相差最小。

师：也就是说（3，3，2）的这种分法可以说成尽量平均分成3份，这样找出次品的次数会更少。谁知道为什么尽量平均分成3份所需称的次数更少呢？

生：因为1分为3，如果尽量平均分了，每次只需从已经确定了的1/3件中继续找，如果1分为2须在确定的1/2件中继续找。

师：很了不起！知道从更小的范围里找次品更容易！这正是运用了上课前猜数游戏中“缩小范围，锁定目标”的策略。

3. 巩固提高，学以致用。

现在请你解决之前的问题：从100瓶水中找出一瓶次品（稍轻）。

4. 凝练方法，总结归纳。

师：上节课我们学习了从 3 的倍数个物品中“找次品”，今天又一起学习了从不是 3 的倍数个物品中“找次品”，你们可以说说到底“找次品”要怎么个找法？

生：是 3 的倍数个，就平均分成 3 份，不是 3 的倍数个，就尽量平均分成 3 份。

师：用一句口诀来概括吧：找次品，三而均，不能分，尽量平。

师：到此为止，我们通过两种类型（能被 3 整除和不能被 3 整除）学习了从被测物品数是大于 2 的自然数中找出一件次品的内容，这其中有没有隐藏什么规律呢？下节课我们继续学习。

（五）板书设计

找次品

5（2, 2, 1）—2（1, 1）　　2 次

8（3, 3, 2）平 → 2（1, 1）；不平 → 3（1, 1, 1）　　2 次

找次品，三而均，不能分，尽量平。

● **主题来源：**

选自人教版小学数学五年级下册“数学广角”P112-114 的内容。

● **案例来源：**

课例选自湖南吉首大学师范学院数学教师石艳平的教学设计。

● **案例教学模式：**

尝试-推理-归纳。

● **案例简析：**

本课内容在整个小学数学教学中难度较大。此设计的教学思路是通过猜数游戏，缩小范围，锁定目标的思路找到次品。设计通过从 5 个、8 个再到 100 个物品中找次品，体会待测物品不是 3 的倍数的将它尽量平均分成 3 份，次数会更少。特别是从 5 个中找，强调“保证”“至少”的含义。从 8 个中找在加深对“保证”“至少”的理解外，打破学生把物品一分为二的思维习惯，建立将待测物品平均分成 3 份的方法。并着重对几种不同分法进行比较、分析，让学生从意识里肯定平均分成 3 份的优越性，还让学生思考和解释为什么平均分成 3 份更好，帮助学生实现方法的优化过程，体会优化思想。整个设计给学生足够的思考和尝试、想象推理的时间和空间，注重思想和方法的渗透和统一。

第四章　小学英语教学案例

第一节　语言技能教学

教学内容提示：

（一）听做

（二）说唱

（三）玩演

（四）读

（五）写

（六）视听

一、模块主题内容

1. 三年级上册：学会字母的发音，了解单词是由字母构成的。学会五个元音字母在开音节和闭音节中的发音。学会常用辅音组合的发音。

2. 三年级下册：逐个教学单词拼读的规律，学会元音字母组合发音。学会单词重音和语调。

3. 四年级上册：巩固字母的发音、学会常用整体组合 ture/tion/ge/dge 的发音。

4. 四年级下册：巩固元音字母和常用辅音组合在单词中的发音，学会用它们熟练拼读单词。

5. 五年级上册：巩固常用元音组合在单词中的发音，并运用在单词中进行拼读。

6. 五年级下册：学会 y，m，n，l 在单词的不同发音，并运用在单词中快速拼读。

7. 六年级上册：巩固以上元音字母，常用辅音组合，元音组合在单词中的发音，并逐渐学会直呼单词。

8. 六年级下册：巩固单词重音和语调。

二、模块课标要求

1. 能根据听到的词句识别或指认图片或实物。（语言技能一级听做 1）

2. 能听懂课堂简短的指令并做出相应的反应。（语言技能一级听做 2）

3. 能根据指令做事情，如指图片、涂颜色、画图、做动作等。（语言技能一级听做 3）

4. 能在图片和动作的提示下听懂简单的小故事并做出适当的反应。（语言技能一级听做 4）

5. 能借助图片、图像、手势听懂简单的话语或录音材料。（语言技能二级听 1）

6. 能听懂简单的配图小故事。（语言技能二级听 2）

7. 能听懂课堂活动中简单的提问。（语言技能二级听 3）

8. 能听懂常用指令和要求并做出适当的反应。（语言技能二级听 4）

9. 能根据录音模仿说话。（语言技能一级说唱 1）

10. 能相互致以简单的问候。（语言技能一级说唱 2）

11. 能相互交流简单的个人信息，如姓名、年龄等。（语言技能一级说唱 3）

12. 能表达简单的情感和感觉，如喜欢和不喜欢。（语言技能一级说唱 4）

13. 能根据表演猜测意思、说出词语。（语言技能一级说唱 5）

14. 能学唱英语儿童歌曲和歌谣 15 首左右。（语言技能一级说唱 6）

15. 能根据图、文说出单词或短句。（语言技能一级说唱 7）

16. 能在口头表达中做到发音清楚，语调基本达意。（语言技能二级说 1）

17. 能就所熟悉的个人和家庭情况进行简短对话。（语言技能二级说 2）

18. 能运用一些最常用的日常用语。（如问候、告别、致谢、道歉等）（语言技能二级说 3）

19. 能就日常生活话题做简短叙述。（语言技能二级说 4）

20. 能在教师的帮助和图片的提示下描述或讲述简单的小故事。（语言技能二级说 5）

21. 能在教师的指导下用英语做游戏并在游戏中进行简单的交际。（语言技能一级玩演 1）

22. 能做简单的角色表演。（语言技能一级玩演 2）

23. 能按要求用简单的英语做游戏。（语言技能二级玩演 1）

24. 能在教师的帮助下表演小故事或小短剧。（语言技能二级玩演 2）

25. 能学唱简单的英语歌曲和歌谣 30 首左右（含一级要求）。（语言技能二级玩演 3）

26. 能看图识词。（语言技能一级读写 1）

27. 能在指认物体的前提下认读所学词语。（语言技能一级读写 2）

28. 能在图片的帮助下读懂简单的小故事。（语言技能一级读写 3）

29. 能认读所学词语。（语言技能二级读 1）

30. 能根据拼读的规律，读出简单的单词。（语言技能二级读 2）

31. 能读懂教材中简短的要求或指令。（语言技能二级读 3）

32. 能看懂贺卡等所表达的简单信息。（语言技能二级读 4）

33. 能借助图片读懂简单的故事或小短文，并养成按意群阅读的习惯。（语言技能二级读 5）

34. 能正确朗读所学故事或短文。（语言技能二级读 6）

35. 能正确书写字母和单词。（语言技能一级读写 5）

36. 能模仿范例写词句。（语言技能一级读写 6）

37. 能正确地使用大小写字母和常用的标点符号。（语言技能二级写 1）

38. 能写出简单的问候语和祝福语。（语言技能二级写 2）

39. 能根据图片、词语或例句的提示，写出简短的语句。（语言技能二级写 3）

40. 能看懂语言简单的英语动画片或程度相当的英语教学节目，课堂视听时间每学年不少于 10 小时（平均每周 20 ~ 25 分钟）。（语言技能一级视听）

41. 能看懂程度相当的英语动画片和英语教学节目，课堂视听时间每学年不少于 10 小时（平均每周 20~25 分钟）。（语言技能二级视听）

三、模块训练点

1. 能听懂课堂活动中的指令、语句、配图小故事，并做出适当的反应。
2. 能学唱英语儿童歌曲和歌谣。
3. 能用日常用语进行对话交流。
4. 能进行简单的角色扮演。
5. 英语 26 个字母的正确读音及标准书写。
6. 元音字母及常见的辅音字母在单词中的基本读音。
7. 常见的元音字母组合在重读音节中的读音。
8. 单词重音及句子重读。
9. 看图写单词、句子及简单的小故事。
10. 能看懂英语动画片及简单的英语教学节目。

四、模块教学案例简析

● **案例一**

案例 1~4

"元音字母"的短音发音教学设计①

执教人：王芸

（一）教学目标

1. 知识和能力目标：学会五个元音 a[æ]，e[e]，i [i]，o[ɔ]，u[ʌ]的发音；能运用五个发音拼出符合规律的单词。

2. 情感目标：培养学生探究单词拼读的能力。

3. 过程与方法：通过课前调查比较学生对汉语拼音的掌握情况，运用对比，综合两者的共同之处达成知识目标，通过小组合作练习达成能力目标、情感目标。

（二）教学重点

学会五个元音 a[æ]，e[e]，i [i]，o[ɔ]，u[ʌ]的发音及拼读。

（三）教学难点

学会五个元音 a[æ]，e[e]，i [i]，o[ɔ]，u[ʌ]的拼读。

（四）教学过程

1. 利用汉语拼音导入新课。

会读拼音，就会读单词，不信咱们来试试。

dog　pig　hot　bit

---

① 白解红主编：《小学英语》（三年级上册），湖南少年儿童出版社，《unit 7　It's a dog.》B 部分，2017 版第 34 页。

在英语单词的拼读中，并不是所有的发音都和拼音一样，它们也有自己独特的发音。这节课我们就来学习英语当中五个“单韵母”的发音规律。

2. 利用“短音口诀”循环教学，新课新授。

（1）趣味示范朗读“短音口诀”。

短音口诀：

哎（a），哎（a），哎（a），早上好！

唉（e），唉（e），唉（e），你好吗？

一（i），一（i），一（i），打铃了！

哦（o），哦（o），哦（o），快点跑！

啊（u），啊（u），啊（u），赶上啦！

（2）手势演示朗读“短音”（用手指量嘴巴的张开宽度），然后学生过关抽读：

a，　e，　i，　o，　u，

[æ]　[e]　[ɪ]　[ɔ]　[ʌ]

（3）运用“短音口诀”，拼读单词。

① 发音口诀：没记号读短音[æ]、[e]、[ɪ]、[ɔ]、[ʌ]

• 没记号，读短音 a，e，ɪ，o，u，

a，a，a，h-a，hat hat　hat

• 没记号，读短音 a，e，e，e，e，

w-e　wet　wet　wet

• 没记号，读短音 a，e，i，i，i，i

h-i　hit　hit　hit

• 没记号，读短音 a，e，i，o，o，o，o，

h-o　hop　hop　hop

• 没记号，读短音 a，e，i，o，u，u，u，u

c-u　cut　cut　cut

② 读中文含义：（用手指计数五遍读中文）

h-a, hat hat hat hat hat　是“帽子”

w-e, wet wet wet wet wet　是“湿的”

h-i, hit hit hit hit hit　就是“打”

h-o, hop hop hop hop hop　“单脚跳”

c-u cut cut cut cut cut　就是“切”

3. 操练“短音口诀”，复习巩固。

让学生填空记单词，还可以打乱顺序进行训练，再写上中文。

---- a ----（　　）

---- e ----（　　）

---- i ----（　　）

---- o ----（　　）

---- u ----（　　）

4.“短音口诀”拼读单词拓展，布置作业。

热　蝙蝠　床　大的　公交

hot　bat　bed　big　bus

hat　wet　bit　hop　cut

板书设计：

hat	帽子	bat	蝙蝠
wet	湿的	bed	床
hit	打	big	大的
hop	单脚跳	hot	热
cut	切	bus	公交

● **主题来源：**

选自湖南少年儿童出版社的《小学英语》（三年级上册）《unit 7　It's a dog.》B 部分。

● **案例来源：**

本案例由王芸、刘艳芳、王谰三位教师创编。

● **案例教学模式：**

儿歌式教学模式。

● **案例教学方法：**

谈话法、讲授法、儿歌教学法。

● **案例简析：**

本案例是（三年级上册）《unit 7　It's a dog.》B 部分模块中的主题内容，体现了第 30 条课标内容“能根据拼读的规律，读出简单的单词”。[①]围绕 10 大模块训练点，关注孩子拼读单词的能力，进而学习元音字母在单词中的基本读音，以及常见的元音字母组合在重读音节中的读音。

本案例是“语音教学”a，e，i，o，u 在英语单词闭音节里的发音。主题采用儿歌式教学模式设计，谈话法、儿歌教学法、讲授法等多种教学方法的交叉使用，让学生明白，拼单词就用和拼拼音一样的方法。首先，找到单词里面的元音和这个元音前后的辅音，画好音节，然后背“元音和辅音的发音口诀”拼出音节，最后把每个音节连起来读，就读出单词的发音了。

导入时让学生体验汉语拼音对拼读单词的影响。过程中用顺口溜的方法教他们学会 a，e，i，o，u 在英语单词闭音节里即“单韵母”的发音，从而学会拼读闭音节单词，学生就容易产生自己拼读单词的成就感。这时老师就不要反复叫学生跟着自己读单词，变成“复读机”，从而达到“授人以鱼，不如授人以渔”的效果。

① 中华人民共和国教育部：《义务教育英语课程标准》，北京师范大学出版社，2011 版第 14 页。

● **案例二**

“元音字母”的长音发音教学设计[①]

执教人：王芸

案例 1～4

（一）教学目标

1. 知识目标：学会五个元音 a[ei]，e[i:]，i [ai]，o[ou]，u[ju:]的发音。

2. 能力目标：能运用五个发音拼出符合规律的单词。

3. 情感目标：培养学生探究单词拼读的能力。

4. 行为目标：养成学生运用规律拼读单词的习惯。

5. 过程与方法：通过课前调查比较学生对汉语拼音的掌握情况，运用比较，综合两者的共同之处达成知识目标，通过小组合作练习达成能力目标、情感目标。

（二）教学重点

调查学生对拼音的掌握情况，了解学生对英语单词和拼音的看法。

（三）教学难点

学会五个元音 a[ei]，e[i:]，i [ai]，o[ou]，u[iu]的发音，能运用五个发音拼出符合规律的单词。

（四）教学过程

1. 谈话复习，直奔主题。

同学们，上节课我们学习了英语当中五个“单韵母”的短音发音规律。谁来运用口诀读读这几个英语单词？dad but nest hop dig fat mug desk fog miss，这节课我们就来学习这五个“单韵母”的长音发音规律。

2. 谈话演示发音口诀。

同学们，刚刚我们复习了“单韵母”的短音发音口诀，现在大家跟我一起学习五个“单韵母”的长音发音口诀。

长音口诀：

- 见面微笑 a，a，a （ei）
- 大吃一惊 e，e，e （i）
- 原来我是 i，i，i （ai）
- 海鸥海鸥 o，o，o （ou）
- 石油石油 u，u，u （iu）

示范朗读：用手指量嘴巴的张开宽度，然后学生过关抽读：

a	e	i	o	u
[ei]	[i:]	[ai]	[ou]	[iu]

3. 谈话引导，运用口诀，拼读单词。

同学们，现在我们运用“单韵母”的长音和短音发音口诀拼单词，先判断，再背口诀，顺势拼读单词。

① 白解红主编：《小学英语》（三年级上册），湖南少年儿童出版社，《unit 9 It’s a mouth.》B 部分，2017 版第 42 页。

（1）全体齐背全部发音口诀：没记号，读短音，“爱、哎、一、哦、啊”，有记号读长音[ei] [i：] [ai] [ou] [iu]本身结尾读长音[ei] [i：] [ai] [ou] [iu]。马上判断，并背出相应的口诀：

① 有记号，读长音 a，e，i，o，u，　a，a，a

h-a　hate hate 是讨厌

② 本身结尾，读长音 a，e，　e，e，e

w-e　we we 是我们

③ 有记号，读长音 a，e，i，　i，i，i

b-i　bite　bite　就是咬

④ 有记号，读长音 a，e，i，o，　o，o，o

h-o　hope　hope　是希望

⑤ 有记号，读长音 a，e，i，o，u，u，u，u

c-u　cute　cute　是可爱

（2）用口诀，再读单词和含义：（用手指计数五遍读中文）

见面微笑 a，a，a（ei）	h-a	hate	hate	是讨厌
大吃一惊 e，e，e（i）	w-e	we	we	是我们
原来我是 i，i，i（ai）	b-i，	bite	bite	就是咬
海鸥海鸥 o，o，o（ou）	h-o，	hope	hope	是希望
石油石油 u，u，u（iu）	c-u	cute	cute	是可爱

4. 运用口诀，谈话记忆单词、拓展单词。

同学们，让我们一起运用口诀，记忆单词，边说边写。有“记号 e”在末尾，读长音，a（ei），a（ei），a（ei），ha（ei），hate，hate，是“讨厌”

hat（e）　_e_（　）　_i_（　）　_o_（　）　_u_（　）

同学们，现在让我们一起运用口诀，多读几个单词。

他	爸爸	钞票	单车	哑巴
he	dad	note	bike	mute

5. 谈话总结，布置作业。

同学们，这节课我们学习了“长音发音口诀”，并且能用“口诀”拼读单词了。现在我们好好巩固一下，用手指跟着老师在黑板上书写一遍单词，然后在英语本子上抄写英语单词写三遍，一遍中文。

hate　we　bite　hope　cute

（五）板书设计

hate	讨厌	dad	爸爸
we	我们	he	他
bite	咬	bike	单车

hope	希望	note	钞票
cute	可爱	mute	哑巴

● **主题来源：**

选自湖南少年儿童出版社的《小学英语》（三年级上册）《unit 9　It's a mouth.》B 部分。

● **案例来源：**

本案例由王芸、刘艳芳、王澜三位教师创编。

● **案例教学模式：**

谈话法教学模式。

● **案例教学方法：**

谈话法、小组合作法、讲授法。

● **案例简析：**

本案例是（三年级上册）《unit 9　It's a mouth.》B 部分模块中的内容，体现了第 30 条课标内容中“能根据拼读的规律，读出简单的单词”的要求。围绕 10 大模块训练点，关注孩子拼读单词的能力，进而学习元音字母在单词中的基本读音，以及常见的元音字母组合在重读音节中的读音。

本案例是“语音教学”五个元音“a[ei]，e[i:]，i[ai]，o[ou]，u[iu]”在开音节单词中即“单韵母”的发音。主题采用谈话法教学模式设计，谈话法、小组合作法、讲授法等多种教学方法交叉使用，让学生明白，拼开音节单词就和拼闭音节单词一样，只是发音口诀不同。首先，找到单词里面的元音和这个元音前后的辅音，画好音节，然后背“元音和辅音的发音口诀”拼出音节，最后把每个音节连起来读，就读出单词的发音了。

导入时让学生观察闭音节单词 hat/wet/bit/hop/cut 和今天所学的开音节单词 hate/we/bite/hope/cute 的区别。过程中首先让学生背之前学过的“短音”发音“爱、哎、一、哦、啊”，并运用这些发音进行拼读单词。然后，用儿歌表演的方法教他们学会 a，e，i，o，u 在英语单词在开音节里的发音“ei/i/ai/ou/iu”，从而学会拼读开音节单词。最后，给学生出几个开音节和闭音节混合在一起的单词，让学生先判断，然后运用学过的发音口诀拼读单词，这样学生就很容易产生自己拼读单词的成就感。

● 案例三

案例 1～4

“qu、x、ch、sh、r”发音教学设计①

执教人：王芸

（一）教学目标

1. 知识目标：五个辅音组合 qu[kw]　x[ks]　ch[tʃ]　sh[ʃ]　r[r]的发音。
2. 能力目标：能运用五个发音拼出符合规律的单词。
3. 情感目标：培养学生探究单词拼读的能力。

---

① 白解红主编：《小学英语》（三年级上册），湖南少年儿童出版社，《unit 5 This is my family.》E 部分，2017 版第 23 页。

4. 行为目标：养成学生运用规律拼读单词的习惯。

5. 过程与方法：通过课前调查比较学生对汉语拼音的掌握情况，运用对比，综合两者的共同之处达成知识目标，通过小组合作练习达成能力目标、情感目标。

（二）教学重点

调查学生对拼音的掌握情况，了解学生对英语单词和拼音的看法。

（三）教学难点

学会五个辅音组合 qu[kw]　x[ks]　ch[tʃ]　sh[ʃ]　r[r]的发音，能运用五个发音拼出符合规律的单词。

（四）教学过程

1. 自主儿歌式复习所学的单词、句子。（由学生助教主持）

2. 自主儿歌式语音口诀学习。

（1）自主读关于“qu　x　ch　sh　r”的声母儿歌，圈出重点发音的汉字。

qu 敲桌子，qu（哭），qu（哭），qu（哭），安静安静是 quiet.

x 克斯，克斯，萨克斯，狐狸狐狸是 fox.

ch 空气空气，ch（汽），ch（汽），ch（汽）小鸡小鸡是 chick.

sh 西瓜西瓜，sh（西），sh（西），sh（西）小鱼小鱼是 fish.

do，re，mi，r（re），r（re），r（re）我爱跑步 run，run，run.

（2）由汉语拼音的 23 个声母进入。注：英语读得轻、短，汉语拼音读得重、长。总体把 33 个声母读一遍。

[b]	[p]	[m]	[f]	[d]	[t]	[n]	[l]
b	p	m	f	d	t	n	l
[g]	[k]	[h]			[dʒ]	[kw]	[ks]
g	k	h			j	qu	x
[tʃ]	[ʃ]	[r]			[z]	[k]	[s]
ch	sh	r			z	c	s
[j]	[w]	[v]			[k]	[tʃ]	[f]
y	w	v			ck	tch	ph
[tr]	[dr]	[ts]	[dz]		[θ]	[ð]	[tw]
tr	dr	ts	ds		th	th	tw

（3）把口诀中的重点字注在声母表上。

3. 儿歌式学习词汇。

（1）运用顺口溜学习相关的 5 个单词。quite（安静）　chick（小鸡）　fox（狐狸）　fish（鱼）　run（跑步）

学生以顺口溜形式朗读声母儿歌。

（2）运用口诀，记忆单词。

让学生填空记单词.还可以打乱顺序进行训练，再写上中文。

qu__ __ __　（　　）

__ __ x　（　　）

ch __ __ __　（　　）

_ __ sh　(　　)

r__ __　(　　)

（3）游戏式运用口诀，单词拓展。

讥讽	盒子	薯条	轮船	跑步	快速地	长椅	修理	大声尖叫	猫
quib	box	chip	ship	run	quickly	bench	fix	zing	cat

4. 自主儿歌式巩固所学单词并且默写

quiet	fox	chick	fish	run

板书设计：

quick	快速的	quib	讥讽
fox	狐狸	box	盒子
bench	长凳	chip	薯条
fish	小鱼	ship	轮船
red	红色	run	跑步

● **主题来源：**

选自湖南少年儿童出版社的《小学英语》（三年级上册）《unit 5　This is my family.》E 部分。

● **案例来源：**

本案例由王芸、刘艳芳、王谰三位教师创编。

● **案例教学模式：**

游戏式儿歌教学模式。

● **案例教学方法：**

游戏法、儿歌教学法、谈话法。

● **案例简析：**

本案例是（三年级上册）《unit 5 This is my family.》E 部分模块中的主题内容，体现了第 30 条课标内容“能根据拼读的规律，读出简单的单词”。围绕 10 大模块训练点，关注孩子拼读单词的能力，进而学习常见的辅音字母在单词中的基本读音。

本案例是“五个辅音组合 qu[kw] x[ks] ch[tʃ] sh[ʃ] r[r]”的发音学习及运用。主题采用游戏式的儿歌教学模式设计，游戏法、儿歌教学法、谈话法等多种教学方法的交叉使用，让学生明白，虽然这些“组合”发音没有太大的规律可循，但是能和汉字的发音“挂上钩”。首先，找到与这些辅音“组合”发音类似的汉字“qu 哭、x 克斯、ch 气、sh 西、r（re）”，然后读出编好的“顺口溜”，拼出单个音节，最后把每个音节连起来读，就读出单词的发音了。

导入时，进行复习，齐读“声母表”，背五个元音字母发音口诀。过程中一边读新学的辅音组合顺口溜，一边用这个新的辅音组合替换原来的简单辅音，并教他们用原来的方法，学会 qu[kw]　x[ks]　ch[tʃ]　sh[ʃ]　r[r]在拼读单词时的运用，从而巩固拼读开音节单词和闭音节单词，学生就很容易就发现，拼单词就和拼拼音一样，只是“声母”和“韵母”

读音不同罢了。一定要注意的是，五个元音字母的发音口诀，刚刚学习的辅音组合口诀，都要求学生反复背，反复默写和运用以加强巩固。

● **案例四**

“ar　or　ore　al　au”组合发音教学设计[①]

执教人：王芸

案例 1～4

（一）教学目标

1. 知识目标：会读五个“复韵母”ar　or　ore　al　au。

2. 能力目标：能运用五个“复韵母”发音拼出符合规律的单词。

3. 情感目标：培养学生探究单词拼读的能力。

4. 行为目标：养成学生运用规律拼读单词的习惯。

5. 过程与方法：通过课前调查比较学生对汉语拼音的掌握情况，运用对比，综合两者的共同之处达成知识目标，通过小组合作练习达成能力目标、情感目标。

（二）教学重点

调查学生对拼音的掌握情况，了解学生对英语单词和拼音的看法。

（三）教学难点

会读五个“复韵母”ar　or　ore　al　au 的发音，能运用五个发音拼出符合规律的单词。

（四）教学过程

1. 合作之前，了解学情。

（1）听学生读汉语拼音 a　o　e　i　u　ao　ou　iu　ai　ei　ang，了解有多少同学能读准。

（2）出示 30 个字母组合，请学生用汉语拼音读。

（3）请学生说说汉语拼音和英语字母组合发音的区别分别是什么。（相同点：发音近似。区别：读拼音是中等发音：字母组合发音要比拼音饱满，拉长。）板书：

a	o	e	i	u	
ar	or	ar	ee	oo	
	ore	er	ea	oo	
	al	ir	ey	ui	
	au	or	ui		
	aw	ur			
	augh				
	ough				
ao	ou	iu	ai	ei	ang
ou	oa	ew	igh	ait	oun
ow	ow			ay	own

（4）把组合变成单词，教学生初拼读 30 个字母组合的发音。板书：

① 白解红主编:《小学英语》(三年级下册)，湖南少年儿童出版社,《unit 10　Touch your head》B 部分，2018 版第 50 页。

a	o	e	i	u
car	horse	vicar	bee	book
	more	sister	sea	food
	talk	bird	key	fruit
	yaup	doctor	biscuit	
	draw	hurt		
	daughter			
	ought			

ao	ou	iu	ai	ei	ang
house	boat	new	light	wait	pound
how	window			day	down

2. 小组合作学习五个组合的发音。

（1）小组合作前，教师示范。

老师示范教读第一个“字母组合”，先说拼读口诀：“汉语拼音 a，英语读作 ar”再拼读。“c-ar，car，car，小汽车。”

a	o
car	horse
	more
	talk
	yaup

（2）小组合作，分别展示。

汉语拼音 a，英语读作 ar.　c-ar，car，car，小汽车。

汉语拼音 o，英语读作 or.　h-or，horse，horse，就是马。

汉语拼音 o，英语读作 ore.　m-ore，more，more，是更多。

汉语拼音 o，英语读作 al.　t-al，talk，talk，是交谈。

汉语拼音 o，英语读作 au.　y-au，yaup，yaup，打哈欠。

（3）小组合作互相教读，开火车朗读展示。

card	park	garden	dark	farmer
fork	pork	nor	dork	short
pore	bore	lore	gore	chore
walk	chalk	ball	small	all
sauce	saucer	cause	pause	audio

3. 小组合作互背诵，巩固学习。

（1）运用口诀复习五个单词的发音，然后边背边记忆。

（2）根据提示，小组合作，互相背诵，然后在英语本上默写一遍。

__ar　　　　(　　　)

__ or__ __　　(　　　)

__ ore　　　(　　　)

__al __　　　　(　　　)

__ au__　　　　(　　　)

4. 小组合作互相批改默写的五个单词。

car	horse	more	talk	yaup

板书设计：

a　　o

car　　horse

more

talk

yaup

● **主题来源：**

选自湖南少年儿童出版社《小学英语》（三年级下册）《unit 10 Touch your head》B 部分。

● **案例来源：**

本案例由王芸、刘艳芳、王谰三位教师创编。

● **案例教学模式：**

小组合作教学模式。

● **案例教学方法：**

小组合作法、儿歌教学法、谈话法。

● **案例简析：**

本案例是（三年级下册）《unit 10 Touch your head》B 部分。体现了第 30 条课标内容“能根据拼读的规律，读出简单的单词”的要求。围绕 10 大模块训练点，关注孩子拼读单词的能力，进而学习常见的元音字母组合在重读音节中的读音。

本案例是五个“复韵母”“ar[a:]　or[ɔ:]　ore[ɔ:]　al[ɔ:]　au[ɔ:]”组合发音学习及运用。主题采用小组合作教学模式设计，小组合作法、儿歌教学法、谈话法等多种教学方法的交叉使用，让学生感受到这些“组合”发音和汉语拼音类似，注意微妙区别是学习的重点。首先，出示几个含有同一组合的相关单词，比如，car/far/mark/park/garden 等，请会读的学生找到这些单词的特点，都含有相同的“组合”，会读其中哪一个，可以试着读，如果读对了，教师顺势引导出这个单词的“组合”发音“ar[a:]”，从而读完余下的单词。总结出发音类似的汉语拼音“a”，然后读出编好的“顺口溜”。再拼出几个多音节单词巩固，最后强调这几个“组合”发音和汉语拼音的微妙区别，使学生能借助拼音记忆发音的同时，更能把单词读准。

导入时，进行复习声母组合，顺势告诉学生，韵母也有“组合”，然后列举单词给学生，让他们找出所含的相同“组合”。过程中一边读新学的组合顺口溜，一边用这个新的组合替换原来的单个元音，并教他们用汉语拼音的方法，学会读 ar[a:]　or[ɔ:]　ore[ɔ:]　al[ɔ:]　au[ɔ:]的发音，注重和汉语拼音的发音区别。然后在单词里运用，从而巩固拼读单词。学生很容易就发现，拼单词就和拼拼音一样，只是“声母”和“韵母”读音不同罢了。

● **案例五**

“Aa　Bb　Cc　Dd　Ee　Ff　Gg”英语字母的教学设计①

执教人：王芸

案例 5～8

（一）教学目标

1. 知识目标：会读七个英语字母 Aa　Bb　Cc　Dd　Ee　Ff　Gg 。

2. 能力目标：能在四线格里正确书写七个英语字母。

3. 情感目标：引导学生探究字母的作用。

4. 行为目标：养成学生运用汉语拼音拼读英语字母的方法。

5. 过程与方法：通过课前调查比较学生对汉语拼音的掌握情况，运用对比，综合两者的共同之处达成知识目标，通过小组合作练习达成能力目标、情感目标。

（二）教学重点

学生对比读汉语拼音和英语字母，了解学生对英语字母和拼音的容易混淆之处。

（三）教学难点

会读七个英语字母 Aa　Bb　Cc　Dd　Ee　Ff　Gg；能在四线格里正确书写七个英语字母。

（四）教学过程

1. 歌曲导入，了解学情。

（1）听英语字母歌曲三遍，了解有多少同学会唱。

（2）出示 26 个字母的小写，请学生用汉语拼音读。

（3）请学生说说汉语拼音和英语字母的作用分别是什么。（拼音是构成汉字的发音；字母是构成英语单词的部件，相当于构成汉字的偏旁或笔画。）板书：

a b c d e f g h i j k l m n o p q r s t u v w x y z

（4）用拼音给字母注音，帮助学生初步朗读 26 个字母的发音。板书：

[ei]	[bi：]	[si：]	[di：]	[i：]	[ef]	[dʒi：]（ji：）
a	b	c	d	e	f	g
[ei tʃ]	[ai]	[dʒei]	[kei]	[el]	[em]	[en]
h	i	j	k	l	m	n
[ou]	[pi：]	[kiu]	[a：]	[es]	[ti：]	
o	p	q	r	s	t	

① 白解红主编：《小学英语》（三年级上册），湖南少年儿童出版社，《unit 1　Hello》B 部分，2017 版第 3 页。

[iu：]　[vi：]　[dbliu：]　[eks]　[wai]　[zi：]
u　v　w　x　y　z

2. 哼唱“字母歌”学习七个英语字母。

（1）跟着音乐哼唱“字母歌”。

[ei]　[bi：]　[si：]　[di：]　[i：]　[ef]　[dʒi：]（ji：）
Aa　Bb　Cc　Dd　Ee　Ff　Gg

（2）有节奏地唱读儿歌巩固。

a[ei]，　a[ei]，　a[ei]，　是谁呀？
b[bi：]，　b[bi：]，　b[bi：]，　蜜蜂啊！（bee）
c[si：]，　c[si：]，　c[si：]，　看看哦！（see）
d[di：]，　d[di：]，　d[di：]，　车来了！
e[i：]，　e[i：]，　e[i：]，　看清了。
f[ef] 和　g（ji：鸡）　并排走。

（3）开火车读，组合成单词朗读。

b-a-d（坏）　d-e-a-d（死）　d-a-d（爸爸）　e-g-g（蛋）
b-a-g（袋子）　f-a-c-e（脸）　c-a-b（计程车）　b-e-e（蜜蜂）

3. 唱读儿歌，巩固学习。

（1）运用口诀复习七个英语字母的发音，然后边背边在草稿纸上默写一遍字母的大小写。

（2）小组合作，互相背诵，然后在英语本上默写七个英语字母。

（3）写出下列字母相应的大小写字母。

D___　g___　E___　a___　F___　b___　c___

4. 边唱边写

Aa　Bb　Cc　D d　Ee　Ff　Gg

学生用手指跟着老师在黑板上学习书写字母，然后在英语本子上一个字母写四遍。

板书设计：

[ei]　[bi：]　[si：]　[di：]　[i：]　[ef]　[dʒi：]（ji：）
Aa　Bb　Cc　Dd　Ee　Ff　Gg

● **主题来源：**

选自湖南少年儿童出版社《小学英语》（三年级上册）《unit 1　Hello》B 部分。

● **案例来源：**

本案例由王芸、刘艳芳、王谰三位教师创编。

● **案例教学模式：**

唱游式教学模式。

● **案例教学方法：**

唱游法、小组合作法、谈话法。

● **案例简析：**

本案例是（三年级上册）《unit 1 Hello》B部分模块中的主题内容，体现了第35条课标内容“能正确书写字母和单词”和第37条课标内容“能正确地使用大小写字母”。围绕10大模块训练点，关注孩子书写单词的能力，进而学习英语26个字母的正确读音及标准书写。

本案例为“七个英语字母 Aa Bb Cc Dd Ee Ff Gg”发音学习及运用。主题采用唱游式教学模式设计，唱游法、小组合作法、谈话法等多种教学方法的交叉使用，让学生明白，字母就相当于汉语中汉字的偏旁，字母的发音就是偏旁的名称。所以一个单词不会写，只要提醒这个单词是由哪些字母构成的话，我们就能准确地写出这个单词。从而让学生明白并了解记住字母发音的目的。那么怎样记住这些字母的发音呢？首先，给这些字母注明音标，教学生拼读。如果音标和拼音的字形相差很大，可以借助汉语拼音，比如：Gg [d ʒiː]（jiː）。然后用“顺口溜”来巩固这几个字母的发音，最后把每个字母连起来读，连起来唱。

导入时，请学生用四个“火”组成一个汉字“燚”，告诉学生，老师只要说出汉字的组成部件，大家就能很快正确地写出这个汉字。其实英语单词也一样，它也是由“部件”构成，英语的“部件”名字就叫“英语字母”，从这节课开始学习。过程中首先播放《字母歌》，让学生哼唱，问问他们是否很熟悉。然后一边拼读，一边把这个字母编一句“顺口溜”，看谁编的好，就采用谁的，大家一起背下来，也可以边读边演。这样师生双方共同合作，既完成了编写，又完成了朗读。最后由老师说字母，学生听写，写完后，发现是大家学过的单词，读出每个字母，并拼读这个单词，从而也复习巩固了单词拼读方法。

第二节　语言知识与文化意识

教学内容提示：

（一）语音

（二）词汇

（三）语法

（四）功能

（五）话题

一、模块主题内容

1. 三年级上册：复习巩固拼读的规律，读出简单的单词。
2. 三年级下册：根据拼读的规律，学习读出简单的单词重音。

3. 四年级上册：名词单复数形式。
4. 四年级下册：名词所有格。
5. 五年级上册：主要人称代词的区别。
6. 五年级下册：人称代词和形容词性物主代词。
7. 六年级上册：一般现在时，现在进行时，一般过去时和一般将来时。
8. 六年级下册：简单句的基本形式。

二、模块课标要求

1. 正确读出 26 个英文字母。（语言知识二级语音 1）
2. 了解简单的拼读规律。（语言知识二级语音 2）
3. 了解单词有重音，句子有重读。（语言知识二级语音 3）
4. 了解英语语音包括连读、节奏、停顿、语调等。（语言知识二级语音 4）
5. 知道单词是由字母构成的。（语言知识二级词汇 1）
6. 知道根据单词的音、义、形来学习词汇。（语言知识二级词汇 2）
7. 学习有关本级话题范围的 600 ~ 700 个单词和 50 个左右的习惯用语，并能初步运用 400 个左右的单词，表达二级规定的相应话题。（语言知识二级词汇 3）
8. 在具体语境中理解小学阶段应该掌握的五种语法项目的意义和用法。（语言知识二级语法 1）
9. 在实际运用中体会以上语法项目的表意功能。（语言知识二级语法 2）
10. 理解和运用有关下列功能的语言表达形式：问候、介绍、告别、请求、致谢、邀请、道歉、情感、喜好、建议、祝愿等。（语言知识二级功能）
11. 理解和运用有关下列话题的语言表达形式：个人情况、家庭与朋友、身体与健康、学校与日常生活、文体活动、节假日、饮食、服装、季节与天气、颜色、动物等。（语言知识二级话题）
12. 知道英语中最简单的称谓语、问候语和告别语。（文化意识二级 1）
13. 对一般的赞扬、请求、道歉等做出适当的反应。（文化意识二级 2）
14. 知道世界上主要的文娱和体育活动。（文化意识二级 3）
15. 知道英语国家中典型的食品和饮料的名称。（文化意识二级 4）
16. 知道主要英语国家的首都和国旗。（文化意识二级 5）
17. 了解主要英语国家的重要标志物，如英国的大本钟等。（文化意识二级 6）
18. 了解英语国家中重要的节假日。（文化意识二级 7）
19. 在学习和日常交际中，能初步注意到中外文化异同。（文化意识二级 8）

三、模块训练点

1. 学生能够注意英语句子的连读、节奏、停顿、语调等现象。
2. 学生能根据单词的读音准确记忆单词。
3. 学生能记忆并运用常用短语进行相应话题。

4. 名词的单复数形式和名词所有格。

5. 人称代词和形容词性物主代词。

6. 一般现在时，现在进行时，一般过去时和一般将来时。

7. 表示时间、地点和位置的常用介词。

8. 简单句的基本形式。

9. 了解主要英语国家的首都、国旗、节假日及中外文化异同。

四、模块教学案例简析

● 案例六

案例 5～8

英语单词重音朗读训练教学设计①

执教人：王芸

（一）教学目标

1. 知识目标：了解英语单词的重音朗读规律。

2. 能力目标：能运用单词的重音朗读规律，准确读出指定单词。

3. 情感目标：培养学生探究英语单词重读的作用。

4. 行为目标：使学生养成随时有英汉对比的意识。

5. 过程与方法：通过课前调查比较学生对汉语拼音的掌握情况，运用对比，综合两者的共同之处达成知识目标，通过小组合作练习达成能力目标、情感目标。

（二）教学重点

了解英语单词的重音朗读规律。

（三）教学难点

能运用单词的重音朗读规律，准确读出指定单词。

（四）教学过程

1. 初步探究，了解学情。

（1）请学生读出 PPT 上五个汉字的发音，看看发现了什么：妈　麻　马　骂　吗（五种声调）

（2）请学生读出五个英语单词的发音，看看发现了什么：far　farmer　family　begin　international

（3）请学生说说汉语拼音音节和英语单词重读的作用分别是什么。（英语单词如果没读准重音，就好像汉字的声调读错一样，不能使听者准确辨识，造成交流障碍）比如：

你干吗？你敢骂？　You can be gain.（你可以有所收获）　You can begin.（你可以开始了）

这节课，咱们就来找找英语单词的重音规律，并且用这个规律读准英语单词。

① 白解红主编：《小学英语》（三年级下册），湖南少年儿童出版社，《unit 7　Is this an orange?》B 部分，2018 版第 34 页。

2. 再次探究，找重读规律。

（1）听老师读，寻找规律。

单音节：far　　[fɑ：]

双音节：farmer　　[ˈfɑ：mə]

三音节：family　　[ˈfæməli]

双音节：begin　　[bɪˈgɪn]

多音节：international　　[ˌɪntəˈnæʃnəl]

（2）用儿歌巩固重音规律。

单音节都重读，就读汉语第四声。d-ày，dày dày 是白天

双音节、三音节，重读第一个音节。S-ūn d-ay，Sūnday Sūnday 星期天

就读汉语第一声，剩下都把轻声读。y-es t-erd-ay，yesterday 是昨天

少数双音节，重音在后面。t-o d-ày，todày 是今天

多数多音节，重音排在倒数三。A m-e r-i c-a　America　是美国

（3）开火车读，组合成单词朗读。

ball　　football　　basketball　　about　　nationality

3. 探究巩固，默写单词。

学生跟着老师在黑板上抄写单词，在英语本子上一个英语单词写三遍，一遍中文。

far　　farmer　　family　　begin　　international

板书设计：

[fɑ：]　　[ˈfɑ：mə]　　[ˈfæməli]　　[bɪˈgɪn]　　[ˌɪntəˈnæʃnəl]

far　　farmer　　family　　begin　　international

● **主题来源：**

选自湖南少年儿童出版社《小学英语》（三年级下册）《unit 7　Is this an orange?》B部分。

● **案例来源：**

本案例由王芸、刘艳芳、王谰三位教师创编。

● **案例教学模式：**

探究教学模式。

● **案例教学方法：**

探究教学法、对比法、谈话法。

● **案例简析：**

本案例是（三年级下册）《unit 7 Is this an orange?》B 部分模块中的主题内容，体现了第 3 条课标内容“了解单词有重音，句子有重读”。围绕 9 大模块训练点，关注孩子朗读单词的能力，进而学习“能够注意英语句子的连读、节奏、停顿、语调等现象”。

本案例“英语单词重音朗读训练教学设计”主题采用探究教学模式设计，探究教学法、对比法、谈话法等多种教学方法的交叉使用，让学生明白，英语单词的拼读和汉字一样，有不同的音调，并且有一定的拼读规律。从而让学生明白，学习语言是相通的，只要找到音调规律，就能正确拼出符合规律的英语单词。那么英语单词的拼读规律是什么呢？首先，出示五个汉字请学生读，“妈　麻　马　骂　吗”得出汉字的五种声调；然后出示五个英语单词“far/farmer/family/begin/ international”，边拼读边感受每个单词的音调，从而得出单音节、双音节，多音节的拼读规律：最后把“规律”变成儿歌，有节奏地读一读，边读边用规律拼读相关单词。

导入时，复习汉字拼读的五种音调，比如，“八、拔、靶、坝、吧”揭示课题，其实英语单词和汉字一样，也是有声调的，语言的学习是相通的。教学过程中，让学生观先察单词，用学过的方法拼读出来，类似的单词多拼几个，总结拼读时的音调规律，比如，单音节的单词都读第四声；双音节单词，前面的音节读第一声，后面的音节读轻声。然后一边拼读，一边把单词的音调规律变成“顺口溜”，看谁编得好，就采用谁的，大家一起背下来，也可以边读边演。这样师生双方共同合作，既完成了编写，又完成了朗读。

● **案例七**

案例 5～8

国家名称的英语单词教学设计①

执教人：王芸

（一）教学目标

1. 会读六个国家名称单词 China/America/England/Australia/Canada/France 的发音。

2. 能力目标：能运用发音规律拼出单词。

3. 情感目标：让学生了解这些国家的国旗。

（二）教学重点

了解学生对“发音五表”的掌握情况。

（三）教学难点

会读六个国家名称单词 China/America/England/Australia/Canada/France 的发音。

（四）教学过程

1. 谈话导入，了解学情。

（1）请学生说出课件中出现的国旗是哪些国家的。

揭示课题：今天这节课我们就一起来学习这些国家名称的英语单词。

---

① 白解红主编：《小学英语》（四年级下册），湖南少年儿童出版社，《unit 8　I come from China》B 部分，2018 版第 38 页。

（2）复习并了解学生对“发音五表”的掌握情况。

2. 对子合作，给单词分节。

（1）教师示范给单词 America 分节，注重方法：“以韵母为中心，倒着划分”，ca-ri-me-a---A　me　ri　ca。然后，请学生合作，试着给下面单词“分节”。

China：na-chi……Chi　na

England：land-Eng……Eng　land

Australia：lia-tra-Aus……Aus　tra　lia

Canada：da- na-Ca……Ca　na　da

France：rance-F……F　rance

（2）找英语单词分节规律。

以韵母为中心，从后往前走，一个韵母配一个声母（Chi na），或者韵母在中间，声母两边站（Eng land）。

3. 学生合作，巩固重音规律。

（1）学生齐读单词儿歌。

Ch-i，n-a，China，China 是中国。

A，m-e，r-i，c-a，America，America 是美国。

En-g，l-an-d，England，England 是英国。

Au-s，　tr-a，　l-ia，Australia，Australia，澳大利亚。

C-a，n-a，d-a，Canada，Canada 加拿大。

F　r-an-ce，France，France 是法国。

（2）学生开火车读单词。

China/America/England/Australia/Canada/France

4. 学生合作，默写五个单词，互相批改。

China	America	England	Australia	Canada	France

学生跟着老师在黑板上抄写单词，在英语本子上一个英语单词写三遍，一遍中文。

板书设计

China	America	England	Australia	Canada	France

● **主题来源：**

选自湖南少年儿童出版社《小学英语》（四年级下册）《unit 8　I come from China》B 部分。

● **案例来源：**

本案例由王芸、刘艳芳、王谰三位教师创编。

● **案例教学模式：**

学生合作教学模式。

● **案例教学方法：**

学生合作法、谈话法、儿歌教学法。

● **案例简析：**

本案例是（四年级下册）《unit 8　I come from China》B 部分中的内容，体现了第 16 条课标内容"知道主要英语国家的首都和国旗"，以及第 17 条课标内容"了解主要英语国家的重要标志物，如英国的大本钟等"。围绕 9 大模块训练点，关注英语国家文化，进而了解主要英语国家的首都、国旗、节假日及中外文化异同。

主题采用学生结对子合作教学模式设计，结对子合作法、谈话法、儿歌教学法等多种教学方法的交叉使用，让学生明白，英语单词的拼读和汉字一样，都是声母和韵母一起拼读得出的发音，关键是会划分英语单词中的"节"，而"节"是有一定划分规律的。从而让学生明白，语言学习是相通的，只要找到划分规律，就能正确拼出英语单词。那么给英语单词划分"节"的规律是什么呢？第一步，出示单音节的一个单词 France，得出基本规律，以韵母 an 为中心，到前面找一个离这个韵母最近的声母 r 和 an 相拼，随后轻轻带上后面的声母组合 ce，然后轻轻加上最前面的声母 F，连起来读，就能读出这个单词；第二步，出示一个多音节的英语单词"Aus tra lia"，请学生先找出单词中的所有韵母，画上横线，按顺序标出"1""2""3"，接着从后往前找出每个韵母的前后声母，得出三个音节：最后把"规律"变成儿歌，有节奏地读一读，边读边用规律拼读相关单词。

导入时，复习字母组合所发音的音。揭示课题，其实英语单词和汉字一样，也是由"声母"和"韵母"相拼而成。然后让学生观察单词，用学过的方法拼读出来，类似的单词多拼几个，总结拼读时的音调规律，比如，过程中先划分"节"，然后拼读，把单词的几个"音节"连起来读。最后把规律变成"顺口溜"，看谁编得好，就采用谁的，大家一起背下来，也可以边读边演。这样师生双方共同合作，既完成了编写，又完成了朗读。

● **案例八**

可数名词单复数形式教学设计①

执教人：王芸

（一）教学目标

1. 知识目标：了解名词变复数常见的九种规律。

2. 能力目标：能运用规律完成可数单词的复数形式。

（二）教学重点

了解名词变复数常见的九种规律。

案例 5～8

① 白解红主编：《小学英语》（四年级上册），湖南少年儿童出版社，《unit 4 These are flowers.》B 部分，2016 版第 18 页。

（三）教学难点

能运用规律完成可数名词的复数形式。

（四）教学过程

1. 英汉对比，谈话导入。

师：同学们，在我们的汉字中，随意增加一笔或几笔或进行一点变化，还会是原来的汉字吗？比如“王”字加一点，可以变成“主”或“玉”，显然，我们汉字的变化是没规律的，它变成了新汉字。在英语单词中，给名词按规律加上“s”或“es”或进行一点点变化，它的意思是不变的，只是意义上变成了复数。现在我们就一起来了解一下它们的变化规律吧。

板书课题：可数名词变复数形式的规律

2. 英汉对比讲解，并板书可数名词变复数形式的常用九个规律。

（1）单复同形：sheep-sheep（绵羊）fish-fish（鱼）deer-deer（鹿）

（2）完全改变：ox-oxen（公牛）child-children（小孩）mouse-mice（鼠）

（3）oo 变 ee：foot-feet（脚）tooth-teeth（牙齿）goose-geese（鹅）

（4）“两菜”o 结尾：tomatoes（西红柿）potatoes（土豆）

（5）“man”中 a 变 e：man-men（男人）woman-women（女人）

（6）f/fe 结尾，去掉改为 ves： wife-wives（妻子）leaf-leaves（叶子）

（7）声母加 y 结尾，去掉改为 ies：baby-babies（婴儿）

（8）ch/sh/s/x 结尾，直接加上 es：benches dishes bosses boxes

（9）其余情况，都加 s：dogs apples bananas pens desks

3. 英汉对比，运用规律练习巩固。

（1）口头过关练习。

sheep fox giraffe ship fish milkman
week watch body knife zoo goose

（2）自己出题并说出这个名词的复数形式。

（3）完成一张练习小卷子。

4. 英汉对比，记住 12 个单词的复数形式

sheep	fish	deer	mice	children	oxen

teeth	feet	geese	tomato	potato	men

学生跟着老师在黑板上抄写单词，在英语本子上一个英语单词写一遍，再写一遍中文。

● **主题来源：**

选自湖南少年儿童出版社《小学英语》（四年级上册）《unit 4 These are flowers.》B部分。

● **案例来源：**

本案例由王芸、刘艳芳、王谰三位教师创编。

● **案例教学模式：**

英汉对比教学模式。

● **案例教学方法：**

对比法、谈话法、练习法。

● **案例简析：**

本案例是（四年级上册）《unit 4 These are flowers.》B部分中的内容，体现了19条课标内容中的第8条“在具体语境中理解小学阶段应该掌握的五种语法项目的意义和用法”。围绕9大模块训练点，关注英语知识，让学生了解名词的单复数形式。

主题采用英汉对比教学模式设计，对比法、谈话法、练习法等多种教学方法的交叉使用，让学生明白，英语单词的变化和汉字的变化不一样，在我们的汉字中，随意增加一笔或几笔或进行一点变化，就会变成另一个汉字；在英语单词中，给名词按规律加上“s”或“es”或进行一点点变化，它的意思是不变的，只是意义上变成了复数。那么把英语单词中的可数名词变成复数的规律是什么呢？第一步，出示可数名词变复数的九种方法；第二步，逐步边讲解边举例说明相关名词变成复数的方法。

导入时，复习汉字加一笔变成另一个汉字的过程。揭示课题，其实英语单词和汉字一样，加上一个字母或几个字母也会变成另一个单词，但是有规律的在可数名词末尾加同一个字母s或两个字母es，这个名词的意思是不变的。然后让学生观察单词，寻找规律。最后运用规律完成相关试卷，相互批改，并说出错误缘由，教师总结。这样师生双方共同合作，既完成了编写，又完成了朗读。

● **案例九**

主要人称代词的区别教学设计①

执教人：王芸

（一）教学目标

1. 知识目标：了解主要的人称代词并从意思上进行区别。

2. 能力目标：学习并能运用规律区别主要的人称代词的用法。

（二）教学重点

了解主要的人称代词并从意思上进行区别。

（三）教学难点

学习并能运用规律区别主要的人称代词的用法。

案例9～12

① 白解红主编：《小学英语》（三年级上册），湖南少年儿童出版社，《unit 6 Who is she?》A部分，2017版第25页。

（四）教学过程

1.“口诀”复习谈话导入。

师：同学们，在我们的汉字中，有哪些主要的人称代词呢？咱们一起来总结一下：我，我们；你，你们；他，他们；她，她们；它，它们。那么，这些词刚好一个对应两个英语单词，现在我们一起来学习他们的区别。

板书课题：主要人称代词的区别

2.“口诀式”讲解并板书主要人称代词中文。

中文	主格	宾格	中文	形容词格	名词格
我	I	me	我的	my	mine
你	you	you	你的	your	yours
他	he	him	他的	his	his
她	she	her	她的	her	hers
它	it	it	它的	its	its
我们	we	us	我们的	our	ours
你们	you	you	你们的	your	yours
他/她/它们	they	them	他/她/它们的	their	theirs
用法	动词前	动词后	接名词	不可接名词、动词	

3. 运用儿歌口诀巩固练习规律。

（1）运用口诀记规律。

代词用法并不难，主格宾格分清场。

主格动词前面站，I like children.就这样。

宾格动词后面粘，Children like me.也一样。

形容词格后必有名词跟，my book，my book，我的书。

名词格本身站末尾，或者动词前面站。

The red book is mine.或 Mine is red.

（2）运用规律口头练习。

他（　　）有一只小白猫。这只小白猫喜欢他（　　）。他的（　　）猫是白色的。那只白色的猫是他的（　　）。他的（　　）是白色的。

（3）完成一张练习小卷子。

4. 运用儿歌，记住 6 个较难的代词。

（1）齐读儿歌：同学们，请注意，them，they 是“他们/她们/它们”；their 却是“他们的/她们的/它们的”；“我们的”是 our，“我们，我们”是 us，只有 mine，my 是“我的”。

（2）学生跟着老师在黑板上抄写单词，在英语本子上一个英语单词写一遍，再写一遍中文。

them	they	their	our	us	mine

● **主题来源：**

选自湖南少年儿童出版社《小学英语》（三年级上册）《unit 6　Who is she?》A 部分。

● **案例来源：**

本案例由王芸、刘艳芳、王谰三位教师创编。

● **案例教学模式：**

口诀儿歌式教学模式。

● **案例教学方法：**

儿歌教学法、谈话法、练习法。

● **案例简析：**

本案例是（三年级上册）《unit 6　Who is she?》A 部分中的内容，体现了 19 条课标内容中的第 8 条“在具体语境中理解小学阶段应该掌握的五种语法项目的意义和用法”。围绕 9 大模块训练点，关注英语知识，让学生掌握人称代词和形容词性物主代词。

主题采用口诀儿歌式教学模式设计，儿歌教学法、谈话法、练习法等多种教学方法的交叉使用，让学生明白，英语单词中的人称代词除了有三种人称之外，还有主格和宾格、形容词格和名词格的区别，汉语中却只有三种人称。那么英语单词中的代词用法的规律是什么呢？第一步，列举语文中所有的三种代词，并把它们所对应的两个英语单词列出来；第二步，逐步边讲解边举例说明相关代词的用法。

导入时，请学生按照一、二、三人称的顺序列举出所有的代词和所对应的英语单词。揭示课题，其实英语代词和汉字一样，有人称及单数和复数的区别。教学过程中，请学生用造句的形式，去寻找这些单词的用法规律。最后由老师和学生一起总结，使儿歌朗朗上口。老师口头考查学生掌握情况。这样师生双方共同合作，既完成了编写，又完成了朗读。

● **案例十**

动词在不同情况下会有形式上的变化教学设计①

执教人：王芸

（一）教学目标

1. 知识目标：了解动词在不同情况下会有哪些形式上的变化。

2. 能力目标：能运用规律记住动词在不同情况下形式上的变化。

（二）教学重点

了解动词在不同情况下会有哪些形式上的变化。

（三）教学难点

能运用规律记住动词在不同情况下形式上的变化。

（四）教学过程

案例 9～12

1. 通过谈话导入。

师：同学们，谁能读读这个字，请举手，“運”是的，你的汉字学的真好，其实它就是“运动”的“运”，我们中国的汉字，除了有古代的繁体字和现代的简体字以外，其本

① 白解红主编：《小学英语》（四年级上册），湖南少年儿童出版社，《unit 8 She wears a white and black sweater.》A 部分，2017 版第 37 页。

身没有其他变化：而英语单词中有相当一部分在不同的情况下需要变成另外一种形式出现。比如，“dog 与 dogs”的区别，就是我们学过名词有单复数形式：“he 与 him”区别，这就是代词有主格和宾格形式。而变化最多的主要是动词，现在我们就来学习动词在不同情况下形式的变化。

板书课题：动词在不同情况下形式上的变化

2. 边做练习，边讲解，并板书所例举动词的六种形式。

动词原形　动词（第三人称单数形式）　动名词（现在分词）　动词不定式　动词过去式　动词过去分词

do	does	doing	to do	did	done（不规则）
play	plays	playing	to play	played	played（规则）

3. 运用规律，做练习巩固。

（1）运用口诀记规律。

六种形式并不难，规则与不规则分清场，

规则动词记规律，不规则动词反复记。

“动原”多用于 can/may/will/doesn’t/didn’t/非单三后；

“动单三”用于一般现在时态单三人称后；

“动名词”多用于 am/is/are/like/go/enjoy/love 等词后；

“不定式”多用于 want/would like/go/like/begin 等词后；

“过去式”用于一般过去式的所有人称后；

“过去分词”多用于现在完成时 have/has，过去完成时 had 后。

（2）运用规律口头练习。

sleep　sleeps　sleeping　to sleep　slept　slept

The pigs like______ long time.

I want ______ now.

I ______ at 9pm yesterday.

I ______ at 9pm every day.

She ______ at 9pm every day.

I have ______for 9 hours.

My mother is _______ in the sofa.

Let’s go ______.

4. 完成一张练习小卷子，练习巩固。

记住 6 个既可以接动名词又可以接不定式的动词。

学生跟着老师在黑板上抄写单词，在英语本子上一个英语单词写一遍，再写一遍中文。

like　go　begin　start　hate　prefer

● **主题来源：**

选自湖南少年儿童出版社《小学英语》（四年级上册）《unit 8 She wears a white and black sweater.》A 部分。

● **案例来源：**

本案例由王芸、刘艳芳、王谰三位教师创编。

● **案例教学模式：**

练习法教学模式。

● **案例教学方法：**

练习法、谈话法、唱游法。

● **案例简析：**

本案例是（四年级上册）《unit 8 She wears a white and black sweater.》A 部分中的内容，体现了 19 条课标内容中的第 8 条“在具体语境中理解小学阶段应该掌握的五种语法项目的意义和用法”。围绕 9 大模块训练点，关注英语知识，让学生掌握一般现在时。

主题采用练习法教学模式设计，练习法、谈话法、唱游法等多种教学方法的交叉使用，让学生明白，我们中国的汉字，除了有古代的繁体字和现代的简体字以外，其本身没有其他变化，而英语单词中有相当一部分在不同的情况下需要变成另外一种形式出现。而变化最多的主要是动词，现在我们就来学习动词在不同情况下形式的变化。英语单词中的动词用法的规律是什么呢？第一步，列举动词的六种形式名称，并把它们所对应的动词形式列出来；第二步，逐步边讲解边举例说明相关动词的用法。

导入时，请学生观察平时所学英语动词的形式，老师板书到黑板上，请学生猜猜这些动词的形式的名称。揭示课题，其实英语动词比汉字复杂多了，有六种形式，并且用法各不相同。教学过程中，请学生从平时学习的英语句子中寻找用法规律，并由老师和学生一起总结编出动词用法的儿歌。老师口头考查学生掌握情况，最后完成一张相关训练的小卷子。这样师生双方共同合作，既完成了编写，又完成了朗读。

第三节　情感态度与学习策略

教学内容提示：

（一）情感态度

（二）学习策略

一、模块主题内容

1. 三年级上册：了解问候、告别、感谢等交际功能的基本表达形式。
2. 三年级下册：了解致歉、介绍、请求等交际功能的基本表达形式。
3. 四年级上册：了解英语简单句的基本形式。
4. 四年级下册：了解英语简单句的表意功能。

5. 五年级上册：能理解和表达有关下列话题的简单信息：数字、颜色、时间。

6. 五年级下册：能理解和表达有关下列话题的简单信息：天气、食品、服装、玩具。

7. 六年级上册：能理解和表达有关下列话题的简单信息： 动植物、身体、个人情况、家庭等。

8. 六年级下册：能理解和表达有关下列话题的简单信息： 学校、朋友、文体活动、节日等。

二、模块课标要求

1. 能体会到英语学习的乐趣。（情感态度二级 1）
2. 敢于开口，表达中不怕出错误。（情感态度二级 2）
3. 乐于感知并积极尝试使用英语。（情感态度二级 3）
4. 积极参与各种课堂学习活动。（情感态度二级 4）
5. 在小组活动中能与其他同学积极配合和合作。（情感态度二级 5）
6. 遇到困难时能大胆求助。（情感态度二级 6）
7. 乐于接触外国文化，增强祖国意识。（情感态度二级 7）
8. 积极与他人合作，共同完成学习任务。（学习策略二级 1）
9. 遇到问题主动向老师或同学请教。（学习策略二级 2）
10. 会制订简单的英语学习计划。（学习策略二级 3）
11. 对所学内容能主动复习和归纳。（学习策略二级 4）
12. 在词语与相应事物之间建立联想。（学习策略二级 5）
13. 在学习中集中注意力。（学习策略二级 6）
14. 在课堂交流中，注意倾听，积极思考。（学习策略二级 7）
15. 尝试阅读英语故事及其他英语课外读物。（学习策略二级 8）
16. 积极运用所学英语进行表达和交流。（学习策略二级 9）
17. 注意观察生活或媒体中使用的简单英语。（学习策略二级 10）
18. 能初步借助简单的工具书学习英语。（学习策略二级 11）

三、模块训练点

1. 能体会到学习英语的乐趣。
2. 敢于表达，不怕出错。
3. 能制定简单的学习计划。
4. 尝试阅读英语故事及其他英语课外读物。
5. 能借助简单的英语工具书学习英语。

四、模块教学案例简析

● 案例十一

问候语、告别语教学设计[①]

执教人：王芸

（一）教学目标

1. 知识目标：学会说常用的问候语和告别语。

2. 能力目标：能运用问候语和告别语进行表演对话。

（二）教学重点

学会说常用的问候语和告别语。

（三）教学难点

能运用问候语和告别语进行表演对话。

案例 9～12

（四）教学过程

1. 情境谈话导入。

师：同学们，我们中国人平时见面怎么打招呼的？“你好！”“你吃饭了吗？”“早上好！”告别时会说，“保重！”“再见！”“明天见！”那么，英语中有哪些问候语和告别语呢？现在咱们一起来学习吧！板书课题：问候语和告别语

2. 通过设置情境，教读资料卷上的“问候语”和“告别语”

Hello!	你好
Hi!	嗨
Good morning!	早上好
Good afternoon!	下午好
Good evening!	晚上好
How do you do.	你好
How are you?	你好吗
Pleased to meet you	见到你很高兴
Glad to meet you.	见到你很高兴
Happy to meet you.	见到你很高兴
It’s a pleasure to meet you.	见到你很高兴
Nice to meet you.	见到你很高兴
I’m excited to meet you.	见到你很兴奋
I’m delighted to meet you.	见到你很高兴
Goodbye!	再见
See you!	再见

① 白解红主编：《小学英语》（三年级下册），湖南少年儿童出版社，《unit 1 How are you?》AB 部分，2018 版第 1 页。

Bye-bye, now!	再见
See you tomorrow	明天见
Keep well!	保重
It was very nice to have met you.	很高兴认识你
It was nice meeting you.	很荣幸认识你
Hope to see you again.	希望再次见到你

3. 学生自己设置相关“情境”，巩固操练。

学生自编对话，比比谁在对话中把以上的句子用得最多。实在不会编对话的同学可以参考以下对话：

Hello!
Hi!
Glad to meet you.
Happy to meet you.
This is my new pen!
May I have a look?
Sue!
Oh, how nice!
Thank you!
Goodbye!
See you!

4. 想象“情境”，记住6个较难的单词。

pleased	pleasure	excited	delighted	nice	glad

高兴地　高兴　兴奋的　欣喜的　美妙的　乐意的

学生跟着老师在黑板上抄写单词，在英语本子上一个英语单词写三遍，再写一遍中文。

● **主题来源：**

选自湖南少年儿童出版社《小学英语》（三年级下册）《unit 1 How are you?》AB部分。

● **案例来源：**

本案例由王芸、刘艳芳、王谰三位教师创编。

● **案例教学模式：**

情境对话教学模式。

● **案例教学方法：**

情境法、谈话法、对比法。

● **案例简析：**

本案例是（三年级下册）《unit 1 How are you?》AB部分中的内容，体现了18条课标内容中的“2. 敢于开口，表达中不怕出错误。”“7. 乐于接触外国文化，增强祖国意识”。围绕5大模块训练点，关注学生英语学习兴趣，让学生能体会到学习英语的乐趣，并且敢于表达，不怕出错。

主题采用情境对话教学模式设计，通过情境法、谈话法、对比法等多种教学方法的交叉使用，让学生明白，我们中国人打招呼和告别的方式与外国人有些不同、有些相同。接着出示英语中用于打招呼和告别的常用句子。第一步，学生根据学过的拼读方法先自己读一读，然后老师评价和纠正；第二步，理解意思，并设定场合，用于表演运用。

导入时，请学生回忆自己和周围的人平时是怎么打招呼的，用什么方式来告别的。

揭示课题，中国人和欧美国家的人打招呼和告别，有相同之处，也有区别。教学过程中，第一步，请学生回想平时学习英语的过程中，自己学过哪些相关句子；第二步，老师出示常用的句子，请学生用学过的拼读方法，先读一读；第三步，把这些句子放到相关的对话中，进行运用。最后由老师和学生一起总结。老师口头考查学生掌握情况。最后完成一张相关训练的小卷子。这样师生双方共同合作，既完成了编写，又完成了朗读。

● 案例十二

《unit 6　I like sweets.》①

执教人：刘玉

案例 9 ~ 12

（一）教学目标

1. 知识和能力目标

听懂会说四个新单词：a box of, sweets, soft, hard

听懂会说本课对话：Which one do you like, a hard one or a soft one?

——I like soft/hard ones.

能够理解 of 的运用，懂得 one 和 ones 的区别。

2. 情感目标：

懂得适度适量吃糖，养成良好的饮食习惯。

（二）教学重点

让学生熟练使用句型询问和回答他人爱好。

（三）教学难点

能够理解 of 的运用，懂得 one 和 ones 的区别。

（四）教学过程

1. 视频情境热身。

（1）播放视频《Do you like?》

师：Listen carefully, and then let's sing together, ok?

（2）教师唱《Do you like?》，学生跟唱。

设计意图：熟悉 like 的含义，为课题的引出做铺垫。

---

① 白解红主编：《小学英语》（五年级上册），湖南少年儿童出版社，《Unit 6　I like sweets.》A 部分，2016 版第 25-26 页。

（3）熟悉新词 sweet.

师: Yes, very good. A gift for you. Look, what's this? This is a sweet.

教师随即出示一把糖的图片。

师: These are sweets.

师: Do you like sweets? Today, we are going to learn unit 6 《I like sweets.》

设计意图：活跃课堂气氛，揭示课题。

2. 图片情境呈现新课。

（1）新词 a box of 的呈现。

① 新词 a box of 的呈现：

师: Now, look! What's this?（出示课件"一盒糖果"）

② 词组 a box of 的拓展：

师: Now, Let's see another picture. What's this?

生: It's milk.

教师引导：box box box, milk milk milk, a box of milk, a box of milk.

师: How about this one? Tell me together, please.

生: It's a box of biscuits.

设计意图：利用旧知识拓展巩固新词组 a box of.

③ of 词组拓展。

师: Look, look, look, What is it? What is it?（引出关键单词 a bag）

师: Yes, what's in it? Let me see. Oh, oranges. bag bag bag, oranges, oranges, oranges.

师: So, this one?

生: A bag of cakes.

生: A bag of buns.

师: Ok, now, let's read this words together.（出示课件）

设计意图：一方面拓展呈现 of 的意义，让学生初步感知 a box of 的意义，同时组织教学。

④ 新词 soft 和 hard 的呈现：

师: This is a box of sweets, and this is a box of sweets too. But there is a difference.

A. two boxes of sweets（为切入点，引出两盒糖果存在区别）

师: The sweets baby will tell you. Let me touch.（教师示范，引出字音）Oh, it is soft and this one is hard. Who wants to touch it?（学生体验，巩固发音。）

B. 以 sweets baby 为引子，在激发学生兴趣的基础上，引出字 hard 和 soft.

C. 引出词 a hard sweet 和 a soft sweet，并进行 a hard one/a soft one 的转换。

（2）句型 Which one do you like 的呈现

① 句型 Which one do you want 的复习。

A. 集体操练。

师: Which one do you want, a soft one or a hard one?

设计意图：由字到词再到句。

此处为集体对话，教师注意物体的展示以及让学生回答完整。

B. 男女生操练。

师: Ok, look at the screen. Let's say it, ok?

C. 个人操练，分发糖果。

师: You please, which one do you want, a hard one or a soft one?

师: Here you are.

生: Thank you.（如果学生不说谢谢，教师一定要提醒说 thank you. 例如，T: Oh, you should say?）

师: You are welcome.

设计意图：以旧引新，为 Which one do you like?这一句型做铺垫。

由面及点，同时以一个小礼品，推动课堂气氛。

② Which one do you like?句型新学和 Can I have a…句型复习。

A. hard ones 和 soft ones 的引入。

师: Do you want more sweets?Which one do you want, hard ones or soft ones?

设计意图：以更多糖果为切入点，引出 hard/soft ones，让学生形成对 one 和 ones 这一概念的认知。

B. Which one do you like, a soft one or a hard one?句型的呈现。

师: Ok, so which one do you like, a hard one or a soft one?

教师提问，男女分读。

设计意图：整体感知答语。

C. 游戏"exchange，exchange，exchange"

师: Let's do a game"exchange, exchange, exchange". It means sometimes, I ask and you answer, then exchange, you ask and I answer. See?

设计意图：游戏对学生而言吸引力强，这一游戏的特点是不仅让学生之间有了英语的交流，同时将句子的操练面积最大化。

师: Now, you ask and I answer. Can I have a soft one?

第一轮 exchange：围绕句型 Can I have…的引出和巩固。（学生问，教师答，自然引出 Can I have…?）

师: Do you want to have it? Ok, exchange, I ask and you answer.

生: Can I have a …?

师: Yes, of course.

生：You please. which one do you like?

第二轮 exchange：围绕短句 Yes，of course 的预热和新学。

师: Ok, exchange again.

第三轮 exchange：引出句型 Can I have more.一方面提前预热二类单词 more，另一方面为谚语 Too many sweets are bad for your teeth 作铺垫。

3. 分角色情境句型操练。

（1）师生全体操练。

师: Let's say together, ok?（师生分角色表演）

（2）男女生分角色表演。

师：Now, it's your turn.Boys and girls, go.

（3）分小组展示。

师：Any group wants to try?

4. 录音情境巩固小结。

（1）先听 PartA，初步感知文章大意。

（2）跟读 PartA，熟悉课文内容。

（3）全体读 PartA，巩固本课时学习内容。

（4）拓展提升：根据学生的学习情况，适度提升学生能力，进行组内分角色表演。

设计意图：让学生根据 partA，巩固本课学习内容，然后小组展示，检查教学效果。

（5）家庭作业：

A. 抄写本课时新学单词，巩固句型 Which one do you like?

B. 预习本单元 PartB。

（五）板书设计

Unit 6　I like sweets.

组织教学

设计意图：根据课件设计情况以及学情，避免繁杂琐碎的课堂内容，并及时进行组织教学。

● **主题来源：**

选自湖南少年儿童出版社《小学英语》（五年级上册）《Unit 6　I like sweets.》A 部分。

● **案例来源：**

本案例由刘玉、王芸、刘艳芳教师创编。

● **案例教学模式：**

情境教学模式。

● **案例教学方法：**

情境法和游戏法。

● **案例简析：**

本案例是（五年级上册）《Unit 6　I like sweets.》A 部分中的内容，体现了 18 条课标内容中的“5. 在小组活动中能与其他同学积极配合和合作。”“16. 积极运用所学英语进行表达和交流”。围绕 5 大模块训练点，关注学生英语学习兴趣，让学生能体会到学习英语的乐趣，并且敢于表达，不怕出错。

主题采用情境对话教学模式设计，情境法、游戏法等教学方法的交叉使用，让学生学会表达自己的喜好，学会表达选择自己所喜欢东西的类型。第一步，学生根据学过的拼读方法拼读新单词，读熟本课短语，然后老师评价和纠正；第二步，理解意思，并设定场合，用于表演运用。

导入时，请学生听英语歌曲，并跟着哼唱。教学过程中，第一步，拼读单词，齐读单词，开火车读英语短语，老师教读的同时随时注意纠正学生不正确的发音；第二步，老师出示本课的中心对话的句子，先请学生试着读一读，不会读的或读错的单词，及时引导学生拼读，反复练习几遍，再放入句子中读熟；第三步，把这些句子放到相关的对话中，进行运用。最后由老师和学生一起对话，学生之间分小组练习情境对话表演。老师巡视小组练习情况，及时指导，给予帮助。准备好的小组到讲台上为同学们做“展示分享”。展示完毕后，请座位上的同学评价交流，提出建议。教师随时关注孩子们的展示情况，及时点评。

● **案例十三**

《Unit 7　whose is this?》教学设计[①]

执教人：王芸

案例 13～15

（一）教学目标

1. 知识和能力目标：

能听懂会说四个新单词：whose, purse, hat, scarf

能听懂会说本科对话：whose is this? whose purse is this? It's ….

Is it…? Yes, it is…/ No, it is….

2. 情感目标：

让学生明白不是自己的东西，要主动替失物找到主人。

（二）教学重难点

教学的重难点是让学生熟练使用句型询问物品的主人，替失物找到主人。

（三）教学准备

CAI 课件。

（四）教学流程及设计意图

1. 唱游式师生问候，宣布本节课的学习环节。

a. 自主学习《学导卷》后听写。

b. 唱歌问候并热身。

c. 故事中学习主题句。

d. 对比学习新单词。

e. 自主学习课文并答问。

f. 合作学习主动交流。

g. 布置作业巩固新知。

课前自主学习：（课件展示）

（1）两分钟完成《学导卷》上自己会做的练习。

（2）集体朗读下面的 5 个单词，准备听写：

rice　　cry　　milk　　crab　　cracker

---

① 白解红主编：《小学英语》（四年级上册），湖南少年儿童出版社，《Unit 7　whose is this? 》A 部分，2016 版第 33 页。

（3）集体复习数字，准备听写：

0	10	
1	11	
2	12	20
3	13	30
4	14	40
5	15	50
6	16	60
7	17	70
8	18	80
9	19	90

设计意图：对每节课布置的家庭作业进行检查，才会引起学生重视。用《学导卷》布置作业，课中、课后一起使用，有利于老师批改。因为每个老师带的班级人数较多，用本子写作业，有时候来不及批改，会影响学生做下一次的作业。这样设计符合学情。

2. 唱英语歌曲进行热身。

唱英语歌曲

Teacher: Stand up! Childen! Stand up! Childen! How are you! How are you!

pupils: I'm fine, thank you! I'm fine, thank you! How are you! How are you!

Teacher: I'm fine, too. Thank you!

Good morning, children! Goodmorning, children!

Nice to meet you! Nice to meet you!

pupils: Good morning, Miss Wang! Goodmorning, Miss Wang!

Nice to meet you, too! Nice to meet you, too!

Teacher: Sit down! Childen! Sit down! Childen! Smile! Smile!

pupils: I am smiling! I am smiling! Miss Wang! Miss Wang!

设计意图：用说唱对话的形式进行师生问候，同时也起到热身的作用，活跃了课堂气氛。

3. "唱游"的形式呈现并操练本课主题句。

自编英语小故事呈现并操练本课主题句，用"唱游"的形式呈现并教读。

设计意图：了解学习内容，为后面的课文朗读和表演奠定基础。

4. 运用"唱游"的方式操练巩固。

运用口诀读新单词：运用口诀和新旧对比的形式读本课新单词。

设计意图：合理运用发音口诀和新旧对比的形式提高学生读单词的能力，使学生易于接受。

5. 边唱边演巩固和拓展检查学习效果。

读，然后听课文中的故事，读懂故事内容。小组合作练习表演并展示。

设计意图：让学生根据刚刚听过的故事内容练习，巩固本课学习内容，然后小组展示，检查教学效果。

6. 课堂小结。

总结本课学习的内容。

设计意图：课堂小结的目的是强化认识，可以把课堂传授的知识尽快地转化为学生的素质；简单扼要的课堂小结，可使学生在以后拼读英语单词中尝试一个新的方法。

7. 家庭作业：完成《学导卷》。

设计意图：复习巩固本堂课的教学内容。为下节课的单词听写做好准备。

（五）板书设计

Unit 7　Whose is this?

It's ....

设计意图：根据本课的主题句和回答进行板书，使学生更容易了解学习内容，突出重点。

● **主题来源：**

选自湖南少年儿童出版社《小学英语》（四年级上册）《Unit 7　whose is this? 》A 部分。

● **案例来源：**

本案例由王芸教师创编。

● **案例教学模式：**

唱游教学模式。

● **案例教学方法：**

唱游法、谈话法、故事法。

● **案例简析：**

本案例是（四年级上册）《Unit 7　whose is this? 》A 部分中的内容，体现了 18 条课标内容中的"8. 积极与他人合作，共同完成学习任务""9. 遇到问题主动向老师或同学请教"。围绕 5 大模块训练点，关注学生英语学习兴趣，让学生体会到学习英语的乐趣，并且敢于表达，不怕出错。

主题采用唱游教学模式设计，唱游法、谈话法、故事法等多种教学方法的交叉使用，让学生明白，学习的方法首先是自己复习学过的东西，自己读会读的单词，然后由老师引导大家学习新的知识。第一步，一起复习一下学过的知识，比如数字、单词、本课相关句型等，接着进行听写检测，为下节课的学习摸清学情；第二步，学生根据学过的拼读方法先自己读一读本课新单词和新句子，把不会的地方打上记号，然后老师引导解决不会的地方，学习新知识。

导入时，师生用英语对唱问候语，进行热身。教学过程中，第一步，和老师一起复习相关数字以后，进行听写单词和数字；第二步，学生自学课文，老师出示难度大的句子，请学生用学过的拼读方法，先读一读；第三步，把这些句子放到相关的对话中，进行运用。最后由老师口头考查学生掌握情况。这样师生双方共同合作，既完成了编写，又完成了朗读。

● **案例十四**

《Unit 4　How old are you?》教学设计①

执教人：王芸

案例 13～15

（一）教学目标

1. 知识和能力目标：

能运用“五表”拼单词。

2. 情感目标：

在教学中利用“以旧句型 How are you 与新句型 How old are you”的关系对比，让学生自己读出新句型。培养学生“运用语文和英语两门学科整合与对比”的学习意识和能力。

（二）教学重难点

教学的重难点是使学生能听懂并运用新句型进行交流对话。

（三）教学准备

CAI 课件。

（四）教学流程及设计意图

1. 边唱边说热身。

（1）说唱对话：What's your name?　How are you ?

设计意图：活跃课堂气氛，了解学生的学习基础。复习与本课相关的句型 How are you，为新课进行铺垫。

（2）复习“五表”内容。（用课件 1 到 5 呈现）

设计意图：让学生进一步熟悉了解“五表”内容，为新课中拼读新单词以及以后的单词拼读做铺垫。

2. 师生问候后，教师宣布本节课的学习环节，即呈现本课学习内容。（用课件 6 到 13 呈现）

设计意图：学习环节的宣布为学生学习本课指明了方向。

了解学习内容，让学生纵观全局，站得高，看得远，不会迷失方向。

3. 边说边唱拼单词。（用课件 7 呈现）

设计意图：了解学生对运用“五表”拼单词的掌握程度，对以后的单词拼读教学进行铺垫。

4. 说唱复习数字和常用句型的复习，为整个英语学习奠定基础（用课件 8、9 呈现）

0	10	
1	11	
2	12	20
3	13	30
4	14	40
5	15	50

① 白解红主编：《小学英语》（三年级上册），湖南少年儿童出版社，《Unit 4　How old are you?》A 部分，2017 版第 17 页。

6	16	60
7	17	70
8	18	80
9	19	90

Are you…? Yes, I am. No, I'm not.

Can you…? Yes, I can. No, I can't.

Have you…? Yes, I have. No, I haven't.

设计意图：对于刚刚接触英语的三年级学生而言，英语数字运用很广泛，在课堂用语中的学号、座位号、小组号，在考试的听力中的编号等场合都会使用到英语数字。三个之前学过的句型在生活中运用频率很高，很有必要经常复习，这是应该让学生在短时间内尽快掌握的基础英语。

呈现本课新单词和新句子，请小组合作交流，怎样运用学过的“五表”把单词拼读出来。运用学过的句子“How are you? I am fine”把新句子读出来。（用课件10、11呈现）

新单词：Stop　sick　pear　please　old

How are you?　　I am fine.

怎么样（是）你？　　我（是）很好。

How old are you?　　I am nine.

几岁（是）你？　　我（是）九岁。

设计意图：本练习有意识地通过“五表”中顺口溜的方式让学生交流实践单词拼读的方法。运用新旧对比的方法，把新句子在短时间读出来。

5. 边唱边拓展，同时反复操练新句子。（用课件12呈现）

How old are you?　　I am nine.

How old is she?　　She is nine.

How old is he?　　He is nine.

How old is it?　　It is nine.

设计意图：练习有意识的句子拓展，同时反复操练新句子。

6. 说唱巩固和拓展检查学习效果。（用课件13呈现）

按要求完成《学导卷》，没有做完的同学，带回家做，明天早上八点半以前交。

设计意图：让学生根据刚刚学过的知识完成《学导卷》，检查教学效果。

7. 课堂小结。

总结本课学习的内容。

设计意图：课堂小结的目的是强化认识，把课堂传授的知识尽快地转化为学生的素质；简单扼要的课堂小结，可使学生在以后拼读英语单词中尝试一个新的方法。

8. 家庭作业。

按要求完成《学导卷》，没有做完的同学，带回家做，明天早上八点半以前交。

设计意图：检查学生的学习效果，看看学生是否能接受这种新的学习拼读单词的方法。

● **主题来源：**

选自湖南少年儿童出版社《小学英语》（三年级上册）《Unit 4　How old are you?》A部分。

● **案例来源：**

本案例由王芸教师创编。

● **案例教学模式：**

说唱教学模式。

● **案例教学方法：**

说唱法、谈话法、练习法。

● **案例简析：**

本案例是（三年级上册）《Unit 4　How old are you?》A 部分中的内容，体现了 18 条课标内容中的“4. 积极参与各种课堂学习活动”。围绕 5 大模块训练点，关注学生英语学习兴趣，让学生体会到学习英语的乐趣。

主题采用讲说唱教学模式设计，说唱法、谈话法、练习法等多种教学方法的交叉使用，让学生明白学习的方法首先是自己复习学过的东西，自己读会读的单词。然后由老师引导大家学习新的知识。第一步，一起复习一下学过的知识，比如数字、单词、本课相关句型等，接着进行听写检测，为下节课的学习摸清学情。第二步，学生根据学过的拼读方法先自己读一读本课的新单词和新句子，把不会的地方打上记号，然后老师引导解决不会的地方，同时学习新知识。

导入时，师生用英语对唱“What’s your name? How are you ? ”进行热身，同时为本课的新句型“How are you”做好铺垫。教学过程第一步，和老师一起复习相关数字，然后听写单词和数字；第二步，学生自学课文，老师出示难度大的句子，请学生用学过的拼读方法，先读一读；第三步，把这些句子放到相关的曲调对话中，进行运用。最后由老师口头与学生对话，掌握学生学习情况。这样师生双方共同合作，既完成了对话编写，又完成了朗读。

● **案例十五**

《Unit 2　Spring is warm.》教学设计①

执教人：王芸

案例 13～15

（一）教学目标

1. 能听懂、会说新单词 spring，sunmer，autumn，winter，warm，cool，cold，hot，nice。

2. 能听懂、会说本课对话，了解每个季节的天气特点。

3. 感受大自然的美丽，培养学生的竞争意识。

（二）教学重点

掌握单词。

（三）教学难点

听懂、会说对话。

（四）教学准备

---

① 白解红主编：《小学英语》（四年级下册），湖南少年儿童出版社，《unit 2　Spring is warm.》B 部分，2018 版第 6 页。

课件、卡片。

（五）教学过程

1. 游戏热身，猜季节。

（1）Greeting.

（2）Free talk.课件出示四季图，老师用简单的英文描述自己最喜欢的季节，让学生猜猜，老师谈论的是哪一个季节。

2. 游戏记单词，看谁读得快。

（1）Learn new words: spring, summer, autumn, winter.

（2）师: Which season do you like best ?

根据学生回答分发卡片，并将全班分为 Spring, Sunmer, Autumn, Winter 四组。

（3）Play a game——Quick response.

师: Spring!

生(Spring): Spring!

师: Winter !

生(Winter): Winter!

……

（4）出示课件。

师: Look! It's spring. Spring is warm and nice.

板书单词：warm, nice，带读。

（5）同法学习 cool, cold, hot。

（6）Play a game——Guess，guess，guess!

师:（扇风）What's the weather?

生: Hot !

师:（抱肩）What's the weather?

生: Cold!

……

（7）Listen to the tape and read Part A.

（8）生自由读。

"唱游"的形式:

① 齐读课文。

② Let's chant.

③ Play a game——Quick response.

④ 课件出示练习题——Let's choose.

4. 开火车游戏练习本节课所学的词语。

小结下课。

（六）板书设计

Spring is warm .

spring	warm	nice
summer	hot	

autumn	cool	nice
winter	cold	

● **主题来源：**

选自湖南少年儿童出版社《小学英语》（四年级下册）《unit 2　Spring is warm.》AB部分。

● **案例来源：**

本案例由王芸教师创编。

● **案例教学模式：**

游戏教学模式。

● **案例教学方法：**

游戏法、谈话法、练习法。

● **案例简析：**

本案例是（四年级下册）《unit 2　Spring is warm.》AB 部分中的内容，体现了 18 条课标内容中的“17. 注意观察生活或媒体中使用的简单英语”。围绕 5 大模块训练点，关注学生英语学习兴趣，让学生体会到学习英语的乐趣。

主题采用游戏教学模式设计，游戏法、谈话法、练习法等多种教学方法的交叉使用，让学生明白，英语学习也可以借助图片在谈话中进行。第一步，根据图片学习四个关于季节的单词。接着通过小组命名来巩固新单词。第二步，学生根据学过的拼读方法，先自己读一读本课新单词和新句子，把不会的地方打上记号，然后老师引导解决不会的地方和新知识。再把单词放到图片里，进行巩固练习。

导入时，师生用英语对唱“Good morning，Miss wang. How are you？”进行热身，同时为本课的新句型“How are you”做好铺垫。教学过程中，第一步，师生英语对话学单词；第二步，学生自学课文和单词，老师出示难度大的句子，请学生用学过的拼读方法，先读一读；第三步，把这些句子放到相关的对话中，进行运用。最后由老师口头与学生对话，掌握学生学习情况。这样师生双方共同合作，既完成了对话编写，又完成了朗读。

第五章　小学音体美教学案例

第一节　感受与欣赏

教学内容提示：

（一）进行曲

（二）管弦/民族乐曲

（三）钢琴曲

（四）叙事歌曲

（五）合唱

一、模块主题内容

二、模块课标要求

1. 感受自然界和生活中的各种声音，能够用自己的声音或打击乐器模仿喜欢的音响。（音乐表现要素、1~2 年级）

2. 能够听辨歌唱中的童声、女声和男声音色。（音乐表现要素、1~2 年级）

3. 感受乐器的声音。能够听辨常见打击乐器的音色，并能用打击乐器赛出强弱、长短不同的声音。（音乐表现要素、1~2 年级）

4. 能够感受并描述音乐中力度、速度的变化，并对二拍子、三拍子的音乐做出相应的体态反应。（音乐表现要素、1~2 年级）

5. 能发现自然界和生活中的各种音响，能够用自己的声音或乐器模仿喜欢的音响。能哼唱熟悉的歌曲或乐曲。（音乐表现要素、3~6 年级）

6. 能够听辨歌唱中不同类型的女声和男声音色，说出人声的分类。能够认识常见的中国民族乐器和西洋乐器，并能听辨其音色。（音乐表现要素、3~6 年级）

7. 在感知音乐的节奏和旋律的过程中，能够初步辨别节拍的不同，体验二拍子、三拍子、四拍子的律动感。（音乐表现要素、3~6 年级）

8. 能做出相应的反应。（音乐表现要素、3~6 年级）

9. 体验不同情绪的音乐，能够自然流露出相应的表情或做出体态反应。（音乐情绪与情感、1~2 年级）

10. 体验并说出音乐情绪的相同与不同。（音乐情绪与情感、1~2 年级）

11. 听辨不同情绪的音乐，能够做简要描述。（音乐情绪与情感、3~6 年级）

12. 能够体验并简要描述音乐情绪的变化。（音乐情绪与情感、3～6 年级）

13. 聆听儿童歌曲，聆听音乐形象鲜明、结构较为简短的进行曲、舞曲及其他体裁的音乐段落。（音乐体裁与形式、1～2 年级）

14. 能够通过模唱、打击乐器对所听音乐做出反应。能够随着进行曲、舞曲音乐走步、跳舞。（音乐体裁与形式、1～2 年级）

15. 聆听少年儿童歌曲和颂歌、抒情歌曲、叙事歌曲、艺术歌曲、格调健康的流行歌曲等各种体裁和类别的歌曲，能够随着歌曲轻声哼唱或默唱。（音乐体裁与形式、3～6 年级）

16. 聆听不同体裁和类别的小型器乐曲，能够随着乐声哼唱短小的音乐主题或主题片段，能够通过律动或打击乐对所听音乐做出反应。（音乐体裁与形式、3～6 年级）

17. 能够区别齐唱与合唱、齐奏与合奏。（音乐体裁与形式、3～6 年级）

18. 能够初步分辨小型的音乐体裁与形式。聆听音乐主题并说出曲名。每学年 2～4 首（音乐体裁与形式、3～6 年级）

19. 聆听不同国家、地区、民族的儿歌、童谣及小型器乐曲或乐曲片段，初步感受其不同的风格。（音乐风格与流派、1～2 年级）

20. 聆听不同国家、地区、民族的儿歌、童谣及小型器乐曲或乐曲片段，初步感受其不同的风格。（音乐风格与流派、3～6 年级）

21. 聆听世界部分国家的民族民间音乐，感受不同的音乐风格。（音乐风格与流派、3-6 年级）

三、模块训练点

1. 注意以音乐为本，从音响出发，以听赏为主。
2. 多种形式引导学生积极参与音乐体验，引发他们的联想和想象。
3. 尊重学生的独立感受与见解，鼓励学生勇于表述自己的审美体验。
4. 激发学生听赏音乐的兴趣。
5. 养成聆听音乐的良好习惯。
6. 积累感受与欣赏音乐的经验。

四、模块教学案例简析

● **案例一**

《玩具兵进行曲》[①]

执教人：夏晓红

案例 1～3

（一）讲述梦境故事，创设情景导入

1. 讲故事。

师：每个同学都有自己最喜欢的玩具，德国作曲家耶塞尔小时候也有一样很喜欢的玩具，他还因为这件玩具做了个梦，长大后他根据这个梦写了一首世界著名的曲子。这是怎

①《义务教育教科书・音乐》（人教版）一年级上册第四单元教唱歌曲。

样的一个梦呢？为什么有那么大的魅力？下面请同学们听老师为你们讲述这个故事吧。

讲述故事：那天是小耶塞尔的生日，爸爸妈妈给他买了一件生日礼物，一个装满玩具兵的玩具箱。玩具兵一个个可爱极了，有身穿将军装的胖司令，有吹哨子的军官，还有一个吹号手腮帮子鼓鼓的，正在卖力地吹呢。还有大鼓手、小鼓手和四个一排的士兵。小耶塞尔高兴极了，睡觉的时候怀里还紧紧抱着那个玩具箱呢。

慢慢地小耶塞尔睡着了，玩具箱掉在了地上，盒盖被摔开了，玩具兵们一个一个地从箱子里爬出来。军官按照司令的吩咐吹着哨子整理好队伍，鼓号手排在最前面，士兵排在后面，一声令下，开始检阅。号手吹起了嘹亮的军号，玩具兵们在乐曲声中迈开了整齐的步伐。走着走着，不知哪个玩具兵停了一下，结果后面的玩具兵都摔倒了，他们爬起来重新整理好队伍继续前进。走累了，玩具兵们坐了下来，有的跳起了轻快的舞蹈，其他的玩具看到了，也纷纷走了过来，和玩具兵们一起跳起了舞。跳完了舞，玩具兵们继续巡逻，正在这时，耶塞尔翻了个身，玩具兵们看到小主人醒了，马上叽里咕噜地滚进了玩具箱。

天亮了，小耶塞尔醒来，伸了个懒腰，揉揉自己的眼睛，他想起了玩具兵们，赶紧打开盒子一看，呀！玩具兵们一个个整齐地摆在箱子里呢！原来这只是一场梦啊！

接下来，请同学们和老师一起来聆听这段根据梦境写的音乐吧。

（二）两听全曲，感受梦境般的旋律

1. 初听全曲。

师：请同学们闭上眼睛，静静地聆听，在听的过程中你可以坐在座位上随着音乐摆动，并且要思考几个问题：

这首乐曲的情绪是怎样的？你能记住音乐中的某个片段吗？

2. 听主旋律。

① 带问题聆听：我们一起来听听乐曲第一部分的音乐，你觉得这段音乐作曲家写的是梦境中的什么内容？它是一个什么情绪呢？

生：……

② 师生随着音乐参与律动接龙，请学生模仿士兵巡逻的姿势进行律动。（老师作为将军，对士兵进行检阅，当老师走到某一组时请同学转向老师的方向）（分配角色，号鼓手、士兵等，分别做自己的动作）

师：对，这段音乐描写的就是梦境中士兵们排好队一起巡逻的内容，现在，请同学们和老师随着音乐一起来模仿士兵们巡逻吧！起立，前面两位同学表演吹号的，第三、四位同学作为鼓手，后面的同学伸出你的手，模仿士兵扛枪巡逻的姿势，老师就来演司令，对你们进行检阅。随音乐巡逻去。

3. 听第二乐段。

师：你觉得这段音乐作曲家写的是梦境中的什么内容？

生：玩具兵们在跳舞。

师：同学们真棒，能听出是玩具兵们在跳舞，下面让我们用自己的舞蹈动作和玩具兵们一起跳起舞来吧！我们可以自己一个人跳，也可以和同学拉着手跳，还可以一个小组围成一个圈一起跳。

4. 打击乐器。

师：看到我们玩得这么开心，小乐器们也想加入我们，让我们一起来看看都有哪些乐器呢？

生：碰铃、竹筷。

师：老师这里有两种节奏型，同学们看看他们分别适合哪种乐器来击打呢？

A、X — | X — ||

B、X X | X X ||

生：……

师：我们一起用碰铃和竹筷来为乐曲伴奏吧，老师先给同学们3分钟时间，每个小组请分配好任务：谁演奏碰铃，谁演奏竹筷。先用手模仿演奏乐器的动作，表现得好的，等下老师就让他们上来用这两种乐器伴奏。

（小组展示）

（三）复听全曲、小结

师：今天我们欣赏的是德国作曲家耶塞尔根据自己小时候的梦写的乐曲《玩具兵进行曲》，整首乐曲完整地表现了耶塞尔的梦境。接下来让我们加入小玩具兵的队伍一起来完整地表现耶塞尔的梦吧！在第一乐段和第三乐段模仿玩具兵检阅巡逻的样子，在第二乐段让我们和玩具兵们一起跳起欢快的舞蹈吧。

（播放音乐）

● **主题来源：**

《玩具兵进行曲》是人民教育出版社小学音乐一年级上册第四单元的教唱歌曲。

● **案例来源：**

湖南省吉首大学师范学院附属小学夏晓红教师编创。

● **案例教学模式：**

情景模拟式教学模式。

● **案例教学方法：**

情景模拟法、讲授法、小组合作探究法。

● **案例简析：**

本案例是“感受与欣赏”模块中的主题内容，体现了21条课标内容中的“3. 感受乐器的声音。能够听辨常见打击乐器的音色，并能用打击乐器赛出强弱、长短不同的声音”“13. 聆听儿童歌曲，聆听音乐形象鲜明、结构较为简短的进行曲、舞曲及其他体裁的音乐段落”。围绕6大训练点，激发学生听赏音乐的兴趣，养成聆听音乐的良好习惯。具体分析如下：

音乐教学中最重要的目的是培养学生对音乐作品的感悟，要以作品中丰富的情感、生动的形象、突出的要素来陶冶学生，进而使学生从“不会”到“学会”某一知识或技能，提高学生的音乐审美能力，在40分钟里能达到一个质的小飞跃。乐器的选用，要符合音乐的形象。不能为了“丰富”课堂而忽略了乐器的特性，忽略了玩具兵的形象。在跟音乐律动的部分，不能忽视音乐听觉，应该一切教学环节服务于音乐。设计律动环节的初衷也是想把枯燥的音乐知识，用学生更乐于接受的形式，能让学生在玩中学，学中玩，可过程中若只有欢乐热闹的场面，却忽视了学生的音乐听觉，那么就失去了音乐教学的意义。“让孩子自己去实践、自己去创造音乐，是最重要的。”（奥尔夫）在导入的整体聆听环节，让学生听音乐进入梦境，说说自己的感想，引导学生说出愉悦的感受，这环节是“放手”让学生的思维天马行空，能发挥学生的创造性。

第二节　音乐表现

教学内容提示：

（一）演唱

（二）演奏

（三）综合性艺术表演

（四）识读乐谱

一、模块主题内容

二、模块课标要求

1. 学唱儿歌、童谣及其他短小歌曲，参与演唱活动。（演唱、1 ~ 2 年段）

2. 能够用正确的姿势、自然的声音，有表情地独唱或参与齐唱。（演唱、1 ~ 2 年段）

3. 能够对指挥动作做出反应。（演唱、1 ~ 2 年段）

4. 能够采用不同的力度、速度表现歌曲的情绪。（演唱、1 ~ 2 年段）

5. 每学年能够背唱歌曲 4 ~ 6 首（其中中国民歌 1 ~ 2 首）。（演唱、1 ~ 2 年段）

6. 乐于参与各种请唱活动。（演唱、3 ~ 6 年段）

7. 能够用正确的演唱姿势和呼吸方法唱歌，培养良好的唱歌习惯。（演唱、3 ~ 6 年段）

8. 能够用自然的声音、准确的节奏和音调，有表情地独唱或参与齐唱、轮唱、合唱，并能对指挥动作做出恰当的反应。（演唱、3 ~ 6 年段）

9. 了解变声期噪音保护的知识，初步懂得噪音保护的方法。（演唱、3 ~ 6 年段）

10. 能够对自己和他人的演唱做简单评价。（演唱、3 ~ 6 年段）

11. 每学年应能背唱歌曲 4 ~ 6 首（其中中国民歌 1 ~ 2 首），学唱京剧或地方戏曲唱腔片段。（演唱、3 ~ 6 年段）

12. 学习常见的课堂打击乐器，参与演奏活动。（演奏、1 ~ 2 年级）

13. 能够用打击乐器或其他声音材料合奏或为歌曲伴奏。（演奏、1 ~ 2 年级）

14. 乐于参与各种演奏活动。（演奏、3 ~ 6 年级）

15. 学习竖笛、口琴、口风琴或其他课堂乐器的演奏方法，参与歌曲、乐曲的表现。（演奏、3 ~ 6 年级）

16. 培养良好的演奏习惯。能够对自己和他人的演奏做简单评价。（演奏、3 ~ 6 年级）

17. 每学年能够搞奏乐曲 1 ~ 2 首。（演奏、3 ~ 6 年级）

18. 能够参与综合性艺术表演活动。（综合性艺术表演、1～2年级）

19. 能够配合歌曲、乐曲用身体做动作。（综合性艺术表演、1～2年级）

20. 能够与他人合作，进行律动、集体舞、音乐游戏、儿童舞表演等活动。（综合性艺术表演、1～2年级）

21. 能够主动地参与综合性艺术表演活动。（综合性艺术表演、3～6年级）

22. 在有情节的音乐表演活动中（如儿童歌舞剧）担当一个角色。（综合性艺术表演、1～2年级）

23. 能够对自己和他人的表演做简单评价。（综合性艺术表演、1～2年级）

24. 认识简单的节奏符号，能够用声音、语言、身体动作表现简单的节奏。（识读乐谱、1～2年级）

25. 能够用唱名模唱简单乐谱。（识读乐谱、1～2年级）

26. 结合所学歌曲认识音名、音符、休止符及一些常用的音乐记号。（识读乐谱、3～6年级）

27. 能够跟随琴声视唱简单乐谱，具有初步的识谱能力。（识读乐谱、3～6年级）

三、模块训练点

1. 激发和培养对音乐的兴趣。
2. 开发音乐的感知力，体验音乐的美感。
3. 能自然地、有表情地演唱，参与其他音乐表现和即兴创编活动。
4. 培养乐观的态度和友爱精神。保持对音乐的兴趣。
5. 培养音乐感受与欣赏的能力，初步养成良好的音乐欣赏习惯。
6. 能自信地、有表情地演唱，乐于参与演奏及其他音乐表现、创造活动。
7. 培养艺术想象力和创造力。
8. 培养乐观的态度和友爱精神，增强集体意识，培养合作能力。
9. 识读简谱和五线谱。
10. 认识G大调和F大调。
11. 认识常用的表情术语。

四、模块教学案例简析

● **案例二**

案例1～3

《送　别》[①]

执教人：谭晓琼

（一）教学目标

1. 使学生能够体验合唱的魅力。通过学习，挖掘学生对音乐的想象与创造的能力，

①《义务教育教科书·音乐》（人教版）五年级上册第四单元教唱歌曲。

培养学生的合作精神。

2. 体验整首歌曲的意境。

3. 唱好《送别》，使二声部和谐。

（二）教学重点

1. 二声部合唱部分的声部整齐和音准。

2. 有节奏有感情地唱好歌曲《送别》。

（三）教学难点

1. 低声部教学。

2. 声音柔和优美。

（四）教学用具

钢琴、PPT课件、打击乐器。

（五）教学过程

1. 谈话导入，欣赏合唱。

组织教学，师生问好。

师：在工作学习之余，老师最大的爱好就是听音乐，看晚会。前不久，老师有幸观看了湘西州第十一届“金钟奖”的颁奖晚会，节目很精彩，我忍不住也给同学们带来了一个节目，请欣赏。

播放一首合唱歌曲《江南好》。

节目欣赏到这里，同学们谁能告诉我这首歌的演唱形式是什么？

生：合唱。

师：对了，这是一首合唱曲目，它和独唱不一样。在合唱中只有我们没有我，讲究的是一种团结合作的精神，声音和谐美妙！同学们想不想试试！

生：想。

2. 合唱。

师：好，同学们坐端正了。

（1）先来一遍音阶练习（柯尔文手势）。

（2）用“U”来一遍。

（3）双音练习。

3. 试听歌曲，感受体验。

接下来老师播放一首歌曲，请大家认真听，注意感受音乐的情绪和这首乐曲的演唱顺序。

问：（1）什么情绪？（有点忧伤、深情的）

（2）演唱顺序。（D · C fine）

嗯，刚刚我们听到的这首歌曲是由美国作曲家奥德威作曲，由著名艺术教育家李叔同填词而成的一首学堂乐歌。学堂乐歌指的是20世纪初期，随着新式学堂的建立而兴起的歌唱文化，一般指学堂开设的音乐课或学堂唱歌而成的歌曲。下面我们来了解一下词曲作者。

4. 钢琴伴奏，学习歌曲。

（1）下面我们用“呜”跟钢琴哼唱第1、2部分模唱旋律。

（2）学生跟琴试唱旋律，注意体会歌曲情感，做到以情带声。

（3）跟琴完整演唱第 1、2 部分歌词。

（4）学唱低声部（反复练习）。

（5）师生合作合唱部分，也就是第 2 部分，生唱高声部，师唱低声部。

（6）生生合作唱合唱声部。

（7）师：好了，现在我们分成两个小组，同学们自己设计演唱形式。老师这儿还有一些小件打击乐器，需要的也可以用上，给你们几分钟时间练习，等下就来展示你们的习作。

5. 小组展示并互评。

A 组展示，B 组点评；

B 组展示，A 组点评。

6. 老师点评、小结。

今天这节课我们了解了学堂乐歌这个特殊的历史产物，学唱了李叔同的代表作二声部合唱曲《送别》，感受了合唱中的和声之美妙，歌曲完美地抒写了人生离合的真实体验和世间永存的挚意真情。今天的课就到这里，谢谢同学们！下课。

● **主题来源：**

《送别》是人民教育出版社小学音乐五年级上册第四单元的教唱歌曲。

● **案例来源：**

湖南省吉首市吉首大学师范学院附属小学谭晓琼教师创编。

● **案例教学模式：**

练唱教学模式。

● **案例教学方法：**

讲授法、练习法。

● **案例简析：**

本案例是“音乐表现”模块中的主题内容，体现了 27 条课标内容中的“7. 能够用正确的演唱姿势和呼吸方法唱歌，培养良好的唱歌习惯”“8. 能够用自然的声音、准确的节奏和音调，有表情地独唱或参与齐唱、轮唱、合唱，并能对指挥动作做出恰当的反应”。围绕 11 大训练点中的第 8 条，“培养乐观的态度和友爱精神，增强集体意识，培养合作能力”。

第三节　创作与实践

教学内容提示：

（一）探索音响与音乐

（二）即兴创造

（三）创作实践

一、模块主题内容

二、模块课标要求

1. 能够运用人声、乐器声模仿自然界或生活中的声音。（探索音响与音乐、1～2年级）

2. 能够用打击乐器或寻找发声材料探索声音的强弱、长短和音色。（探索音响与音乐、1～2年级）

4. 能够运用人声、乐器声或其他声音材料表现自然界或生活中的声音。（探索音响与音乐、3～6年级）

5. 能够在教师指导下自制简易乐器。（探索音响与音乐、3～6年级）

6. 能够将儿歌、诗词短句用不同的节奏、速度、力度等加以表现。（即兴编创、1～2年级）

7. 能够在唱歌或聆听音乐时即兴地做动作。（即兴编创、1～2年级）

8. 能够用课堂乐器或其他声音材料即兴配合音乐故事和音乐游戏。（即兴编创、1～2年级）

9. 能够即兴编创同歌曲情绪一致的律动或舞蹈，并参与表演。（即兴编创、3～6年级）

10. 能够以各种声音材料或不同的音乐表现形式，即兴编创音乐故事、音乐游戏并参与表演。（即兴编创、3～6年级）

11. 能够运用线条、色块、图形，记录感受到的音乐。（创作实践、1～2年级）

12. 能够运用人声、乐器或其他声音材料，在教师指导下创作1～2小节的节奏音型。（创作实践、1～2年级）

13. 能够在教师指导下，尝试运用图谱或乐谱记录声音和音乐。（创作实践、3～6年级）

14. 能够利用教师或教材提供的材料和方法，独立地或与他人合作编创2～4小节的节奏或旋律。（创作实践、3～6年级）

三、模块训练点

1. 发掘学生潜能，进行即兴创造。
2. 运用音乐材料，创作音乐。
3. 能够创造性地进行多种艺术表现。
4. 在创造实践过程中，培养和鼓励学生的创新精神。
5. 发挥学生主观能动性发展其创造才能。
6. 运用音乐教材提高创作意识

四、模块教学案例简析

● **案例三**

案例 1～3

《动物说话》[①]

执教人：袁雅芝

（一）教学目标

1. 学生通过学习描写小动物的歌曲，知道动物是人类的朋友，人与动物应和睦相处。

2. 引导学生聆听和学唱歌曲《动物说话》，在歌声与表演中表达出对小动物的爱护之情。

（二）教学重点

1. 激发和培养学生对音乐的兴趣。

2. 培养音乐感受与欣赏的能力，初步养成良好的音乐欣赏习惯。

（三）教学难点

1. 启发学生创编歌词，表现自己喜爱的小动物。

（四）教学过程

1. 进行发声练习。

2. 创设森林情景，谈话导入新课。

（1）师：小朋友们，你们喜欢小动物吗?喜欢什么动物呢?

生：小猫、小狗。

（2）师：今天老师要带大家到神秘的森林去，首先我们要通过模仿一组动作来打开森林的入口。（老师做拍手、跺脚等动作，学生模仿）很棒！大家通过努力来到了森林，那里有好多动物，请大家闭上眼睛听叫声，猜一猜有哪些动物。

（3）播放歌曲，学生完整聆听。思考：歌曲中唱的是哪些小动物，你能说出它们是怎样说话的吗？出示小鸡、小鸭、小青蛙的图片，学生模仿它们的叫声，由此导入新课，揭示课题。

3. 动物情景参与歌曲教学。

（1）用听唱法学唱歌曲。

① 指导学生打着拍子听。

教师范唱，学生在“X X | XX X ||”节奏处用拍手和跺脚加上“晃头和耸肩”动作。

② 学生跟着录音小声唱。

③ 指导学生跟着录音大声唱，并在唱的过程中穿插拍手、跺脚、摇头、耸肩等动作。

④ 提问：小动物可爱吗？小动物是人类的朋友，我们要爱护动物，那么怎样演唱才能表现出你很爱小动物的心情呢？启发学生动物的叫声要唱得轻快而有弹性。

（2）分角色演唱。

① 分男女对唱：男生唱上句，女生唱下句。

---

①《义务教育教科书·音乐》（人教版）二年级上册第四单元教唱歌曲。

② 师生对唱：老师唱上句，学生对动物的叫声。

4. 创设动物情景，启发学生编创歌词。

师：还有许多可爱的小动物，也想加入我们的演唱，请同学们想一想该怎样演唱呢？学生改编歌词唱。

表演歌曲。

（1）游戏猜一猜。请学生模仿动物的叫声和动作，其他同学猜一猜动物名称。

（2）出示各种动物的头饰，学生模仿相应的动物的各种动作，戴着头饰跟着音乐表演歌曲。

以小组为单位，或者以班级为单位加入动作，起立跟随伴奏边做动作边演唱歌曲。

教师示范：老师生动地范唱歌曲，提示在间奏处加入动作。

提示：还有许多可爱的小动物，请同学们想一想该怎样演唱呢？学生改编歌词唱。

将同学们创编的小动物加入歌曲旋律中，请个别同学演唱他创编的歌词，其他同学跟着一起唱。

（五）板书设计

《动物说话》

X X | $\underline{XX}$ X ||

● **主题来源**

《动物说话》是人民教育出版社小学音乐二年级上册第四单元的教唱歌曲。

● **案例来源**

吉首市乾城德雅小学袁雅芝老师创编。

● **案例教学模式**

情景模拟式教学模式。

● **案例教学方法**

情景模拟法、小组合作法、练习法。

● **案例简析：**

本案例是“创作与实践”模块中的主题内容，体现了 14 条课标内容中的“1. 能够运用人声、乐器声模仿自然界或生活中的声音”。围绕 6 大训练点，“1. 发掘学生潜能，进行即兴创造。”“2. 运用音乐材料，创作音乐。”在创造实践过程中，培养和鼓励学生的创新精神。本案例“动物说话”采用情景模拟教学设计，表演法、练习法、小组合作法等多种教学方法的交叉使用，让学生学习描写小动物的歌曲，知道动物是人类的朋友，人与动物应和睦相处。

《动物说话》是一首歌谣风格的创作歌曲，2、4 拍，五声降 E 羽调式，一段体结构。歌曲的节奏简单，以四分音符、八分音符为主。旋律较为平和，级进与小跳相结合，采用重复、模进、变化重复的手法，紧密结合了语言的特点，表现了小动物稚嫩的拙态和叫声。乐句间加花伴奏的应用，使歌曲风趣、富于变化，又仿佛是小动物机警的神态。最后 8 小节尾奏多采用 16 分音符的节奏和断音奏法，使小动物的形象得到补充，歌曲显得丰满完整。这是一首便于表演的儿童歌曲，很有趣味。它的设计理念是以审美为核心，以兴趣为动力，抓住学生喜爱小动物的心理特点，注重学生的音乐实践，鼓励学生大胆创造，有感情地、自然地表演歌曲，并从中激发学生热爱自然、关爱动物的情感。

在教学过程中，围绕教学重、难点，让学生在律动中感受节奏，在模仿中激发兴趣，在表演、创造中将兴趣学习进行到底。播放《动物说话》伴奏音乐，让学生踏着轻快活泼的音乐进行律动，创设轻松愉快的教学氛围。紧接着为解决间奏的节奏难点，让学生通过肢体语言（拍手、跺脚、拍大腿、点头、耸肩……）进行练习，熟练掌握，为该节奏在歌曲中的运用做好铺垫。喜爱动物是孩子们的天性，让孩子们在模仿中激发兴趣，小鸡说话叽叽叽，小鸭说话嘎嘎嘎，小狗说话汪汪汪，小猫说话喵喵喵……一下子，课堂里热闹了起来，孩子的积极性也被调动起来。新歌教学中，重点让学生聆听、对比，用轻快、有弹性的声音表演歌曲，把自己喜爱小动物的心情用歌声表现出来。鼓励创造，展示成果。趁着孩子们表演的兴趣正浓，利用小动物演唱会引导学生创编歌词，把更多的小动物都唱到歌里去。

第四节　音乐与相关文化

教学内容提示：

（一）音乐与社会生活

（二）音乐与姊妹艺术

（三）音乐与艺术之外的其他学科

一、模块主题内容

二、模块课标要求

1. 感受生活中的音乐，乐于与他人共同参与音乐活动。（音乐与社会生活、1～2 年级）

2. 能够通过广播、影视、网络、磁带、CD 等传播媒体及工具听赏音乐。（音乐与社会生活、1～2 年级）

3. 能够参与社区或乡村的音乐活动。（音乐与社会生活、1～2 年级）

4. 关注日常生活中的音乐。（音乐与社会生活、3～6 年级）

5. 喜欢从广播、影视、网络、磁带、CD 等传播媒体中收集音乐材料，并经常聆听。（音乐与社会生活、3～6 年级）

6. 主动参加社区或乡村音乐活动，并能同他人进行音乐交流。（音乐与社会生活、3～6 年级）

7. 乐于听音乐会或观看当地民俗活动中的音乐表演。（音乐与社会生活、3～6 年级）

8. 能够用简单的形体动作配合音乐节奏。（音乐与姊妹艺术、1～2 年级）

9. 能够用简明的表演动作表现音乐情绪。（音乐与姊妹艺术、1～2 年级）

10. 能够用色彩或线条表现对音乐的不同感受。（音乐与姊妹艺术、1～2 年级）

11. 观赏戏剧和舞蹈，初步认识音乐在其中的作用。（音乐与姊妹艺术、3～6 年级）

12. 能够结合所熟悉的影视片，初步感受音乐在其中的作用。（音乐与姊妹艺术、3～6 年级）

13. 列举声音与日常生活现象及自然现象的联系。（音乐与艺术之外的其他学科、1～2 年级）

14. 用不同节奏、节拍、情绪的音乐配合简单的韵律操动作。（音乐与艺术之外的其他学科、1～2 年级）

15. 选用合适的背景音乐，为儿歌、童话故事或诗朗诵配乐。（音乐与艺术之外的其他学科、3～6 年级）

16. 说出某些不同历史时期、不同地域和国家的代表性音乐作品。（音乐与艺术之外的其他学科、3～6 年级）

三、模块训练点

1. 扩大学生音乐文化视野。
2. 促进学生对音乐的体验与感受。
3. 提高学生音乐鉴赏、表现、创造以及艺术审美的能力。

四、模块教学案例简析

● **案例四**

案例 4～6

《拉德斯基进行曲》[①]

执教人：瞿亚勋

（一）教学目标

1. 了解新年音乐会的历史与传统，通过欣赏进行曲，让学生了解进行曲这种音乐体裁，并能够了解进行曲的节奏、情绪、节拍上的特点。

2. 了解不同场合需要不同进行曲，扩大学生视野，提升他们独立分析乐曲的能力。

3. 使学生喜欢聆听本单元进行曲，欣赏中外乐曲，热爱和理解多元文化。

（二）教学重点

欣赏中外进行曲，了解进行曲的节奏、情绪、节拍上的特点以及对中西文化结合的认识。

（三）教学难点

学会根据情绪对进行曲分段，并能够结合所学知识进行相关音乐活动。

（四）教学过程

1. 出示图片，谈话导入新课。

---

①《义务教育教科书·音乐》（人教版）五年级下册第六单元新年音乐会。

今天老师给大家带来了一首具有行进步伐节奏，展现军人风采的乐曲，（出示课题）这首乐曲是由奥地利著名作曲家老约翰·施特劳斯所创作。（课件出示作者图片）他一生中创作了大量的圆舞曲，被世人称为“圆舞曲”之父，然而在他的作品中影响最大，流传最广的却是这首《拉德斯基进行曲》。当初他创作这首乐曲是想送给一位名叫拉德斯基的将军，这位将军为奥地利打了许多胜仗，立下了汗马功劳，被人们尊为英雄人物。老约翰·施特劳斯先生就用这首乐曲，来展现拉德斯基将军英勇威武的英雄风采。下面我们就一起来欣赏这首《拉德斯基进行曲》。

2. 初听全曲，感受进行曲特点。

（课件播放音乐）

师：听了这首乐曲，你认为它有哪些鲜明的特点呢？

（引导学生从速度、节奏以及情绪上分析乐曲）

（师生交流，分析问题）

3. 再次聆听，欣赏歌曲。

学生能否说出它的结构构式：A-B-A。

4. 分段欣赏。

（1）欣赏第一乐段。

师：乐曲通过简短有力的引子进入第一部分，结合步伐行进的速度和雄壮激昂的情绪展现了拉德斯基将军骑着战马驰骋沙场的威武雄姿。

（课件：播放第一乐段）

师：这段音乐给你什么样的感受呢？它让你想到了什么样的场景？

生答：……

（板书：雄壮）

师：让我们再次聆听这段音乐，领略拉德斯基将军率领将士们浴血奋战的英勇形象吧！同时请大家随着音乐一起用“la”轻声哼唱旋律。

（课件播放第一乐段并出示浴血奋战的图片）

（2）欣赏第二乐段。

师：接着乐曲的第二部分采用了一种与第一部分在节奏和情绪上不同的音乐，表现了拉德斯基将军坐在战马上检阅部队时，既轻松又严肃的形象。

（课件播放第二乐段）

师：谁能告诉我这部分音乐的情绪是怎样的？

生：……

师：对！轻快优美的！

师：让我们伴随着轻快的音乐，像将士们一样踏着整齐的步伐齐步行进吧！

（课件播放第二乐段，师生随乐踏步）

（3）听赏第三乐段。

师：看，战斗又一次打响了！

（播放：激战的视频）

师：拉德斯基将军率领他的部队再次冲上了战场！

（播放第三乐段）

师：你们听出这段音乐与前面哪段音乐相同？

生：第一乐段。

师：对！与第一乐段相同，它是第一段音乐的重复，它的情绪同样是……

（生答：雄壮有力的）

5. 课堂小结

这节课我们通过听、赏、唱、体验等手段去学习和掌握知识，请同学们课后收集更多有关维也纳音乐会资料。课堂在《拉德斯基进行曲》的音乐中结束。

（五）板书设计

《拉德斯基进行曲》

雄壮

轻快优美

雄壮有力

● **主题来源：**

人教版五年级音乐下册第六单元新年音乐会。

● **案例来源：**

本案例由湖南省吉首市乾城德雅小学瞿亚勋教师创编。

● **案例教学模式：**

情景模式教学。

● **案例教学方法：**

演示法、讲授法。

● **案例简析：**

本案例是“音乐欣赏”模块中的主题内容，体现了21条课标内容中的“21. 聆听世界部分国家的民族民间音乐，感受不同的音乐风格”。围绕训练点尊重学生的独立感受与见解，鼓励学生勇于表述自己的审美体验。

本案例“新年音乐会”主题采用音乐欣赏模式，演示法、合作探究等多种教学方法的交叉使用，让学生了解新年音乐会的历史与传统。学生通过欣赏进行曲，了解进行曲这种音乐体裁，并能够了解进行曲的节奏、情绪、节拍上的特点。教学生的最终目的是为了不教，学生从被动学习到主动探索有一个过程，尤其是六年级的学生，对于欣赏乐曲还是比较陌生的，有必要教给他们欣赏乐曲的方法，通过层层推进的问题，使他们自信地、积极地投入欣赏全过程。当学生对进行曲有一定认识后，再放手让他们自己探索、小组合作、讨论交流。聆听全曲，以视听结合的多媒体优势增进音乐审美情趣与兴趣。为了让学生全神贯注地聆听音乐，在聆听全曲的环节中，利用多媒体视听结合、声像一体、形象性强、信息量大、资源丰富的优点，分别为每首乐曲配上相关场景和演奏画面，如阅兵式场景、维也纳新年音乐会演奏场景，学生边欣赏画面，边聆听音乐，有身临其境之感。

为了加强学生对进行曲乐曲风格特点的体验与感悟，在熟悉了A段旋律后，教师指导学生分别运用打击乐器来为旋律编配伴奏，并尽量让更多的同学参与这个创编活动中。学生的积极性很高，这样不仅让学生体验了进行曲的节奏特点，也更进一步地培养了学生的创编能力。但是由于时间的关系，这个环节进行得有些仓促，这是本节课没有处理好的地方。

本案例通过新鲜而有趣味的教学环节的不断刺激，学生眼、耳、口、脑、手并用，乐在学中，学在乐中，课堂生动活泼，趣味无穷。

第五节　运动参与与运动技能

教学内容提示：

（一）参与体育学习和锻炼

（二）体验成功与运动乐趣

（三）学习运动知识

（四）掌握运动技能

（五）增强安全意识

一、模块主题内容

二、模块课标要求

1. 能够积极、愉快地上体育课和参加课外体育活动。如不无故旷课、主动积极地完成学习任务等。（参与体育学习和锻炼，水平一）

2. 能够知道所学运动项目或游戏的名称或术语。如知道田径、篮球、乒乓球、游泳等运动项目的名称，以及引体向上、滚翻、仰卧起坐、倒立、体转运动、跑跳步、马步、起跳、助跑、过杆等常见身体运动动作的名称或术语。（学习运动知识，水平一）

3. 体验运动过程并初步了解运动现象。如体验速度、节奏、力量、方向等运动现象。（学习运动知识，水平一）

4. 能够做出正确的基本身体活动动作。如做出各种形式的跑、跳、投、抛、攀、爬、钻、滚动、悬垂和支撑等动作。（掌握运动技能，水平一）

5. 学习常见的球类游戏和基本技术。如学习小篮球、软式排球、小足球、乒乓球以及适合本水平学生学习的其他新兴球类活动的基本技术。（掌握运动技能，水平一）

6. 学习体操类运动的基本动作。如学习横队和纵队看齐、向左（右、后）转、立正、稍息、踏步、齐步走、站立、蹲立、仰卧、俯卧、纵叉、横叉等基本体操动作；棍、球、绳等轻器械体操动作；各种个人和集体的舞蹈动作、韵律动作等。（掌握运动技能，水平一）

7. 学习游泳运动或冰雪类运动的基本动作。如学习水中呼吸、蛙泳的基本动作，熟悉水性，练习冰上行走等（有条件的地区和学校）。（掌握运动技能，水平一）

8. 学习武术类运动的基本动作。如学习基本手型、抱拳、马步、蹬腿、冲拳等简单的武术基本动作、3～5个简单动作组成的动作组合等。（掌握运动技能，水平一）

9. 学习简单的其他民族民间体育运动项目的基本动作。如学习滚铁环、抽陀螺、荡秋千、跳皮筋、跳绳、踢毽子等项目的基本动作。（掌握运动技能，水平一）

10. 初步掌握基本的安全运动知识和方法，注意运动中的安全。如注意穿着合适的运动服装上课，运动前认真做准备活动，在规定的场地内活动，合理、正确使用体育器材等。（增强安全意识，水平一）

11. 愿意参加新的体育活动和游戏。如愉快地参加新的体育项目和游戏活动。（参与体育学习和锻炼，水平二）

12. 了解一些奥林匹克运动的知识。如知道国际奥委会会旗、奥林匹克格言、每届奥运会的举办城市等。（学习运动知识，水平二）

13. 了解多种运动术语或动作名称的含义。如使用正确的术语描述已经学过的动作，并说出同类动作的不同变化（如投远与投准、跳高与跳远等）。（学习运动知识，水平二）

14. 做出有一定难度的基本身体活动动作。如做出快速的曲线跑、合作跑、持物跑，单、双脚连续向高和向远跳跃，单、双手的投掷和抛物，有速度要求的滑步、攀、爬、钻、滚动、滚翻，有时间要求的悬垂和支撑等身体基本活动动作。（掌握运动技能，水平二）

15. 初步掌握球类运动项目的基本技术。如初步掌握小篮球、软式排球、小足球、羽毛球、乒乓球、短拍网球以及其他适合该水平学生的新兴球类项目的基本技术。（掌握运动技能，水平二）

16. 初步掌握体操类运动的基本动作或技术。如初步掌握有队形的跑步走、齐步走变跑步走、各种队列队形变换，爬绳、爬竿、单杠、双杠、山羊、垫上等体操基本动作，健美操、艺术体操、啦啦操、校园集体舞、民族舞等韵律活动和舞蹈动作。（掌握运动技能，水平二）

17. 初步掌握游泳运动或冰雪类运动的基本技术。如初步掌握蛙泳或者滑冰、滑雪的基本技术，并进行一定距离的动作练习等。（掌握运动技能，水平二）

18. 初步掌握武术类运动的基本动作。如初步掌握武术的基本动作、5～8个简单动作组成的武术套路等。（掌握运动技能，水平二）

19. 初步掌握简单的其他民族民间体育活动项目的基本动作或技术。如初步掌握荡秋千、跳皮筋、跳绳、踢毽子的基本技术以及其他具有锻炼价值的民族民间体育游戏等。（掌握运动技能，水平二）

20. 基本掌握体育活动和日常生活中的安全常识。如基本掌握体育活动中自我保护和相互保护的知识、消除体育活动中安全隐患的方法以及中暑的辨识和预防等知识；在自然灾害（如地震等）发生时听从老师指挥，并做出安全的行动等。（增强安全意识，水平二）

21. 表现出主动规避运动伤害和危险的意识与行为。如在投掷练习中注意观察周围的安全情况。（增强安全意识，水平二）

22. 认识到体育活动是一种有效的积极休息方式并付诸实践。如在学习疲倦时主动参加体育活动等。（参与体育学习和锻炼，水平三）

23. 获得成功的体验并感受体育活动中的乐趣。如体验小篮球、小足球活动中得分时的成功感和乐趣。（体验成功与运动乐趣，水平三）

24. 经常观看现场或电视实况转播的体育比赛。如观看足球、篮球、乒乓球、游泳、体操、武术等运动项目的比赛。（学习运动知识，水平三）

25. 了解多种运动项目的名称及其健身价值。如知道田径运动、球类运动、体操类运

动、水上和冰雪类运动、民族民间体育类活动以及新兴运动项目中一些项目的名称及其健身价值。（学习运动知识，水平三）

26. 基本形成自主学习、合作学习和探究学习的能力，初步掌握科学锻炼的方法。如改进动作质量，改编简单的徒手操或游戏，创编跳绳的方法，合理选择锻炼的时间、场地、运动方法和运动量等。（学习运动知识，水平三）

27. 增加对奥林匹克运动知识的了解。如对现代奥运会的起源与发展、中国在奥运会上获得的主要成绩等方面知识的了解。（学习运动知识，水平三）

28. 完成有较大难度的身体基本活动动作。如完成车轮跑、后蹬跑、背人跑等动作，连续跨步跳、连续纵跳摸高、急行跳远等动作，各种方式的投掷动作，有速度要求的滑步、攀、爬、钻、滚动、滚翻等动作，有时间要求的悬垂和支撑等动作。（掌握运动技能，水平三）

29. 初步掌握球类项目的组合技术。如初步掌握小篮球、软式排球、小足球、羽毛球、乒乓球、短拍网球以及其他新兴球类项目的组合技术。（掌握运动技能，水平三）

30. 初步掌握体操类运动的组合技术。如初步掌握有一定难度的队形变换和队列动作，单杠、双杠、山羊分腿腾跃等器械体操和技巧的组合动作，健美操、街舞、啦啦操、校园集体舞、民族舞等韵律活动或舞蹈的成套动作。（掌握运动技能，水平三）

31. 较好地掌握游泳运动或冰雪类运动的基本技术。如在较好地掌握蛙泳基本技术或者滑冰、滑雪基本技术的基础上，提高相应的速度等。（掌握运动技能，水平三）

32. 较好地掌握简单的武术套路。如较好地掌握少年拳、地方特色拳种、8-10个简单动作组成的武术套路等。（掌握运动技能，水平三）

33. 初步掌握有一定难度的其他民族民间体育活动项目的基本技术。如初步掌握跳竹竿、花样跳绳、抖空竹、踢花毽及其他具有锻炼价值的有一定难度的民族民间体育活动项目与游戏等。（掌握运动技能，水平三）

34. 了解运动损伤的预防与简易处理方法。如初步掌握自我保护和相互保护的基本方法、常见运动损伤（如扭伤、挫伤、擦伤、流鼻血等）的预防与简易处理方法等。（增强安全意识，水平三）

三、模块训练点

“运动知识与运动技能”模块，依据模块主题与课标内容，其训练点主要有：

1. 上好体育课并积极参加课外体育活动。
2. 获得运动的基本知识和体验。
3. 学习基本的身体活动方法。
4. 学习不同运动项目的基本动作。
5. 学习安全运动的有关知识和方法。
7. 学习并丰富奥林匹克运动的有关知识。
8. 体验运动过程并了解动作名称的含义。
9. 掌握有一定难度的身体基本活动方法。
10. 初步掌握不同运动项目的基本技术。
11. 安全地进行体育活动。

12. 初步养成通过体育活动进行积极性休息的习惯。
13. 感受多种体育活动的乐趣。
15. 了解运动项目的知识。
16. 培养体育学习和锻炼的能力。
17. 观看体育比赛。
18. 掌握有较大难度的身体基本活动方法。
19. 初步掌握运动项目的组合技巧。
20. 初步掌握运动损伤的预防与简易处理方法。

四、模块教学案例简析

● **案例五**

跳　绳

执教人：杨卫国

案例 4～6

教材	1. 跳短绳 2. 游戏：冲过封锁线			
课的任务	初步掌握简单的其他民族民间体育活动项目的基本动作或技术。如初步掌握荡秋千、跳皮筋、跳绳、踢毽子的基本技术以及其他具有锻炼价值的民族民间体育游戏等。（掌握运动技能，水平二）			
	课的内容	组织教法与要求	运动量	
			时间（分钟）	强度
准备部分	一、教学常规 集合、整队，报告人数，师生问好，安排见习生，宣布本课内容及要求 二、准备活动 1. 游戏：老鹰抓小鸡 动作要领：略 2. 绳操 第一节：上肢运动 第二节：踢腿运动 第三节：体转运动 第四节：体侧运动 第五节：腹背运动 第六节：跳跃运动	组织：四路纵队 ⊙⊙⊙⊙⊙⊙⊙⊙⊙⊙ ×××××××××× ⊙⊙⊙⊙⊙⊙⊙⊙⊙⊙ ×××××××××× ★ 组织与教法： 1. 讲解游戏方法 2. 师生练习 3. 组织如图 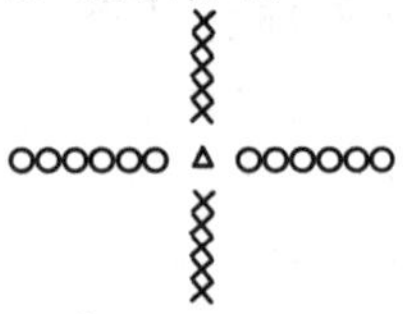 要求： 气氛活跃、教师参与，师生同乐。 教学步骤： 1. 教师讲解示范 2. 学生集体听口令练习 要求： 动作规范，协调一致	10	小 中

<table>
<tr>
<td>基本部分</td>
<td>一、学习跳短绳
1. 辅助练习：跳绳舞
音乐：《小号手之歌》

2. 跳短绳
动作要领：两手握绳的两端，将绳向上、向前抡起，当绳即将落地前的一瞬间双脚起跳，绳从两脚下抡转过去，两手臂不停顿继续向后、向上、向前抡绳，绳接近地面的瞬间双脚继续跳起，连续做数次。
重点：跳绳动作的连贯性
难点：脚过绳的时机

二、拓展：花样跳绳
学生自我创新各种花样跳绳

三、游戏：冲过封锁线
方法：四路纵队，两路为一组，双手拿绳成封锁网，最后一对结伴穿过后站在最前面继续拉网以最先完成任务为胜</td>
<td>组织：
⊙⊙⊙⊙⊙⊙⊙⊙⊙⊙⊙
×××××××××××
⊙⊙⊙⊙⊙⊙⊙⊙⊙⊙⊙
×××××××××××
★
教学步骤：
1. 组织队形如上图
2. 动作教学
3. 配音练习
要求：活泼，有节奏感。
教学步骤：
1. 组织队形同上
2. 持绳练习
（1）1、3、5 多个跳绳练习。
（2）分组练习。
（3）集体 10 秒钟跳绳练习。
（4）分组 30 秒计数练习。
（5）1 分钟跳绳练习。
要求：学生动作协调，教师巡回检查，及时纠正错误动作。
组织：自由队形。
教法：
1. 自己创新
2. 师生展示
要求：
创新玩法、积极投入、注意安全。
教学步骤：
1. 讲解游戏方法
2. 学生示范
3. 分组比赛 2～3 次
要求：团结协作，积极配合</td>
<td>25</td>
<td>大</td>
</tr>
<tr>
<td>结束部分</td>
<td>一、放松舞蹈
“虫儿飞”

二、讲评小结，布置作业</td>
<td>教法：
教师领做（配音乐）
要求：
轻松、自然、舞姿优美
激励表扬，布置作业，启发学生经常利用小器械进行健身，提高身体素质，预防“各种疾病”</td>
<td>5</td>
<td>小</td>
</tr>
<tr>
<td>器材</td>
<td colspan="4">短绳 41 根　录音机一台</td>
</tr>
</table>

● **主题来源：**

小学体育三年级跳绳。

● **案例来源：**

湖南省吉首大学师范学院附属小学杨卫国老师编创。

● **案例教学模式：**

体验式教学模式。

● **案例教学方法：**

讲授法、练习法。

● **案例简析：**

本案例是“参与体育学习和锻炼”模块中的主题内容，体现了 34 条课标内容中的（19）初步掌握简单的其他民族民间体育活动项目的基本动作或技术。如初步掌握荡秋千、跳皮筋、跳绳、踢毽子的基本技术以及其他具有锻炼价值的民族民间体育游戏等。（掌握运动技能，水平二）。围绕 20 大训练点，（4）学习不同运动项目的基本动作，（13）感受多种体育活动的乐趣，进行体育教育训练。

本案例以“健康第一”为指导思想，以促进学生身心发展及兴趣爱好为出发点，运用自主、合作、探究等学习方式，培养学生的创新意识与实践能力，充分体现学生的主体地位。让学生在自主、互动、尝试和体验的过程中获得参与体育活动的乐趣，从而在体育学习中增进学生之间的交流，共同感受体育运动所带来的快乐，为学生能很好地完成教学目标打下良好的基础。跳绳是水平一教材的重要内容，占有相当的比例，在以后很长的一段教学时间里也占有十分重要的地位。三四年级学生的年龄为 9、10 岁左右，该年龄段的学生正处在生长期，他们善于模仿，富于想象，有很强的求知欲和表现欲。从本年级学生的具体情况看，他们在以往的学习中，积极性高，参与意识强，对各项运动的基本动作要领掌握比较快。所以，本节课的教学，要注重运用模仿、游戏等多种方法，营造和谐愉快的课堂氛围，激发学生的学习兴趣和积极参与的意识，以达到教法和学法的有机统一，完成既定的教学目标。

● **案例六：**

案例 4～6

途中跑①

执教人：杨卫国

人数：40 人

教材内容	1. 途中跑　　　　2. 击鼓接力游戏
教学目标	1. 通过本课教学，使 90%左右的学生能够体会快速跑中的直线跑动并且掌握步频，步长的相对均衡的技术。发展学生跑的能力 2. 在教学中、采用游戏、分组、竞赛等练习方式来完成本课教学目标 3. 培养学生对体育活动的兴趣及刻苦顽强、互助团结的品质

① 小学体育二年级水平一。

续表

重点	体会直线跑的动作			
难点	步频和步长相结合的技术			
课的结构	教学内容及教法	学生组织形式与要求	次数	时间（分钟）
开始热身	1. 教学常规 2. 激发热情 3. 队列练习 4. 热身活动（自编啦啦操） 5. 跑的专门性练习 ①原地摆臂 ②原地高抬腿 ③原地快速点地 教法： 1. 整队，师生问好，宣布本课内容 2. 引导学生激发热情练习 3. 组织学生队列练习	学法： 1. 学生成四列横队，明确学习内容 2. 在老师口令的引导下，认真做好队列练习 3. 认真领会老师要求，积极进行热身活动 组织：四列横队（如下图） ○○○○○○○○○ ○○○○○○○○○ ××××××××× ××××××××× △ 教师 要求：遵守纪律，认真练习，活动充分		3′ 3′
课的结构	教学内容及教法	学生组织形式与要求	次数	时间（分钟）
学习提高	一、快速跑 动作方法：上体正直或前倾，眼看前方；用前脚掌着地，两脚尖向前，后蹬充分；两臂屈肘自然先后摆动。 教法： 1. 请两个学生出来进行比赛，设问：“哪个同学跑得快？”引导学生说出直线跑比S型跑快的原因。示范正确的直线跑的动作，组织学生短距离快速跑练习 2. 每组挑选一个学生与教师进行比赛，提出问题：“为什么老师比他们跑得快？”引导学生说出步频和步长的原因。利用鼓声提高学生步频的练习 3. 利用胸前贴纸跑的分组练习，体会在跑的过程中，步频和步长要相结合才能达到快速的效果。最后组织学生贴报纸快速跑练习1～2次	学法： 1. 观看两同学快速跑，说出答案 2. 学习教师正确示范动作，进行一定长度的跑动练习 组织：XXXXXXXXXXX XXXXXXXXXXX XXXXXXXXXXX XXXXXXXXXXX △ 3. 按节奏做原地和沿直线跑的练习 4. 体会胸前贴报纸沿直线跑的动作 要求： 1. 认真练习 2. 动作快速，体会动作	2 3—4 3—4	4′—5′ 4′—5′ 4′—5′

续表

课的结构	教学内容及教法	学生组织形式与要求	次数	时间（分钟）
学习提高	二、游戏：击鼓接力 游戏方法：将学生分成4组，每组第一位同学手拿鼓棒，听哨音跑向本组的鼓并敲响鼓后迅速转身跑回起点，将鼓棒传给下一位同学，直到最后一名同学跑回起点，那组先到者为胜利方。 教法： 1. 讲解游戏方法和规则 2. 组织游戏与竞赛 3. 监督、评价	学法： 1. 了解游戏方法与规则 2. 进行游戏和比赛 3. 共同评价，感受比赛 组织： 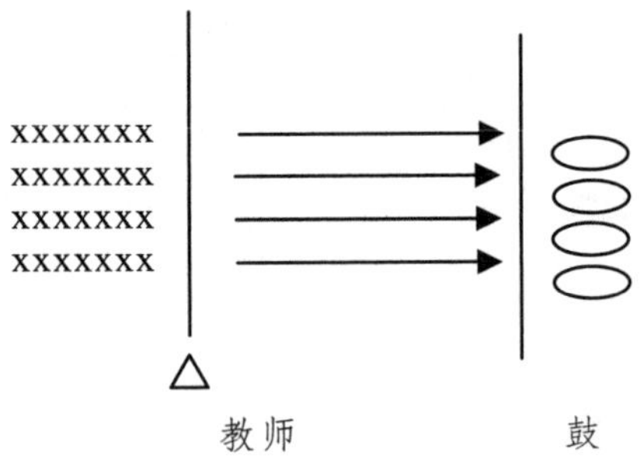 要求：学生积极参加比赛，遵守游戏规则	1|2	8′ | 9′
课的结构	教学内容及教法	学生组织形式与要求	次数	时间
恢复身心	一、放松 带领学生做放松动作，充分拉伸肌肉。 二、小结 三、回收器材、下课	组织：四列横队（如下图） ○○○○○○○○ ○○○○○○○○ ×××××××× ×××××××× △ 教师 要求：模仿教师动作、充分放松身体		5′
场地器材	运动场、报纸、鼓、标志物	练习密度预计	35%～40%	

● **主题来源：**

小学体育二年级途中跑。

● **案例来源：**

湖南省吉首大学师范学院附属小学杨卫国教师创编。

● **案例教学模式：**

体验式教学模式。

● **案例教学方法：**

练习法、讲授法、演示法。

● **案例简析：**

本案例是“参与体育学习和锻炼”模块中的主题内容，体现了课标要求：“3. 体验运动过程并初步了解运动现象。如体验速度、节奏、力量、方向等运动现象。”“4. 能够做出正确的基本身体活动动作。如做出各种形式的跑、跳、投、抛、攀、爬、钻、滚动、悬垂和支撑等动作。”围绕 8 大训练点让学生获得运动的基本知识和体验，学习基本的身体活动方法，学习不同运动项目的基本动作，感受多种体育活动的乐趣。

在设计本课教学内容时，充分考虑学生已掌握的运动技能和身体素质，以及接受能力和学习兴趣，将学习技能和参与游戏融为一体。在快速跑练习中，学生的兴趣很高，能够按照前后摆臂的动作要领来完成练习，特别是距离跑活动，每个学生对自己都充满了信心。学生不甘示弱，练习得比较投入。每组挑选一个学生出来与教师进行比赛时，提出问题：“为什么老师比他们跑得快？”引导学生说出步频和步长的原因。利用鼓声提高学生步频的练习；再利用胸前贴纸跑的分组练习，体会在跑的过程中，步频和步长要相结合才能达到快速的效果；最后组织学生贴报纸快速跑练习 1-2 次。教学中只有采用灵活多样的教法吸引学生，以新课程要求来对待学生，善待调皮学生，才能使得学生积极地投入到课堂中。

第六节　身心健康与社会适应

教学内容提示：

（一）掌握基本保健知识和方法
（二）塑造良好体形和身体姿态
（三）全面发展体能与健身能力
（四）提高适应自然环境的能力
（五）培养坚强的意志品质
（六）学会调控情绪的方法
（七）形成合作意识与能力
（八）具有良好的体育道德

一、模块主题内容

二、模块课标要求

1. 初步了解饮食、用眼、口腔卫生等个人卫生常识。如按时进餐，不挑食、不偏食，知道牛奶等食物的作用；按要求做眼保健操；知道正确的刷牙方法；不乱扔果皮纸屑，不随地吐痰；饭前便后洗手，勤洗澡、勤换衣等。（掌握基本保健知识和方法，水平一）

2. 认识正确的身体姿态。如指出正确的坐、立、行姿态等。（塑造良好体形和身体姿态，水平一）

3. 在日常生活和运动中注意保持正确的身体姿态。如注意保持正确的坐、立、行姿态和读写姿势等。（塑造良好体形和身体姿态，水平一）

4. 完成多种柔韧性练习。如完成横劈叉、纵劈叉、下桥、握杆转肩、跪坐后躺下、坐位体前屈和立位体前屈握脚踝等柔韧性练习。（全面发展体能与健身能力，水平一）

5. 完成多种灵敏性练习。如完成 8 字跑、绕竿跑等灵敏性练习。（全面发展体能与健身能力，水平一）

6. 乐于参加户外运动。如假期与家人一起进行户外运动等。（提高适应自然环境的能力，水平一）

7. 认真完成体育学习和锻炼任务。如按要求努力完成教师在课堂上布置的体育学习任务等。（培养坚强的意志品质，水平一）

8. 体验体育活动中的情绪变化。如体验体育活动前后情绪变化的感受等。（学会调控情绪的方法，水平一）

9. 在新的合作环境中愉快地进行体育活动和游戏。如在重新分组后很快地和新伙伴一起愉快地活动。（形成合作意识与能力，水平一）

10. 在体育活动中表现出对同学的关心与爱护，乐于帮助同学。如当同学在体育学习中遇到困难或需要保护时能够主动提供帮助。（具有良好的体育道德，水平一）

11. 知道运动系统的基本构成。如知道有关肌肉、骨骼、关节等方面的知识。（掌握基本保健知识和方法，水平二）

12. 知道人体所需主要营养素的作用。如知道脂肪、蛋白质、糖对身体发育的主要作用等。（掌握基本保健知识和方法，水平二）

13. 注意保持良好的体形，矫正不正确的身体姿态。如初步了解身高体重的合理比例及其重要性、合理膳食和体育锻炼对改善体形的作用；自我矫正和督促同伴矫正不正确的身体姿态等。（塑造良好体形和身体姿态，水平二）

14. 了解体能的构成。如了解心肺耐力、力量、柔韧性、身体成分、速度、灵敏性等体能。（全面发展体能与健身能力，水平二）

15. 通过多种练习发展柔韧性。如通过横劈叉、纵劈叉、仰卧推起成桥、握杆转肩、跪坐后躺下、立位体前屈握脚踝等练习发展柔韧性。（全面发展体能与健身能力，水平二）

16. 通过多种练习发展灵敏性。如通过十字象限跳、绕竿跑等练习发展灵敏性。（全面发展体能与健身能力，水平二）

17. 通过多种练习发展力量。如通过立卧撑、纵跳摸高、斜身引体和各种悬垂等练习发展力量。（全面发展体能与健身能力，水平二）

18. 通过多种练习发展速度。如通过 50 米跑、快速仰卧起坐、15 秒快速跳绳等练习发展速度。（全面发展体能与健身能力，水平二）

19. 适应寒暑、燥湿等气候变化。如在夏天、冬天或其他气候变化较大时主动参加体育活动等。（提高适应自然环境的能力，水平二）

20. 坚持完成有一定困难的体育活动。如在较长时间有氧练习中坚持完成任务。（培养坚强的意志品质，水平二）

21. 在体育活动中保持高昂的情绪。如在耐久跑、小篮球比赛等活动中排除干扰，情绪饱满。(学会调控情绪的方法，水平二)

22. 在体育活动中主动与同伴进行交流与合作。如乐于与同伴共同参加并完成体育活动等。(形成合作意识与能力，水平二)

23. 初步了解体育道德，并注意规范自己的体育行为。如在体育活动中做到文明用语、讲礼貌、遵守规则等。(具有良好的体育道德，水平二)

24. 在日常生活中表现出基本的卫生保健行为。如不吸烟、不喝酒；能够辨别食物是否新鲜，并知道预防食物中毒的简单知识等。(掌握基本保健知识和方法，水平三)

25. 知道青春期的身体特征和机能变化。如女生知道乳房的发育、月经初潮和经期卫生，男生知道遗精出现的意义。(掌握基本保健知识和方法，水平三)

26. 知道营养对生长发育和身体健康的重要影响。如知道营养不合理会导致肥胖、瘦弱、发育不良和某些疾病等。(掌握基本保健知识和方法，水平三)

27. 知道与体育锻炼有关的青春期保健常识。如女生知道经期体育锻炼的注意事项等。(掌握基本保健知识和方法，水平三)

28. 初步了解不同的身体姿态所代表的礼节意义，并保持良好的身体姿态。如区别不同身体姿态所表达的尊重、谦虚、亲近、傲慢、粗野等含义。(塑造良好体形和身体姿态，水平三)

29. 通过多种练习提高灵敏性。如通过十字象限跳、8字跑、三点移动、绕竿跑等练习提高灵敏性。(全面发展体能与健身能力，水平三)

30. 通过多种练习提高力量水平。如通过俯卧撑、立卧撑、纵跳摸高、引体向上、举哑铃等练习提高力量水平。(全面发展体能与健身能力，水平三)

31. 通过多种练习提高速度水平。如通过50米跑、快速仰卧起坐、15秒快速跳绳等练习提高速度水平。(全面发展体能与健身能力，水平三)

32. 通过多种练习发展心肺耐力。如通过50米×8往返跑、定时有氧跑、校园定向越野比赛等练习发展心肺耐力。(全面发展体能与健身能力，水平三)

33. 在比较困难的体育活动中表现出自信和克服困难的勇气。如克服运动中的“极点”反应，在比赛或练习遭遇挫折后继续努力等。(培养坚强的意志品质，水平三)

34. 正确认识自己及他人的身体条件和运动能力，并对自己充满信心。如不会因为运动技能、身体条件等方面与他人有差异而感到骄傲、自卑或放弃努力等。(培养坚强的意志品质，水平三)

35. 在体育活动中遇到挫折时注意控制自己的情绪，表现出自制能力。如比赛失利时不消极、不气馁、不讽刺对方，采用自我激励等方法控制焦虑、烦躁等不良情绪。(学会调控情绪的方法，水平三)

36. 乐意融入团队体育活动并完成自己的任务。如在小足球、接力跑、合作跑等练习中扮演好自己的角色等。(形成合作意识与能力，水平三)

37. 对体育道德具有一定的认识并能努力实践。如表现出胜不骄、败不馁，尊重同伴，尊重对手，尊重裁判等道德行为。(具有良好的体育道德，水平三)

三、模块训练点

1. 初步了解个人卫生保健知识。
2. 注意保持正确的身体姿态。
3. 初步发展柔韧性和灵敏性。
4. 发展户外运动能力。
5. 努力完成当前的学习任务。
6. 体验体育活动对情绪的积极影响。
7. 在体育活动中适应新的合作环境。
8. 在体育活动中爱护和帮助同学。
9. 初步了解人体运动系统。
10. 初步了解个人卫生保健知识。
11. 注意保持正确的身体姿态。
12. 发展户外运动能力。
13. 努力完成当前的学习任务。
14. 体验体育活动对情绪的积极影响。
15. 在体育活动中适应新的合作环境。
16. 在体育活动中爱护和帮助同学。
17. 初步了解人体所需的主要营养素。
18. 改善体形和身体姿态。
19. 发展柔韧性、灵敏性、力量和速度。
20. 增强适应气候变化的能力。
21. 在有一定困难的体育学习和锻炼中坚持完成任务。
22. 在体育活动中保持积极稳定的情绪。
23. 在体育活动中乐于交流与合作。
24. 遵守运动规则并初步自我规范体育行为。
25. 知道青春期卫生保健知识。
26. 提高灵敏性、力量、速度和心肺耐力。
27. 在体育活动中表现出克服困难的意志品质。
28. 正确认识和对待身体条件和运动能力的差异。
29. 在体育活动中注意调节自己的情绪。
30. 在团队体育活动中能较好地履行自己的职责。
31. 形成良好的体育道德意识和行为。
32. 在体育活动中尊重弱者。

四、模块教学案例简析

● 案例七

案例 7～10

梦想初体验

执教人：杨丽萍

（一）活动目标

1. 通过网络视频、教师自我经历等让学生初步了解梦想，通过冥想，初步探索自己的职业理想。

2. 通过一系列互动、体验、讨论、分享，让学生了解自己梦想，用自己喜欢的方式把梦想可视化。

3. 积极面对自己的梦想，乐于追求心中的目标。

活动对象：六年级学生。

重点：体验感受职业梦想。

难点：未来目标的可视化。

活动准备：PPT、便利贴、梦想记录单、学生自备彩笔及笔。

（二）活动过程

热身活动：看图猜职业。

教师通过 PPT 快闪各种人物图片，同学们猜职业，同时为接下来即将感受的职业梦想做铺垫。

教师导语：同学们好，今天特别高兴和大家一起上心理健康活动课，首先，我们来做一个猜一猜的活动，根据 PPT 上出示的人物图片，你认为他们从事的是什么职业呢？

教师导语：同学们刚才说了那么多的职业，想象力特别丰富，除了刚才说的，你还知道哪些职业？

（三）导入主题

通过马云演讲视频《我有一个梦想》及教师本人的梦想成真现实引入职业梦想的主题。

教师导语：刚才讲到的职业中，有没有哪个是你将来的职业梦想呢？今天，我们就一起来初体验自己的梦想，现在我想分享给大家一个演讲视频，同学们看完后告诉我演讲的人是谁？他的梦想是什么？

（播放马云演讲视频《我有一个梦想》）

教师导语：再来看看照片中这个小女孩，你们知道她是谁吗？

（出示教师本人小时候的照片）

教师：对，我就是这个照片中的女孩。小时候我和弟弟跟着父亲生活在一个村小，我的梦想是成为像我父亲那样优秀的老师，而现在的我正是一名优秀的老师。

（四）主题活动

活动一：分享梦想。

教师导语：是呀，马云的梦想是创建中国第一个网络平台，他实现了自己的梦想。杨老师的梦想是当一名老师，我实现了自己的梦想。同学们也有自己的梦想吗？

学生回答：有/没有。

教师导语：有梦想的和小组成员分享梦想，没有也没关系，倾听的同时也可以尝试着想一下自己的梦想。给同学们两分钟时间小组交流你的梦想，写在便签纸上。并且每个同学分享完后，你们小组成员用统一的方式给予这位同学鼓励，为梦想助力。我讲清楚了吗？

教师导语：时间到，谁愿意分享一下你的梦想？

学生：我的梦想是当一名老师/律师……

（小组成员此刻给予发言的孩子们积极鼓励）

教师总结：真的是群英荟萃，各种人才都齐聚在一起了，真羡慕你们的老师，能教你们真幸福。为敢想敢表达的你们再一次鼓掌，各小组的一号组员把你们组同学的梦想贴在黑板上的心里面。

活动二：乘坐时光隧道机。

教师运用冥想技术带领孩子们感受二十年后梦想实现的生活场景，进一步体验梦想。课堂升华。

教师导语：同学们，十几年之前，你们都是襁褓中的婴儿，十几年后，你们在这里学习，那二十年后会怎样？你们将会在哪里？那时的你们三十多岁，风华正茂，你们可能从事什么职业？你的梦想实现了吗？我们一起来乘坐时光隧道机，看一看二十年后的你们的生活情景是怎么样的。

等会同学们需要闭上眼睛，找一个最舒服的姿势安静地倾听，尽量不要发出声音，音乐响起跟着老师一起去感受，如果有任何的不适，可以随时终止，要尽量地放松。准备好了吗？

播放音乐，教师：请同学们闭上眼睛，尽量跟老师的声音一步一步地去做，不要给自己压力，跟着感觉走。首先选择一个自己认为放松、舒服的姿势坐好。可以趴着、靠着调整你的呼吸。把气吐完，慢慢地吸气，再慢慢地吐气。将身体慢慢地放松、放松，感觉你的身体已经非常放松，慢慢地调整你的呼吸，清空头脑中的一切事物，我们一起坐上时光隧道机，来到二十年后的2039年。算一算你多少岁了？容貌有变化吗？现在你正躺在家里卧室的床上，这时候是清晨，你从睡梦中醒来，先看到卧室里的天花板，它是什么颜色？接着你下床，用脚趾感受一下地板，慢慢走到衣柜前面准备换衣服，今天你要穿什么样式的衣服上班？穿好衣服，你走出去然后准备关上家门，再回头看一下你的家，它是一栋什么样的房子？然后你将搭乘什么样的交通工具上班？你进入工作的地方，同事们怎么称呼你？你的工作内容是什么？跟哪些人一起工作？上午的工作很快就结束了，下午你即将参加一个盛大的颁奖典礼，颁奖内容是关于你做出的最有成就的一件事。回想一下你人生中的哪件事让你荣获最具成就奖？颁奖典礼结束后，你回家和家人一起吃庆祝晚宴，餐桌上有哪些人？你都和谁分享了你今天的获奖感受？说了些什么？回想一天的生活，你满意吗？过得愉快吗？是不是要许一个愿，是什么样的愿望呢？你很满足地进入梦乡，睡吧。一分钟后，我会叫醒你。我们慢慢地回到这里，你现在的位置不是在床上，而是在学校里，在教室里。现在我从十开始倒数，数到零你就睁开眼睛，十……睁开眼睛，你慢慢地醒过来，活动一下四肢，坐好。

教师：好了，同学们，此刻，听到我的声音请拍一下掌，拍两下，拍三下。

活动三：我的梦想记录单。

1. 完成梦想记录单。

教师导语：刚才我们跟着时光隧道机进入了未来二十年，每个人的脑海中都出现了一幅幅美好的画面，是吧？那么接下来，咱们打开桌面的梦想记录单，可以以文字形式，也可以以绘画形式，把未来二十年，你的工作和生活情景再现出来。

梦想记录单内容——

我看到天花板的颜色是：

我穿的衣服样式是：

我住的房子是：

我乘坐的交通工具是：

我的工作地点是：

同事们称呼我为：

我的工作内容是：

让我获成就奖的事情是：

和我一起吃晚餐的人是：

我分别和________________分享了我的获奖感受。

我说：

（学生写的过程中运用同频技术展示给台下老师们）

2. 分享梦想规划书。

教师导语：请同学们来讲台前分享你的梦想记录单，每组至少一个同学，谁先来？（分享过程中用积极心理学激励孩子们）

活动四：演唱歌曲《我的梦》。

教师总结：聆听了同学们的梦想记录单，我似乎看到你们将来都成为自己想要成为的样子，在各自的行业里为社会做出自己的贡献。现在你们把各自的梦想记录单折叠成一个纸飞机，把在六年级这个阶段的梦想放在某个地方珍藏起来，分享给你们一首华为的主题曲：《我的梦》。

梦想有大有小，梦想也可能随着年龄的变化而变化，就像马云，前几天网上看到他的另一篇演讲，此刻他的梦想是成为一名教师。不管怎样，愿六年级的你们保持积极的心态，拥有健康的身心，愿你们心中时刻有梦，敢于追梦，梦想成真。

（五）板书

我的梦想

● **主题来源：**

小学心理健康六年级。

● **案例来源：**

湖南省吉首市谷韵小学杨丽萍老师编创。

● **案例简析：**

根据新高考理念，在小学开展职业规划初步探索，了解自己的职业理想是小学心理健康教育活动重要的内容。六年级学生即将升入初中，首先和学生一起确定梦想，通过一系列互动、体验、讨论、分享，让学生在了解自己梦想的基础上，应用积极心理鼓励学生为了心中的理想，朝着目标努力。这对于他们的学习规划、自我成长有很重要的意义。

第七节　造型-表现与设计-应用

教学内容提示：

（一）体验造型活动的乐趣

（二）激发丰富的想象力与创造愿望

（三）发展美术构思与创作的能力

（四）体验设计制作活动的乐趣

（五）感受设计制作与其他美术活动的区别

（六）进行简单的设计装饰

一、模块主题内容

二、模块课标要求

1. 尝试不同工具，用纸以及容易找到的各种媒材，通过看看、画画、做做等方法，大胆、自由地表现所见所闻、所感所想，体验造型活动的乐趣。（“造型-表现”学习领域，1～2年级）

2. 观察身边的用品，初步了解形状与用途的关系。尝试不同工具，用身边容易找到的各种媒材，进行简单组合和装饰，体验设计和制作活动的乐趣。（“设计-应用”学习领域，1～2年级）

3. 观赏自然景物和学生感兴趣的美术作品，用简短的话语大胆表达感受。（“欣赏-评述”学习领域，1～2年级）

4. 采用造型游戏的方式，或以造型游戏与语文、音乐等学科内容相结合的方式，进行无主题或有主题的想象、创作和展示。（“综合-探索”学习领域，1～2年级）

5. 初步认识线条、形状、色彩与肌理等造型元素，学习使用各种工具，体验不同媒材的效果，通过观察、绘画、制作等方法表现所见所闻、所感所想，激发丰富的想象，唤起创造的欲望。（“造型-表现”学习领域，3～4年级）

6. 尝试从形状与用途的关系，认识设计和工艺的造型、色彩、媒材，学习对比与和谐、对称与均衡等形式原理，甩手绘草图或立体制作的方法表现设计构想，感受设计和工艺与其他美术活动的区别。（“设计-应用”学习领域，3～4年级）

7. 欣赏符合学生认知水平的中外美术作品，用语言或文字等多种形式描述作品，表达感受与认识。（“欣赏-评述”学习领域，3～4年级）

8. 采用造型游戏的方式，结合语文、音乐、品德与社会、科学等学科内容，进行美术创作与展示，并发表创作意图。（“综合-探索”学习领域，3～4年级）

9. 运用线条、形状、色彩、肌理和空同等造型元素，以描绘和立体造型的方法，选择合适的工具、媒材，记录与表现所见所回、所感所想，发展美术构思与创作的能力，表达思想与情感。（“造型-表现”学习领域，5～6年级）

10. 从形态与功能的关系，认识设计和工艺的造型、色彩、媒材。运用对比与和谐、对称与均衡、节奏与韵律等形式原理以及各种材料、制作方法，设计和装饰各种图形与物品，改善环境与生活，并与他人交流设计意图。（“设计-应用”学习期域，5～6年级）

11. 欣赏中外优秀美术作品，了解有代表性的美术家。通过描述、分析与讨论，用简单的美术术语对美术作品的内容与形式进行分析，表达对美术作品的感受与理解。（“欣赏-评述”学习领域，5～6年级）

12. 结合1～6年级其他学科的知识、技能以及学校和社区的活动，用多种美术媒材进行策划、创作与展示，体会美术与生活环境、美术与传统文化的关系。（“综合-探索”学习领域，5～6年级）

三、模块训练点

1. 尝试用不同的工具，大胆地把所见所闻、所感所想的事物表现出来。
2. 初步认识形、色与肌理等美术语言，体验不同媒材的效果。
3. 用描绘和立体造型的方法发展美术构思与创作能力。
4. 用身边容易找到的各种媒材进行简单的组合与装饰。
5. 运用对比与和谐、对唱与均衡、节奏与韵律等组合原理进行设计和装饰。
6. 运用教材激发学生的想象力、创造力

四、模块教学案例简析

● **案例八**

案例7～10

星空的联想①

执教人：袁吉

（一）教学目标

1. 通过学生课前查询资料了解宇宙星空的特点，相互交流启发想象，通过欣赏一些

①《义务教育教科书·音乐》（人教版）三年级上册。

科幻片，开拓学生思路。

2. 指导学生用刮蜡的绘画技法和表现形式，创作出富有个性特点和形式感的星空图。

（二）教学重难点

重点：引导学生积极动脑，大胆想象，积极创作。

难点：大胆想象与构思，用点、线、面表现形式进行创作，掌握刮蜡的作画技法。

（三）教学准备

学生：小木棒、刮画纸等。

教师：刮画纸、小木棒，课件等。

（四）课堂教学

1. 音乐激趣，谈话导入。

（1）放《小星星》旋律，师：这么熟悉的旋律，大家一起唱吧。

（2）大家知道它们住在什么地方？（星空）美丽的星空总让人充满幻想，激起人们无限探索欲望，宇宙中除了这些星星外还有其他星球吗？那么它们会发生什么样故事？今天我们就来插上想象的翅膀，想象星空到底是什么样子的？（出示课题）

（3）说说你对星空的了解。（学生展示）

（4）怎样才能到太空去呢？（火箭、飞船等）

2. 欣赏作品，引发联想。

（1）从古到今，人类对星空的联想是永无止境的，请看图片。（课件出示“马王堆汉墓帛画”图片）同学们请看大屏幕，知道它吗？对，在西汉时期人们就想象天空中有很多美丽的景象。请大家仔细看看当时人们都描绘了什么呢？

生：回答。

是啊，人们梦想着有龙在空中飞翔，有鸟儿在月亮上唱歌。

（2）课件出示一幅敦煌壁画：这是唐朝的敦煌壁画，你能看出它表现的是什么吗？

古时候的人们认为天上住着很多神仙，你们看，他们用优美的线条和绚丽的色彩把神仙刻画得栩栩如生。从中我们可以感受到古时候的人们向往富足安逸的美好生活。

（3）课件出示米罗的作品《星空》，你们再看这一幅表现星空的作品，画面上有什么？（蓝色的地球，一些小星球等等）

（简介作品：这是西班牙的画家米罗用点、线、面的形式把自己对星空的联想表现出来了。他的这种风格比较儿童化，深受小朋友的喜欢）

（4）课件同时展示两幅作品，引导学生在对比中进一步感受。

刚才欣赏了表现星空的两幅绘画作品，从中我们不难发现对同一内容的表现，不同的时代、不同的作家，绘画的风格、造型的特点也不相同。

（5）老师今天还带来了许多同学的作品，想不想看他们对星空的联想？

欣赏了同伴的作品，有没有发现他们绘画材料和平时我们作画时有什么不同？我们也结合自己已有的知识，想一想在神秘的星空中还居住着哪些意想不到的成员？还会出现哪些不可思议的现象？（先在小组中说一说，让学生站起来说一说）

3. 讨论刮蜡纸。

（1）学习新的绘画技法作画叫刮蜡画。同学们，拿出事先做好的蜡纸。教师介绍蜡纸的特点以及应该怎样使用蜡纸进行创作。

（2）教师演示刮蜡绘制技法，进行刮刻，要求形象清晰明白。刮蜡时，力度要适中，不能太重，也不能太轻。设计制作一张星空图。

（3）鼓励学生打破常规，大胆创意，教师指导。

4. 制作活动。

（1）鼓励学生选用自己喜欢的工具进行创作。

（2）通过大胆的想象与构思，用点，线，面表现形式创作一幅较有新意的画面。在作业过程中，鼓励学生打破常规的构思，描述自己在星空的形象与动态，肯定学生自由的作品设计和创意的表现。

（3）展出作品，让学生根据自己想象与构思进行交流。

师小结：在浩瀚的宇宙中，有许多未知的世界，让我们展开想象的翅膀遨游在神秘的星空中。

5. 收拾和整理。

要求学生整理桌面、地面，保持教室环境整洁。

6. 课后拓展。

积极指导学生探索宇宙的奥秘，拓展学生的知识面，并运用科技知识更好地培养学生发现美、表现美的能力。

7. 板书设计。

星空的联想
刮蜡画

● **主题来源：**

人民教育出版社《美术》（三年级上册）小学教材“造型表现”。

● **案例来源：**

本案例由湖南省吉首市乾城德雅小学袁吉教师创编。

● **案例教学模式：**

体验式教学模式。

● **案例教学方法：**

演示法、讨论法、练习法。

● **案例简析：**

本案例是“造型-表现与设计-应用”模块中的主题内容，体现了 28 条课标内容中的“5.初步认识线条、形状、色彩与肌理等造型元素，学习使用各种工具，体验不同媒材的效果，通过观察、绘画、制作等方法表现所见所闻、所感所想，激发丰富的想象，唤起创造的欲望。”围绕 8 大训练点，尝试用不同的工具，大胆地把所见所闻所感所想的事物表现出来。

本案例属于造型表现学习领域的教学，主题画教学中的记忆画和想象画是发展学生思维，培养学生想象力的最好的训练手段。《星空的联想》是关于宇宙星空的想象画。要使学生画好星空的联想图应该从他们的兴趣出发，在了解浅显的宇宙知识的基础上，拓宽思路，以非凡的想象力把关于星空的幻想的情景用画笔描绘出来，同时，本课的学习也为后面的想象画课奠定了一定的基础。通过观看星空的电子资料和讨论自己对星空的幻想，激发学生科学探究的兴趣，通过刮蜡制作的过程，锻炼学生的协调能力和认真仔细的学习态度。

● **案例九**

案例 7～10

夸张的脸①

执教人：刘克江

（一）教学目标

1. 学生通过欣赏、分析书中雕塑作品及湘西傩面具，了解其文化内涵，感受艺术夸张手法在作品中的运用所带给人的视觉冲击力，激发学生创作兴趣。

2. 运用泥塑泥板成形，报纸辅助，通过揉、压、捏、搓、贴、刻画等简单技法，制作自己喜欢、造型夸张、具有半立体感脸的造型，提高学生动手造型能力，体验泥塑造型的艺术魅力及乐趣。

（二）教学重点与难点

教学重点：运用泥板成形，报纸辅助隆起的方法，夸张地表现出自己喜欢的、具有半立体感的脸部造型。

教学难点：泥塑中艺术夸张地表现脸部五官特征及其神态。

（三）教学准备

教具：陶泥、垫布、泥塑小工具、多媒体课件等。

学具：陶泥、垫布、泥塑小工具等。

（四）教学过程

上一节课我们画了喜、怒、哀、乐人物的表情，这节课我们用泥塑的方法来制作一张夸张的脸。

1. 欣赏（3 幅书中的雕塑作品）。

头像（尼日利亚）：表现的非洲妇女的形象，眼睛大，脸鼓，脖子上的装饰戴到了嘴唇，运用了夸张的表现手法，使作品更生动、更美、更有艺术感。

北方多闻天王（明代）：这个雕塑给你什么样的感受？眼睛瞪了起来，粗大的眉毛往上翘，看起来特别威严。

青铜人物头像（商代）：眼睛大、耳朵大，宽嘴巴，五官造型极为夸张，被人们俗称为“千里眼、顺风耳”。这样的造型在全世界都是独一无二的！

湘西傩面具：古代的时候，人类科技、医学都不发达，人们碰到很多自然灾害、疾病，是没办法对付的。为了寻求一种庇护与心灵安慰，人们就想象制作出各种神灵面具，人戴上面具就变成各种神灵的样子，以求神灵保佑健康、平安，祈求风调雨顺、国泰民安。慢慢地，这形成了一种独特的傩文化，现在更多是一种承载民族记忆的文化保护与艺术欣赏价值。

傩面具——开路先锋：开路神，头上长角、嘴吐獠牙、暴珠竖眉等；仙锋小姐：头戴凤冠，柳眉凤眼，樱桃小嘴，大家闺秀的气质；唐氏太婆：抓住了老婆婆满脸皱纹，牙齿残缺，和善慈祥，笑容可掬的特征。这些造型各异的傩面具都运用了夸张的表现手法对五官表情进行刻画，有些还把人与兽相结合。各种各样造型夸张的傩面具表现着不同的人物角色，使傩面具充满神秘感与无穷的艺术魅力。

---

①《义务教育教科书 · 美术》（人教版）五年级下册。

2. 制作方法、步骤。

接下来我们一起用泥塑的方法制作一张夸张的脸，要用到这些工具材料：垫布、陶泥、擀面杖、泥塑小工具、废旧报纸。

教师在投影仪下示范，边示范边讲解要领及方法。把自己喜欢的夸张的脸的外形及五官通过压、捏、搓、粘贴、刻画等简单的陶艺技法，塑造出自己喜欢的夸张的脸的造型。

为了检查巩固刚才学生的观察，让学生简要重述刚才老师示范的制作方法与步骤，出示板书。

方法、步骤：① 压泥板，用废旧报纸揉成团支撑，使脸部凸起。

② 用泥条、泥块、泥球装饰脸部。

③ 刻画完成。

3. 学生作业，教师巡视。

作业：运用泥塑的方法，制作自己喜欢、造型夸张的脸。

要求：① 利用报纸辅助，使脸的造型具有半立体感。

② 夸张表现脸的生动性、趣味性和神秘感。

学生开始创作，教师巡视辅导，播放适合主题的埙曲背景轻音乐。

4. 学生作品展示。

学生将制作好的作品一起放在展示架上，介绍自己的创作想法。同学之间说说哪件作品是你喜欢的，好在哪里。老师对学生作品中运用艺术夸张手法表现好的地方进行肯定与表扬，同时指出一些可以注意的地方，以便下次创作时改进。

5. 小结下课。

这节课我们学习了泥板成形的方法，运用夸张的艺术手法表现出自己喜欢的夸张的脸的造型。以后我们画画、创作的时候，可以根据生活中的主题进行提炼，大胆运用夸张的表现手法，让你所要表现的主题对象更生动、更传神、更有艺术感。

● **主题来源：**

人民教育出版社《美术》五年级美术下册。

● **案例来源：**

湖南省吉首大学师范学院附属小学刘克江教师编创。

● **案例教学模式：**

体验式教学模式。

● **案例教学方法：**

演示法、讨论法、练习法。

● **案例简析：**

本案例是人教版小学美术五年级下册中第 7 课，属于造型、表现的教学模块，体现了 28 条课标内容中的“9. 运用线条、形状、色彩、肌理和空同等造型元素，以描绘和立体造型的方法，选择合适的工具、媒材，记录与表现所见所回、所感所想，发展美术构思与创作的能力，表达思想与情感”。围绕 5 大训练点，引导学生尝试用不同的工具，大胆地把所见所闻所感所想的事物表现出来；初步认识形、色与肌理等美术语言，体验不同媒材的效果；用描绘和立体造型的方法发展美术构思与创作能力。

本案例是一节设计课，同时也是一节浮雕头像的制作课，创作一张夸张的脸是本课的主要学习任务。学习泥塑不仅是让孩子们接触陶泥，亲近大自然，更是培养孩子动手能力、夸张想象能力、创造性思维等能力。“兴趣是学生学习的真正动力。”只有激发学生的兴趣，使他们充分发挥自己的想象力，想象潜力才能得以深刻地挖掘。为此整课以探索、游戏为主线，培养学生的感受、表现和创造能力，让学生在活动中学、在玩中学，让学生围绕目标在探索知识的过程中发现规律。设计注重学生自我认同感的培养和个性的自由表达，以幽默宽松的学习氛围引领学生积极思索，大胆言说，始终以高涨的激情投入到一种富有挑战与创意的学习活动中来。教学中，用三幅画激发学生的兴趣，吸引学生，激发孩子想象力。选择几种傩面具——开路先锋：开路神，头上长角、嘴吐獠牙、暴珠竖眉等；仙锋小姐：头戴凤冠，柳眉凤眼，樱桃小嘴，大家闺秀的气质；唐氏太婆：老婆婆满脸皱纹，牙齿残缺，和善慈祥，笑容可掬——这些造型各异的傩面具都运用了夸张的表现手法对五官表情进行刻画，有些还把人与兽相结合，各种各样造型夸张的傩面具表现着不同的人物角色，使傩面具充满神秘感与无穷的艺术魅力。教学中给予学生发挥个性的自由，表现独特个性的空间，在活动中让学生初步感知、了解人脸部的基本特征，发展学生的想象力与创造力。

第八节　欣赏-评述与综合-探索

教学内容提示：

（一）观赏自然和各类美术作品的形与色

（二）观赏自然和各类美术作品的质感

（三）欣赏认识自然美和美术作品的材料、形式与内容等特征

（四）采用造型游戏的方式进行想象、创作、表演和展示

（五）结合学校和社区的活动进行策划、制作、表演与展示

一、模块主题内容

二、模块课标要求

1. 观赏自然景物和学生感兴趣的美术作品，用简短的话语大胆表达感受。（“欣赏-评述”学习领域，1 ~ 2 年级）

2. 采用造型游戏的方式，或以造型游戏与语文、音乐等学科内容相结合的方式，进行无主题或有主题的想象、创作和展示。（“综合-探索”学习领域，1 ~ 2 年级）

3. 欣赏符合学生认知水平的中外美术作品，用语言或文字等多种形式描述作品，表达感受与认识。（“欣赏-评述”学习领域，3～4 年级）

4. 采用造型游戏的方式，结合语文、音乐、品德与社会、科学等学科内容，进行美术创作与展示，并发表创作意图。（“综合-探索”学习领域，3～4 年级）

5. 欣赏中外优秀美术作品，了解有代表性的美术家。通过描述、分析与讨论，用简单的美术术语对美术作品的内容与形式进行分析，表达对美术作品的感受与理解。（“欣赏-评述”学习领域。5～6 年级）

6. 结合 1～6 年级其他学科的知识、技能以及学校和社区的活动，用多种美术媒材进行策划、创作与展示，体会美术与生活环境、美术与传统文化的关系。（“综合-探索”学习领域，5～6 年级）

三、模块训练点

1. 能用简单的话语大胆表达自己对形与色的感受。
2. 能用口头或书面语言对欣赏对象的质感进行描述。
3. 通过描述、分析与讨论的方式了解美术表现的多样性。
4. 能发表自己的创作意图。
5. 体会美术与环境及传统文化的关系。

四、模块教学案例简析

● **案例十**

会动的小纸人——奔跑的人

执教人：刘克江

案例 7～10

（一）教学目标

1. 观察运动中的人物动态特征，体验运动中自己的感受，强化对运动中人物的印象。

2. 学生利用各种纸张，运用撕、挖、抠、扯等方法表现出运动中的人物动态。

（二）教学重难点

重点：学生运用撕纸的方法表现奔跑的人物动态。

难点：人物动态生动、夸张的艺术表现。

（三）教具学具

教具：PPT 多媒体课件、全开素描纸（展示作品用）、胶棒。

学具：红纸（或各种废旧纸张）、铅笔。

（四）教学过程

1. 倡导“生命在于运动”的健康理念，体验、观察、分析奔跑中的人物动态特征。

（1）学生上台做跑的动作，引导学生观察，描述运动中人物头、躯干、四肢运动的特点、区别人物行走、奔跑动作特征。

（2）课件展示“刘翔百米跨栏破世界纪录”录像资料，学生观看运动员剧烈运动时的动作特征，加深奔跑动作印象。

（3）课件展示校运会同学们跑步比赛的个人特写照片。课件运用遮挡的方法，分部分展示人物头部、上身、下肢在运动中的表现，剖析奔跑的动作特点。课件展示艺术家们创作的有关“奔跑”题材的艺术作品，汲取营养。

2. 表现“奔跑”中人物动态造型。

（1）抽四名同学到黑板上简要画出一个奔跑的人物动态造型（限时 1 分钟）。教师在黑板上画出四个方框表示“画纸”的大小，四位同学在“画纸”中画出奔跑中的人物动态造型。

（2）学生做评价，指出自己喜欢的作品说出喜欢的理由。

教师对四位同学画中所捕捉到的有“奔跑”感觉部分予以肯定、赞赏（如：腿部动作、上肢摆动、表情等）。指出可以改进的地方（如：构图方面，相对于给出的“画纸”，人物所占画面比例过小；人物头、躯干、四肢的艺术夸张及大胆表现不够）。

3. 撕纸表现——“奔跑的人”。

（1）有两种方式进行：① 直接撕：适当用指甲在纸上比画出“奔跑”人物造型后，开始撕纸创作，这种方法随意性大，对造型能力要求高；② 铅笔打稿再撕：这种方法学生易于接受。

（2）具体方法步骤：“奔跑”动态描绘（指甲比画或铅笔打简稿）→撕大形（大致奔跑的人物外形）→细节（头发、五官、服饰等）。

（3）如何让撕出的人物更具生命力呢？

对比两张撕纸作品，引导学生观察“奔跑”中人物的细节表现。表情特征（如：眼睛、鼻子、嘴巴在运动中的夸张表现），头发（运动中男女头发的表现），衣着（如：运动服饰、生活装、鞋子）等。表现手法：撕、挖、抠、扯等。

4. 作业要求。

用撕纸的方法表现一个奔跑的人，可以运用夸张的艺术手法表现人物奔跑的动态、表情及服饰。

学生作业，教师巡视辅导：对大胆表现的学生予以肯定，对不敢动手的学生加以辅导。

5. 作业点评。

学生将自己完成的作业粘贴在白纸上进行展示。指出自己喜欢的作业并进行评价，发现同学作品的亮点及可以改进的地方。教师对大胆、夸张表现的作品予以肯定、表扬。对作业中还能改进的地方提出看法、建议。

6. 小结下课。

生命在于运动，同学们日常生活中应该多参加各种体育锻炼，可以利用各种纸张动动手、脑，运用撕纸这种简单有趣的方法来表现生活中一切美好的事物，用双手装点我们美好的生活。

（五）板书设计

	撕纸画——奔跑的人	
学生作品 展示区	步骤：画、撕 方法：撕、挖、抠、扯等	学生作品 展示区

● **主题来源：**

小学美术人教版一年级上册综合探索《会动的小纸人》。

● **案例来源：**

湖南省吉首大学师范学院附属小学刘克江老师创编。

● **案例教学模式：**

观察欣赏激趣、体验式教学。

● **案例教学方法**

演示法、讨论探究法。

● **案例简析：**

本案例是“综合-探索”模块中的主题内容，体现了 28 条课标内容中的“2. 采用造型游戏的方式，或以造型游戏与语文、音乐等学科内容相结合的方式，进行无主题或有主题的想象、创作和展示。”（“综合-探索”学习领域，1～2 年级）围绕 5 大训练点，能用口头或书面语言对欣赏对象的质感进行描述；通过描述、分析与讨论的方式了解美术表现的多样性。

那么本节课就以简单的教具纸为创作原料，打开孩子们思维，培养其创作能力，锻炼其动手能力。“生命在于运动”是我们倡导的健康生活理念，学生通过体验、观察、分析“奔跑”这种运动方式，从美学角度了解人运动中所迸发的美。从自己生活→校运会→运动员，感受和分析“跑”的动作特征，积累“跑”动作中力与形的视觉元素。欣赏艺术家作品，加深对奔跑的感受，增强创作表现欲望。

教师用以点带面的方法，让班里四个同学上黑板即兴创作。师生共同发现、肯定同学上台创作“奔跑”人物造型时个人敏感点、个性风格亮点，让学生能大胆表现心中的感觉。通过构图提示，让学生更好地表现自己作品中个性亮点，为进一步撕纸造型打下基础。

生命在于运动，同学们日常生活中应该多参加各种体育锻炼。可以利用各种纸张，动动手、脑，用撕纸这种简单有趣的方法来表现生活中一切美好的事物，用双手装点我们美好的生活。

第六章　小学道德与法治及科学教学案例

第一节　儿童与自我

教学内容提示：

（一）健康而安全

（二）愉快又积极

（三）负责任有爱心

（四）动脑筋有创意

一、模块主题内容

1. 一年级

《上学路上》《今天吃什么》《我的手儿巧》《快乐的小问号》

2. 二年级

《开开心心每一天》《让我的身体更棒》《我会照顾我自己，自己拿主意》《愉快的收获》

3. 三年级

《夸夸我自己》《家庭因我更美丽》《我学习我快乐》

4. 四年级

《有困难我不怕》《诚实是金》

5. 五年级

《让心灵比天空更博大》《爱美丽的生命》

6. 六年级

《从小学创造》《我的未来不是梦》

二、模块课标要求

1. 按时作息，生活有规律。（健康、安全地生活 1）
2. 养成良好的饮食和个人卫生习惯。（健康、安全地生活 2）

3. 生活中自己能做的事情自己做。（健康、安全地生活 3）

4. 在学校里情绪安定，心情愉快。（健康、安全地生活 11）

5. 喜欢和同学、老师交往，高兴地学，愉快地玩。（愉快、积极地生活 1）

6. 在成人帮助下能较快地化解自己的消极情绪。（愉快、积极地生活 3）

7. 能看到自己的成长和进步，并为此而高兴。（愉快、积极地生活 4）

8. 在成人的引导下学会正确地对待自己的学习成绩。（愉快、积极地生活 5）

9. 在成人帮助下能定出自己可行的目标，并努力去实现。（愉快、积极地生活 6）

10. 学习欣赏自己和别人的优点与长处，并以此激励自己不断进步。（愉快、积极地生活 7）

11. 学习与生活中遇到问题时愿意想办法解决。（愉快、积极地生活 8）

12. 敢于尝试有一定难度的任务或活动。（愉快、积极地生活 9）

13. 关心他人，友爱同伴，乐于分享与合作。（负责任、有爱心地生活 3）

14. 认真完成自己承担的任务。（负责任、有爱心地生活 4）

15. 能初步分辨是非，做了错事勇于承认和改正，诚实不说谎。（负责任、有爱心地生活 6）

16. 喜欢提问和探寻问题的答案。（动手动脑、有创意地生活 1）

17. 能对问题提出自己的想法与看法。（动手动脑、有创意地生活 8）

18. 学习利用图书、电视、网络等多种方法收集需要的资料。（动手动脑、有创意地生活 9）

19. 在成人的帮助下，能总结、提升获得的经验或信息。（动手动脑、有创意地生活 10）

20. 了解自己的特点，发扬自己的优势，有自信心。知道人各有所长，要取长补短。（我的健康成长 1）

21. 懂得做人要自尊、自爱，有荣誉感和知耻心。愿意反思自己的生活和行为。（我的健康成长 2）

22. 能够面对学习和生活中遇到的困难和问题，尝试自己解决问题，体验克服困难、取得成功的乐趣。（我的健康成长 3）

23. 理解做人要诚实守信，学习做有诚信的人。（我的健康成长 4）

24. 懂得感恩和基本的礼仪常识：学会欣赏、宽容和尊重他人。（我的健康成长 5）

25. 体会生命来之不易。知道应该爱护自己的身体和健康。知道日常生活中有关安全的常识，有安全意识和基本的自护自救能力。（我的健康成长 6）

26. 了解迷恋网络和电子游戏等不良嗜好的危害，抵制不健康的生活方式。（我的健康成长 7）

27. 知道吸毒是违法行为，远离毒品，珍爱生命，过积极、健康的生活。（我的健康成长 8）

三、模块训练点

依据“儿童与自我”模块主题与课标内容，其训练点主要有：

1. 儿童的日常行为习惯培养。

2. 儿童的自理能力培养。
3. 儿童的情绪管理。
4. 儿童的守时诚信教育。
5. 儿童健康生活方式的培养。
6. 儿童自尊自爱、感恩宽容情感的培养。
7. 儿童安全责任心意识的培养。
8. 儿童面对困难解决问题能力的培养。

四、模块教学案例简析

● 案例一

我的明星卡[①]

执教人：谢荣粒

案例 1～3

（一）教学目标

1. 知识目标：能够初步认识自己的优点。

2. 能力目标：具备欣赏自己、看重自己的能力。

3. 情感目标：培养悦纳自己的情感。

4. 行为目标：养成欣赏自己、看重自己、悦纳自己的习惯。

5. 过程与方法：首先通过板块一“找一找明星”，让学生了解自己的优点，明白“我”就是自己心中的明星，达成知识目标。其次通过板块二“制作明星卡”，借助闯三关的游戏，让学生达成能力目标和情感目标。最后通过板块三“展示我的明星卡”，落实行为目标，真正做到欣赏自己，看重自己，悦纳自己。

（二）教学重点

欣赏自己，看重自己，悦纳自己。

（三）教学难点

在欣赏自己、看重自己、悦纳自己的同时，也要顾及他人的感受。

（四）教学过程

1. 游戏导入，欣赏自己。

学生上台看“明星”，即镜子里的自己，让学生大声说出明星的名字，建立自信。

2. 游戏闯关，看重自己。

游戏规则：教师设置三道关卡，学生进行闯关。完成前一关才可进入下一关，闯过三关的就是明星。

游戏准备：闯关卡，闯过一关就点亮一个星星，三个星星都点亮就闯关成功；明星卡，PPT 展示不同明星。

（1）印象深刻。

---

① 戚万学，傅国亮，刘建效主编：《小学品德与社会》（三年级上册），“夸夸我自己”下的三级主题，2017 版第 4-5 页。

教师播放 PPT，出示明星们让人印象深刻的地方，如姚明的身高、蓝兔的颜色等，询问学生对自己印象最深刻的地方是哪里？请说出理由。获得了一颗星，就过关。

生：（自由回答）

师：根据学生回答进行评价。

师总结：看来同学们身上都有明星特征，都是自己心中的明星。那么这一关我们都通过了，让我们点亮闯关卡上一颗星，继续闯关吧！

（2）与众不同。

教师播放 PPT，出示明星与众不同的地方，如姚明的篮球、袁隆平的水稻。两者都是因为热爱才坚持。询问学生最欣赏自己的地方，了解自己的爱好给自己带来了什么。

生：轮流说自己的与众不同之处以及个人的爱好带给自己的收获和心情。

师：现在，把自己的优点和长处向别人推荐，请别人签名。

小组合作展示自己与众不同的地方，点亮闯关卡第二个星星，完成第二关闯关成功。

（3）明星卡片。

教师运用 PPT 展示蓝猫图片。同学们最喜欢的大明星蓝猫，为自己设计了这样的明星卡："蓝猫的明星卡"。教师指导学生自己阅读、观察，然后请几位学生说出自己的发现。

生：合作讨论完成明星卡片。（展现自己的长处并了解别人的优点和长处）

教师指导学生合作讨论明星卡的制作并派代表发言。（爱好、颜色、形状）

3. 成果展示，悦纳自己。

学生把制作好的小明星卡片贴在黑板上进行成果展示，自主发言为什么这样设计。老师带领学生一起欣赏自己制作明星卡，并张贴"明星榜"。

4. 课堂小结，自我总结。

学生交流这节课的收获，认识到自己与众不同的地方，有优点也有缺点，但每个人都是自己心中的明星，因为每个人都是独特的。

● **主题来源：**

选自科学教育出版社的《小学品德与社会》（三年级上册）单元主题"夸夸我自己"中的三级主题。

● **案例来源：**

本案例由谢荣粒教师执教，刘艳芳教师指导完成。

● **案例教学模式：**

游戏法教学模式。

● **案例教学方法：**

游戏法、谈话法、小组合作法。

● **案例简析：**

本案例是"儿童与自我"模块中的主题内容，体现了 27 条课标内容中的"（3）生活中自己能做的事情自己做（健康、安全地生活 3）"。围绕 8 大训练点，关注儿童成长教育的话题，进而培养儿童的情绪管理。①

① 中华人民共和国教育部：《义务教育品德与生活课程标准》，北京师范大学出版社，2011 年版第 8 页。

本案例“我的明星卡”三级主题采用游戏法教学模式设计，游戏法、谈话法、小组合作法等多种教学方法的综合运用，让学生欣赏自己，看重自己，悦纳自己。首先通过游戏导入，让学生了解自己的优点，明白“我”就是自己心中的明星，达成知识目标。其次借助闯三关的游戏，让学生达成能力目标和情感目标。最后通过“展示明星卡片”“自我总结”，落实行为目标，真正做到欣赏自己，看重自己，悦纳自己。

本案例设计思路，三年级儿童由于自信心缺失，经常会出现自卑不自信的状态。“我的明星卡”的游戏教学模式设计，让学生明白他们自己就是自己心目中的明星，无论如何每个人都有值得欣赏的地方，学会自我欣赏才是最重要的。要全面客观地看待自己，欣然接纳自己，同时也要接纳自己的缺点和不足。

● **案例二**

成功一定有方法①

执教人：王芸

案例 1～3

（一）教学目标

1. 知识目标：知道自信是成功的起点，“自信+坚持”就能成功。

2. 能力目标：培养儿童自信乐观的能力以及为达到目标而坚持不懈努力的能力。

3. 情感目标：培养儿童乐观向上，自信满满，勇于挑战自我的情感。

4. 行为目标：在方向正确、方法得当的前提下，培养儿童自信乐观的生活态度，坚持不懈的成功理念。

5. 过程与方法：通过教师的亲身体验，明白自信是成功的基石，坚持就会成功，从而达成知识目标。通过“推销大师”视频播放，让学生知道就算是微小的力量，只要坚持下去，最终一定会成功的道理，从而达成能力目标和情感目标。最后通过“南辕北辙”“愚公移山”的故事，让学生明白成功还需要方向正确，方法得当，否则成功将会是遥遥无期。通过上述教育从而更好地达成行为目标。

（二）教学重点

知道成功的方法是自信与坚持。

（三）教学难点

培养学生自信又坚持的性格品质。

（四）教学过程

1. 师生营造探究情境，导入新课。

师：同学们早上好！

生：老师早上好！

师：同学们辛苦了！

生：老师辛苦了！

师：请坐下！

师：看着同学们笑眯眯的表情，老师可放心了！因为呀，我今天来到这个课堂，就是

---

① 戚万学，傅国亮，刘建效主编：《小学品德与社会》（四年级上册），“有困难我不怕”下三级主题，2017 版第 6-11 页。

有求于大家的。平时，我是老师，你们是学生，遇到了困难，你们会想，应该找老师，可是今天，老师在课堂上也遇到了困难，我应该找谁呢？想来想去，我觉得我的老师就在面前，所以，我首先要拜大家为师，大家愿意吗？

生：愿意！

师：听到你们嘴上说愿意，我已经很开心了！那么，在此，徒儿有礼了。我们再来一次，老师早上好！你们应该怎么说呢？

生：同学早上好！

师：老师辛苦了！

生：同学辛苦了！

2. 教师亲历示范，探究自信才能成功。

师:看着大家的诚意,我就非常放心地把我的困难交给大家,那么我的困难是什么呢？因为我是一名女生，从小，我就害怕毛毛虫、蛇、蜘蛛之类的小动物，相信在座的各位小老师，各位女生小老师，也有这样的感受，可是今天，你们就不再是学生，你现在就是我的老师了，我想，你们用你们共同的力量来帮助我，你们今天能帮我战胜这个困难吗？

生：能！

师：好，那么，我思考的第一个问题，我就在想，这节课，你们具体要帮我什么呢？我想了很久，我就希望，我要让自己胆子变大的第一个计划就是：希望在这节课上能够成功摸一摸图片上的蜘蛛，那么，我就获得了小小的成功。那为了达到这个小小的成功，首先我应该怎么做呢？然后我会怎样呢？请大家认真思考一下，请各位小老师帮我出主意，我应该怎么做？现在你们是小老师，你们要指挥我，我应该怎么办？有没有哪个小老师，想到第一个要我干吗？好，你来说。

生：首先要了解蜘蛛的结构，看它有没有毒。

师：好，不错。坐下来。了解蜘蛛的结构，不错！坐下来!今天蜘蛛是否有毒，不是很重要，因为它再怎么有毒，不能感染到我，对吧！所以我们同学，每个小老师要把你们徒儿的问题看懂了，要成功地摸一摸图片上的蜘蛛！好，你来说！

生：我觉得，你可以先把眼睛闭上！

师：我的蜘蛛还没有出来，我用得着闭眼睛吗？

生：没有。你先闭眼睛。

师：是的，我现在就闭眼睛。

生：是的，想一下蜘蛛的样子。

师：想好了。

生：然后你觉得蜘蛛像什么？

师：蜘蛛像什么？蜘蛛是很可怕的，是到处爬的。好，坐下来，能不能再直接一点呢？好，你来说！

生：我觉得，首先你应该把蜘蛛图片放出来！

师：把蜘蛛图片放出来。

生：是的。

师：好，坐下来，可是我害怕，我还担心我的女生小老师也害怕，你们害怕吗？

生：不害怕！

师：都不害怕，那我就有点信心了！你们都是我的学生，你们都不害怕，那么至少我要找回一点面子，那我就豁出去了，我就把图片给放出来！

生：哇！

师：那么首先，第一步，因为同学敢看，我不能掉面子，我还是看了蜘蛛。可是，我还是不敢摸，我该怎么办？我第二步，该怎么办？谁来指挥我，谁来指挥你的徒弟？怎样走向成功？好，你来说！

生：就是自己在心里说，其实一点都不害怕，然后就去摸它。

师：其实一点都不害怕，那怎么办？

生：摸！

师：我不敢摸！

生：闭上眼睛！

师：我的目的就是想要睁开眼睛，到处摸。

生：先闭上眼睛，摸！

师：给我一点信心，一点勇气！

生：它是假的！

师：我知道是假的，可是我害怕。给我一点勇气，一点信心，一句话，两句话都可以。

生：同学，加油，你一定能行的

师：好，我一定行的！声音不够大，还是差一点点。

生：你一定能行的！

师：各位老师一起说，请给我一点力量！OK！预备起！

生：同学，加油！你一定行的！

师：还是没有，声音能不能再大一点！

生：同学，加油！你一定行的！

师：再给我一个命令！

生：摸！

师：我终于敢摸了！谢谢各位小老师，今天你的徒儿，忘记带礼物了，下次记得感谢你！今天，在你们的鼓励之下，我有了勇气，我有了什么？

生：信心。

师：所以，我敢怎么样？

生：敢摸。

师：那么通过你的徒儿的小小成功经历，你明白了什么道理？好，你来说！

生：困难没有什么大不了的，只要我们有信心，就能克服困难！

师：非常棒！大家给她一点掌声！坐下来！困难没有什么可怕的，我们只要有勇气，有信心，就可以了！所以我成功了！那么，什么叫作信心？什么叫作勇气？什么叫作自信？我们一起来读一遍！自信是什么？预备起！

生齐读：自信是什么？自信是善于发挥自己的长处，自信是敢于正视自己的缺点，自信是面对困难百折不挠，自信是成功的起点。让我们大家一起对自己说，我自信，我能行！

师：非常棒！刚才各位小老师就是指挥你们的徒儿这样做的！所以，才成功达到你徒儿的目的，解决了她的第一个困难。那么，很重要的一句话，自信是成功……

生：成功的起点。

师：对，要成功，首先我们就要有……

生：自信！

师：所以，大家再说一遍，预备起！

生：我自信，我能行！

3. 播放推销大师视频故事，探究坚持就会成功。

师：非常棒！好，这个问题，小老师们帮我解决了！那么，接下来，我又在想了，刚才啊，我之所以能成功，都取决于小老师们给我的鼓励，让我有了自信心，可我还在想，难道在任何情况下，只要有了自信，就能成功吗？

生 1：是的。

生 2：不是的。

师：有的小老师说是的，有的小老师说不是的，那么，现在，我们一起来看另外一个小故事，然后，我们一起来思考两个问题：第一，故事中的年轻人都非常自信，为何没有成功呢？第二，你们能帮他们想出什么好办法让他们成功吗？好，首先，我们来看小故事。注意：看完故事后，我们要把故事里面的成功大师的要求记清楚了。然后分组讨论，想出办法。

故事：推销大师要做即将告别推销生涯的最后的演说，人们在热切地、焦急地等待着那位有名的推销员做精彩的演讲。大幕徐徐拉开，舞台的正中央出现了一个悬挂的铁球。此刻，白发苍苍的推销大师正矗立在铁球旁边，他身前摆放着一只大铁锤，正当惊奇的人们揣测他下一步举动的时候，推销大师开口了："下面有谁愿意帮我用这个大铁锤把悬挂的大铁球敲打得摇动起来？""我来。"大师的话音刚落，一个年轻人已经抢过大铁锤，全力地向大铁球砸去。他用大铁锤不停地打着铁球，发出一阵阵响声，可他已经气喘吁吁，也不见任何功效。紧接着，人们一个接一个地接过大铁锤，可是谁都无功而返。台下变得鸦雀无声，等待着推销大师做出解释。

师：好，刚才，我们已经把故事看了一遍，现在，我想问，你们看了这个故事，推销大师他到底想要年轻人怎么做呢？然后，你们再想，故事中的年轻人都非常有自信，为什么没有成功？请坐在这边的同学先讨论第一个问题，故事中的年轻人都非常有自信，为什么没有成功？请坐在这边的同学讨论第二个问题，你们能帮他们想出什么好办法吗？

生：没有掌握技巧和方法。

师：没有掌握技巧和方法，还有呢？

生：他太自信了！没有仔细观察铁锤。

师：我听到了，就是两个方面，一是太自信了，太自信等于骄傲；二是没有掌握方法，对吗？

生：对！

师：你们找到了两个原因，一是太自信了，太自信等于骄傲；二是没有掌握方法。那这一大组，还有没有同学要补充的？那么这边的同学，根据他们说的没有成功的理由，你们能想出什么好办法？好，你来说！

生：首先，我觉得他没有敲动铁锤，一方面是他太自信了，但是我认为是太容易放弃了。

师：太容易放弃了！

生：我觉得如果他们想的方法是连续不停地去敲，因为，我不知道你们有没有去打过那个箱包，连续不停地去打，它还是会动的。

师：你的意思是，你用了很大的力气，不一定会动，但是只要连续地打，它就会动？

生：但是，如果只是敲一下，就算力气很大，也不会动的，如果你虽然力气很小，但你连续不断地去打，它照样会动的。

师：你们觉得她说的有道理吗？

生：有。

师：那还有没有不同的方法？

生：直接上去问推销大师，还有第二个办法是用那个铁锤去锤绳子，因为那个铁球是挂着的。

师：锤绳子，那你没有听清楚大师的要求，一把铁锤是只能锤大铁球，他没有说，铁锤能锤绳子。那么你的第一个方法是脑筋急转弯，直接问大师，那你们都不要劳动，你们都不要学了，直接问老师，要老师帮你学好了！不错，一个挺可爱的孩子说出来的方法！还有吗？好，你来说！

生：我觉得，那个年轻人他非常自信，可是他自己的能力不够。

师：他能力不够，他很年轻，很自信，但是他的力量不够，那他还需要什么样的力量？

生：尽自己最大的力量。

师：他已经用了最大的力气！

生：本身要加油锻炼。还需要别人的帮忙！

师：还需要别人帮忙，自己锻炼不够，没有达到可以敲动大铁球的力量。还要回家锻炼，锻炼好了再来，对吗？好，坐下。还有没有别的办法？好，我们来看看，成功的推销大师是怎样做的？

故事：推销大师只是从口袋里拿出一个小锤，对着铁球一下下缓慢地敲起来，时间就在这单调重复的动作中飞逝，十分钟，二十分钟……会场中骚动的人们甚至在叫他了："够了！我看他是脑子有病！""还有完没完！"可是，大师仍然若无其事地继续着他的工作。就这样，四十多分钟过去了！突然，坐在前面的一个妇女发出尖叫："它动了，球动了，它居然动了！"瞬时间，会场上所有人的目光都汇集到那个铁球上，铁球居然出现了轻微摆动，然而推销大师却没有停止，直到铁球在敲打中越荡越高，它拉动着那个铁架子"哐、哐"作响而它的巨大威力强烈地震撼着在场的每一个人。终于场上爆发出一阵阵热烈的掌声。在掌声中，老人转过身来，慢慢地把那把小锤揣进兜里。

师：好，现在大家明白了哪个同学说得最棒啊！

生：某某同学。

师：太棒了！遗憾的是，老师又忘记带礼物给你了，下次老师记得！那从这个小故事中，你又明白了什么道理呢？首先，感觉是怎样呢？举手说。如果没有想到这个办法，大家是没有想到那个点上去，没有失败的感觉，还是有点恍然大悟的感觉。有吗？

生：有！

师：对，老师也有这样的感觉，一只小小的铁锤竟然把大铁球敲得晃动起来，而一个大铁锤，年轻人都非常有自信地锤，结果大铁球竟纹丝不动，那么从这里你找到的成功的办法是什么呢？

生：要坚持！

师：要坚持！那坚持是什么呢？我们一起来读一下。

生：坚持是什么？在通往成功的路上有一条河，它的名字叫“放弃”；这条河上有一座桥，它的名字叫“坚持”，让我们大家一起对自己说：“我坚持，我成功！”

师：你们读的最后一句，读得特别有力量呀！让我们再读一次！

生：我坚持，我成功！

师：大家发现成功的办法，首先要：……

生：要自信。

师：然后要：……

生：要坚持。

4. 学生分享成功经历探究，自信坚持就能成功。

师：现在，你们大家一起来想一想自己的成长经历，能不能把你们所听到的，看到的，想到的，经历的成功的小故事，讲出来，和我们一起分享一下呢？有没有哪位同学愿意分享一下你的成功故事，看我们能从中找出什么？好，你来说！

生：就是小的时候，很害羞，有一次，上讲台要唱歌比赛，我就上去了，唱了两句，就不敢唱了，就下来了，然后老师就说：“你要冷静下，没关系的，都是同学！”我就拿着本子上去了，终于把歌唱完了！从那一次之后，学校的演讲比赛，我就不那么害怕了，敢战胜自己那种心理恐惧！

师：那战胜自己的心理恐惧，是因为什么呢？

生：是因为老师的鼓励，还有自己的坚持！

师：老师的鼓励你，你就有了……

生：自信。

师：然后你自己也不放弃，坚持再上去一次！挺好的！坐下！大家给点掌声！（掌声一片）还有没有其他同学来说一说成功的经历呢？有没有？难道从小到现在，你们都没有成功过吗？你们从来没有总结过自己成功的经验是什么吗？还有吗？

生：我说说吧！就是五年级的时候，我们搞了一个篮球比赛，但是，就是在比赛之前，和另外一个班打球，我就把自己的脚搞得肿了，伤了。到了比赛的时候，没办法上场，班上也没有人，但是我们就坚持着打，打完以后，马上就有人背我下去，虽然比赛我们只赢了一场，但是我们成功了！

师：不错，坐下！给点掌声！那么，你听了这位同学的发言，你觉得他成功的原因是什么？

生：坚持。

师：坚持，脚受伤了，还坚持，结果，为班上赢得了一场胜利的篮球赛！对吗？

生：是。

师：好，那么现在我们再来看一看，如果我们在成功的道路上有了自信，有了坚持，我们又一定都会成功吗？可能我们从来没有想过这样的问题！对，我们有了自信，有了坚持，我们就一定能成功！这是我们平常的经验，对吗？

生：对。

5. 自述南辕北辙故事，探究成功还需正确的方法。

师：好，我们来看这个故事，大家一定不陌生吧！

生：南辕北辙。

师：看一眼，同学就知道了！南辕北辙，那么，从南辕北辙的故事中，你又发现了什么？我们一起讨论一下！有没有同学，连南辕北辙的故事都不清楚的？好，没有，大家讨论！我看，老师不说，你们能得出什么？加油哦！是不是心中有数，有答案了！好，请你们举手分享一下你们的答案！好，你来说！

生：这个故事告诉我们，不是你有自信和坚持，你就能成功的！做很多事情，都要讲究方法的！

师：那就是说成功一定要有……

生：方法，掌握正确的方法！

师：好，坐下！那么，那么我们再想，你认为南辕北辙故事中的主人公一定会失败吗？

生：不一定。

师：好，你来说！

生：因为地球是圆的，虽然他一直往北方走，但是他最终会到达目的地的！

师：说得好，给她一点掌声！这个故事表面上看，他一定会失败的，因为他没有很好的方法，对不对？

生：对！

师：但他有了坚持，有了自信，他也会成功！就像这位同学说的，因为地球是圆的，终于有一天，就算他自己走不到，他的下一代，再坚持下去，他仍然会走到，对吗？

生：对。

师：但是，你们愿意成为故事中的主人公吗？

生：不愿意！

师：让你这辈子没有成功的事，让你的下一代，再去成功，要是你的下一代没有成功，让你下一代再去，你愿意走这样的成功之路吗？

生：不愿意！

师：我们的生活当中，有了自信，有了坚持，我们会成功的。好像没有人能够反对，但是如果像南辕北辙故事中的人，一直走下去的话，就会耗费很长的时间才会达到成功，对吧？但是，如果你听别人的劝，找到正确的方法，那么你就会成功的，怎么样？

生：更快一点，更早一点。

师：更快一点，更早一点！今天，通过这个故事，我们就相信，从老师的成功经历，老师敢摸蜘蛛了，从成功推销大师的经历，他能坚持，使大铁球转动，从南辕北辙的故事，这三个例子告诉我们，遇到任何困难，我们都要什么？

生：相信自己。

师：相信成功怎么样？

生：一定会到来。

师：成功一定？有没有办法？

生：有。

师：有办法，有方法的。但是，这个方法，我们找到了两个是一定的！是什么？

生：自信，坚持。

师：再加什么？

生：很好的成功方法再加上自信、坚持就是我们找到的最完美的成功办法。

师：那今天这节课我就和大家讨论到这里。谢谢各位小老师！

● **主题来源：**

选自教育科学出版社的《小学品德与社会》（四年级上册）单元主题“有困难我不怕”中的二级主题。

● **案例来源：**

本案例由吉首大学师范学院附属小学的王芸教师编写而成，由吉首大学师范学院刘艳芳教师指导完成，是一堂研究课。

● **案例教学模式：**

探究式教学模式。

● **案例教学方法：**

体验法、探究法、讨论法、小组合作法。

● **案例简析：**

本案例是“儿童与自我”模块中的主题内容，体现了 27 条课标内容中的“22.能够面对学习和生活中遇到的困难和问题，尝试自己解决问题，体验克服困难、取得成功的乐趣”。

本案例“成功一定有方法”二级主题采用探究式教学模式设计，通过教师的亲身体验，探究自信是成功的基石，坚持就会成功，从而达成知识目标。通过播放“推销大师”视频故事，让学生探究就算是微小的力量，只要坚持下去，最终一定会成功的道理，从而达成能力目标和情感目标。最后通过“南辕北辙”的故事，让学生探究成功其实还需要方向正确，方法得当，从而更好地达成行为目标。

本案例旨在通过指导孩子们从自信做起，寻找成功的正确方法。帮助孩子们在克服困难的过程中，形成积极向上的生活态度；面对困难，始终坚持自己的努力方向；相信自己能成功，充满信心地去寻找克服困难的方法；有意识地锻炼自己的意志。总之，要努力做一个自信的、积极向上的人。

● **案例三**

案例 1～3

努力才会有收获①

执教人：赵俊华

（一）教学目标

1. 知识目标：知道春天播种，才会有秋天的收获；付出汗水才会有收获；有明确目标才会有收获。

2. 能力目标：能够明白“一分耕耘，一分收获，有付出就有回报”的道理。

3. 情感目标：培养儿童愿意付出，努力付出，不断付出的情感。

4. 行为目标：培养儿童愿意付出的生活态度，坚持不懈地努力付出，坚信有付出就有回报。

---

① 戚万学，傅国亮，刘建效主编：《小学品德与生活》（二年级下册），“愉快的收获”下二级主题，2017 版第 75-76 页。

5. 过程与方法：通过观看“小白兔小灰兔种萝卜”课本剧，让学生知道有春天播种，才会有秋天的收获，从而达成知识目标；通过谈话式的小组合作，让学生畅谈交流自己成功的经历，培养儿童愿意付出，努力付出，不断付出的情感，从而达成知识目标和情感目标；最后让学生写出对自己未来的打算，明白有明确的目标有努力才会有收获的道理，培养儿童为自己未来的目标付出努力的生活态度，坚持不懈地努力付出，坚信有付出就有回报，从而达成知识目标及行为目标。

（二）教学重难点

1. 重点：明白“一分耕耘，一分收获，有付出就有回报”的道理。

2. 难点：培养儿童愿意付出，努力付出，不断付出的情感。

（三）教学过程

1. 课本剧《努力才会有收获》导入。

同学们，今天老师给大家带来了几位动物朋友，你们想认识他们吗？可是这些动物朋友还不愿意出来，说是要同学们都认认真真坐好了才会出来和大家见面。（生坐好）好了，动物朋友说同学们坐得这么端正也迫不及待地想和同学们见面了。下面就让我们一起去看看动物朋友会发生一些什么有趣的事吧。

2. 新授课本剧《努力才会有收获》。

（1）播放课本剧《努力才会有收获》。

① 通过学习课本剧《努力才会有收获》全剧，懂得春天有播种，秋天才有收获。

② 通过课本剧《努力才会有收获》中小灰兔种萝卜部分的学习，得出付出努力与汗水才有收获的结论。

③ 通过课本剧《努力才会有收获》小白兔种萝卜部分的学习，得出有目标才会有收获的结论。

（2）讨论课本剧《努力才会有收获》。

① 通过学习课本剧《努力才会有收获》全剧，对小白兔与小灰兔种萝卜的表现与结果进行讨论，并且在《努力才会有收获》课本中相应位置进行批注。

A. 组内讨论，批注出小白兔、小灰兔种萝卜的过程和结果。

B. 两组之间讨论，对照两组讨论内容，完善批注。

② 通过学习课本剧《努力才会有收获》中小灰兔种萝卜的部分，与同学讨论、分享你在生活和学习中有没有跟小灰兔相似的经历？得出了什么结论？

A. 与同桌分享，相互交换想法与意见。

B. 老师点名与全班同学分享。

C. 老师点评指导。

③ 通过学习课本剧《努力才会有收获》中小白兔种萝卜的部分，讨论：如果你是小白兔，来年你想种彩色萝卜，你会怎么做？如果你努力了，但还是没有收获，又应该如何对待这种结果？

A. 小组内讨论交流。

B. 两组讨论，相互交换想法与意见。

C. 概括组内成员意见，选代表交流展示。

（3）展示课本剧《努力才会有收获》的讨论结果。

①展示课本剧《努力才会有收获》小白兔、小灰兔种萝卜的表现和结果，以及从中得到的道理。

A. 小组成员之间展示讨论结果，老师深入小组点评指导。

小白兔：玩，不照顾萝卜，导致萝卜地长满花草。

小灰兔：细心照顾萝卜，收获的萝卜又大又多又红。

小白兔：三心二意，没有萝卜。

小灰兔：一心一意，收获了很多萝卜。

B. 两组推举一个代表，上台展示结果，得出努力才会有收获的结论。

②展示自己与小灰兔相似经历，对这种经历的想法。

A. 向同桌展示自己通过努力获得成功的经历。

B. 经历：默写古诗。努力背诵→没有全对→下定决心全对→通过努力→全对。

C. 想法：要完成一个目标，努力不一定能成功，但是只要坚持不懈，就可能会成功。

③老师点名，同学上台分享经历。

A. 我有一次英语考试成绩只有30分，通过不断努力，最后我得到了65分，虽然还不够理想，但还是有一点小收获。

B. 从这件事情中，我明白努力了，付出了，才会有收获。

④展示：你是小白兔，你会怎么种彩色萝卜？如果你努力了，但是你还是没有收获，应该如何对待这种结果。

A. 制定计划，按计划种萝卜，懂得了明年继续努力，不放弃，坚持不懈。

B. 先买彩色萝卜种子，改掉三心二意的坏毛病，一心一意种萝卜；懂得了没有种出萝卜，肯定是我付出的还不够。我明年会付出更多的努力，种出又大又多的彩色萝卜。

3. 总结课本剧《努力才会有收获》。

（1）一分耕耘，一分收获。没有春天的播种，哪有秋天的收获？（春天播种，付出努力，努力才会有收获）

（2）收获是汗水浇出的花朵，有汗水才能有收获。

（3）有了努力和汗水还不够，还需要有目标，有了目标进步才更大一些，收获也更多一些。

（4）我们现在的衣食无忧是父母提供的，不是通过自己努力得来的。年轻就要努力，就要付出。

4. 续写课本剧《努力才会有收获》。

小灰兔收获了又大又红的萝卜，小白兔却一无所获。小白兔很后悔，于是制定了目标：来年种上又多又大的彩色萝卜。想一想接下来又会发生什么故事呢？发挥想象力，续写课本剧《努力才会有收获》。

（四）板书设计

小白兔：三心二意，没有萝卜

小灰兔：一心一意，收获了很多萝卜

附："努力才会有收获"课本剧

第一幕　播种与得种

人物介绍：小白兔 小灰兔　山羊爷爷。

地点介绍：去小松鼠家的路上。

剧情需要物品介绍：香蕉皮、眼镜、萝卜。

旁白：小白兔家里有好吃的香蕉，它想请好朋友小松鼠也尝尝。

小白兔：今天，我小白兔要请小松鼠吃香蕉，这香蕉真好吃。

旁白：小白兔吃完香蕉后，随手把香蕉皮扔在大路上。这个时候山羊爷爷突然摔倒了，眼镜也掉在了地上。

山羊爷爷：眼镜……我的眼镜……

旁白：小白兔、小灰兔没有多远，听到了山羊爷爷的声音，顺着声音的方向看到山羊爷爷正在地上找东西。

小白兔：哎，小灰兔，你看山羊爷爷在找什么呢？

小灰兔：走，我们过去看看吧！

兔子同问：山羊爷爷，你在找什么呢？

旁白：山羊爷爷非常生气。

山羊爷爷：哪个小调皮，扔个香蕉皮，差点摔坏我老山羊的这把老骨头，你们来得正好，快帮山羊爷爷找找眼镜。

旁白：兔子也在地上找起眼镜来，小灰兔看到了眼镜连忙忙捡起，拿给了山羊爷爷。

小灰兔：山羊爷爷，你的眼镜在这呢！

山羊爷爷：孩子，谢谢你们啦！

旁白：小白兔意识到自己的错误，羞愧地低下了头。

小白兔：山羊爷爷，对不起，刚才是我扔的香蕉皮。

小灰兔：叫你吃完东西不要乱扔，要爱护环境，你看刚才多危险呀，山羊爷爷差点摔坏了腿。

小白兔：我明白了，以后再也不乱扔东西了。

山羊爷爷：只要知错就改，就是好孩子，爷爷这里有你们爱吃的东西，你们猜猜是什么。

旁白：小白兔和小灰兔思考着，山羊爷爷说的爱吃的东西是什么呢？

小白兔：嗯，油炸麻辣串？

山羊爷爷：就知道吃垃圾食品，小白。

小灰兔：噢，我知道了，是我们爱吃的萝卜。

山羊爷爷：猜对了，一半是萝卜种子，需要你们付出劳动，才能收获萝卜。

旁白：于是山羊爷爷便分发种子给小白兔和小灰兔

兔子同说：谢谢山羊爷爷。

旁白：这时小白兔和小灰兔勤劳地耕地播种。

小白兔抱怨着：哎，这土怎么这么硬啊？

第二幕　一心一意与三心二意

人物介绍：小白兔、小灰兔、三只花蝴蝶、三只蜜蜂。

地点介绍：种萝卜的地方。

旁白：这时，小白兔发现三只路过的花蝴蝶，有白蝴蝶、粉蝴蝶、蓝蝴蝶，它们在空中飞来飞去。

蓝蝴蝶：啊！啊嚏！哎呀，不好意思，我感冒。

小白兔：花蝴蝶姐姐，你们来啦！

三只蝴蝶一起：是啊，你看，我们今天漂亮吗？

小白兔：漂亮极啦！

花蝴蝶：那你来追我们，好吗？

小白兔：好呀。

旁白：于是小白兔追起蝴蝶来，可是小灰兔却对三只蝴蝶不理不睬。粉蝴蝶感到奇怪极了。

粉蝴蝶：你怎么不陪我们玩一会儿呢？

小灰兔：别烦我，别烦我，我还要种萝卜呢。

旁白：小灰兔甩开粉蝴蝶，辛勤地去种萝卜去了。而此时的小白兔却还在和花蝴蝶们玩耍。这个时候又飞来了三只蜜蜂。

蜜蜂妹妹：小白兔，小白兔，你怎么欺负我家的蝴蝶姐姐啦？

小白兔：哼！谁欺负你的蝴蝶姐姐啦，我呀，捉蝴蝶姐姐陪我玩啦！

蜜蜂妹妹：反正我才不相信呢！于是扯住小白兔。

小白兔：反正我就是没有欺负她。

旁白：小白兔便偷偷地扯蜜蜂的翅膀。蜜蜂妹妹心里想：你这个胆大包天的小白兔，还敢弄我的翅膀，让你尝尝我真正的厉害，于是蜜蜂偷偷地走到小白兔身后，蛰它的屁股。

小白兔：哎呀！我的屁股，山羊爷爷，快来救我呀！

旁白：山羊爷爷听到后，就急忙赶来。

山羊爷爷：孩子，你又怎么啦？

小白兔：我的屁股被小蜜蜂扎了一针。

山羊爷爷：孩子，我叫你种萝卜，你怎么跑去捉蝴蝶啦？这下可好，让小蜜蜂叮了吧？他们跟你闹着玩呢，一会儿就不疼了。

小灰兔：山羊爷爷，小白兔把萝卜种子撒在地里，看见蝴蝶来了就去捉蝴蝶。

山羊爷爷：小灰兔，你真是一个懂事而勤劳的好孩子。

小灰兔：山羊爷爷，你说过，做事要一心一意，不要三心二意。

第三幕　付出多少收获多少

人物介绍：小白兔、小灰兔、山羊爷爷、小白兔种的萝卜、小灰兔种的萝卜。

地点介绍：种萝卜的地方。

山羊爷爷：小白兔，让山羊爷爷看看你种的萝卜。

旁白：山羊爷爷边说走过去看小白兔的萝卜，可是小白兔急忙挡在山羊爷爷前面，不让山羊爷爷往前走。

小白兔：山羊爷爷，我光顾着抓蝴蝶，忘记种胡萝卜了。

旁白：爷爷推开它的手，走到小白兔的萝卜地前，看到前面一片荒草，非常生气。

山羊爷爷：萝卜呢？萝卜呢？好好好，你种的萝卜怎么变成我爱吃的草了？

小白兔的萝卜：山羊爷爷，我们的小主人把我们丢在这里就不理我们啦，我们渴了，不给我们喝水，我们饿了，不给我们施肥。

旁白：山羊爷爷生气极了，看了看小灰兔，拉着它去看它种的萝卜。

山羊爷爷：走，我们看看小灰兔种的萝卜。

旁白：山羊爷爷看到小灰兔的萝卜，惊讶极了。

山羊爷爷：哇，这么大的超级大萝卜，还可以美容呢！

小灰兔的萝卜同说：山羊爷爷，你看，小灰兔把我们照顾得可好啦！

山羊爷爷，小灰兔每天都给我们洗淋浴，可舒服啦！

小灰兔的萝卜1号：不对不对，那是浇水。

小灰兔的萝卜2号：还给我们喂饭。

小灰兔的萝卜3号：不对不对，那是施肥。

小灰兔的萝卜4号：还给我们捉虫。

小灰兔的萝卜5号：我们萝卜家族可以美容减肥，降血脂，还可以预防癌症，山羊爷爷不是“咳咳咳……”咳嗽吗？萝卜也可以治疗你的咳嗽呢，花蝴蝶姐姐不是感冒了吗？送给她治感冒吧！

山羊爷爷：看来山羊也要像小白兔那样多吃萝卜呀。

小灰兔的萝卜同说：爷爷，可是有些小朋友不爱吃萝卜，我们萝卜家族的胡萝卜还可以预防近视呢！

山羊爷爷、小白兔和小灰兔齐说：冬吃萝卜夏吃姜，不劳医生开药方！

小白兔的萝卜们齐说：花蝴蝶姐姐、蜜蜂妹妹，大家快来拔萝卜啦！

旁白：于是，山羊爷爷、小白兔、小灰兔、蝴蝶姐姐和蜜蜂妹妹们一起拔萝卜。

落幕。

● **主题来源：**

选自科学教育出版社的《小学品德与生活》(二年级下册）单元主题“愉快的收获”中的二级主题。

● **案例来源：**

本案例首先由吉大师院附属小学赵俊华教师编剧，然后由刘艳芳和吴蕾蕾两位教师依据编剧进行课例设计，是一堂研究课。

● **案例教学模式：**

课本剧教学模式。

● **案例教学方法：**

表演法、谈话法、讨论法、小组合作法。

● **案例简析：**

本案例是“儿童与自我”模块中的主题内容，体现了27条课标内容中的“19. 在成人的帮助下，能总结、提升获得的经验或信息。”“22. 能够面对学习和生活中遇到的困难和问题，尝试自己解决问题，体验克服困难、取得成功的乐趣”。进而在“儿童与自我”模块中完成“儿童的情绪管理”的训练点。

本案例“努力才会有收获”二级主题采用“课本剧”教学模式设计，通过观看“小白兔小灰兔种萝卜”课本剧，让学生知道春天播种，才会有秋天的收获，从而达成知识目标。通过谈话式的小组合作，让学生畅谈交流自己成功的经历，培养儿童愿意付出，努力付出，不断付出的情感，从而达成知识目标和情感目标。最后让学生写出对自己未来的打算，明白有明确的目标才会有收获的道理，培养儿童为自己未来的目标愿意付出的生活态度，坚信有付出就有回报，从而达成知识目标及行为目标。

本案例旨在通过观看课本剧、畅谈交流自己成功的经历、写出对自己未来的打算三个教学环节，让学生明白成绩与辛勤的劳动是成正比的。有一分努力就有一分收获，日积月累，从少到多，奇迹就会创造出来。只有从点滴小事做起，付出汗水，克服行动中的困难，才能享有努力之后的成功喜悦。任何成绩的取得只能说明过去，你的收获应该和你的年龄同步增长，在新的阶段要有新的目标，在新的目标下得到新的收获。从而培养儿童愿意付出的生活态度，并坚持不懈地努力付出，坚信有付出就有回报。

第二节　儿童与社会

教学内容提示：

（一）我的健康成长

（二）我的家庭生活

（三）我们的学校生活

（四）我们的社区生活

（五）我们的国家

（六）我们共同的世界

一、模块主题内容

二、模块课标要求

1. 知道初步的保健常识并在生活中运用。（健康、安全地生活 5）

2. 了解儿童易发疾病的有关知识，积极参加预防疾病的活动。（健康、安全地生活 7）

3. 使用玩具、设备进行活动时，遵守规则，注意安全。（健康、安全地生活 8）

4. 认识常见的交通标志和安全标志，遵守交通规则。不到危险的地方去玩，避免意外伤害。（健康、安全地生活 9）

5. 熟悉学校环境，能利用学校中的卫生保健设施。（健康、安全地生活 12）

6. 爱父母长辈，体贴家人，主动分担力所能及的家务劳动。（负责任、有爱心地生活 2）

7. 懂礼貌，守秩序，爱护公物，行为文明。（负责任、有爱心地生活 5）

8. 尊重社会各行各业的劳动者，爱惜他们的劳动成果。（负责任、有爱心地生活 7）

9. 喜欢集体生活，爱护班级荣誉。（负责任、有爱心地生活 9）

10. 热爱革命领袖，了解英雄模范人物的光荣事迹。（负责任、有爱心地生活 11）

11. 尊敬国旗、国徽，学唱国歌。为自己是中国人感到自豪。（负责任、有爱心地生活 12）

12. 知道自己的成长离不开家庭，感受父母长辈的养育之恩。体会家庭成员间的亲情，以恰当的方式表达对他们的感激、尊敬和关心，孝敬父母长辈。（我的家庭生活 1）

13. 学习料理自己的生活，养成良好的生活习惯。关心家庭生活，主动分担家务，有一定的家庭责任感。（我的家庭生活 2）

14. 懂得邻里生活中要讲道德、守规则，与邻里要和睦相处，爱护家庭周边环境。（我的家庭生活 3）

15. 了解家庭经济来源和生活必要的开支。学习合理消费、勤俭节约的途径和方法。（我的家庭生活 4）

16. 知道家庭成员之间应该相互沟通和谅解，学习化解家庭成员之间矛盾的方法。（我的家庭生活 5）

17. 了解学校主要部门的工作和发展变化，增强对学校的亲近感，尊敬老师，尊重学校工作人员的劳动。（我们的学校生活 2）

18. 珍惜时间，学习合理安排时间，养成良好的学习习惯，独立完成学习任务，不抄袭、不作弊。（我们的学校生活 3）

19. 体会同学之间真诚相待、互相帮助的友爱之情，学会和同学平等相处。知道同学之间要相互尊重，友好交往。（我们的学校生活 4）

20. 知道自己是集体中的一员，关心集体，参加集体活动，维护集体荣誉，对自己承担的任务负责。（我们的学校生活 5）

21. 知道班级和学校中的有关规则，并感受集体生活中规则的作用，初步形成规则意识，遵守活动规则和学校纪律。（我们的学校生活 6）

22. 通过学校和班级等集体生活，体会民主、平等在学校生活中的现实意义。（我们的学校生活 7）

23. 关心了解周围不同行业的劳动者，感受并感激他们的劳动给人们生活带来便利，尊重并珍惜他们的劳动成果。（我们的社区生活 3）

24. 学习选购商品的初步知识，能够独立地购买简单物品，并明购物。具备初步的消费者自我保护意识。（我们的社区生活 4）

25. 了解本地区交通情况，知道有关的交通常识，自觉遵守交通法规，注意安全。（我们的社区生活 5）

26. 体验公共设施给人们生活带来的便利。形成爱护公共设施人人有责的意识，能够自觉爱护公共设施。（我们的社区生活 6）

27. 自觉遵守公共秩序，注意公共安全。做讲文明有教养的人。（我们的社区生活 7）

28. 体会社会对老年人和残疾人等弱势人群的关怀。对弱势人群有同情心和爱心，要有尊重和平等的观念，并愿意尽力帮助他们。积极参加力所能及的社会公益活动。（我们的社区生活 8）

29. 了解在公共生活中存在不同的社会群体，各种群体享有同等的公民权利，应相互尊重，平等相待，不歧视，不抱有偏见。（我们的社区生活 9）

30. 了解本地区的民风、民俗和文化活动，体会其对人们生活的影响。能够识别不良的社会风气，不参与迷信活动。（我们的社区生活 10）

31. 知道我国是一个统一的多民族国家，各民族共同创造了中华民族的历史和文化。

了解不同民族的生活习惯和风土人情，理解和尊重不同民族的文化。（我们的中国 2）

32. 初步了解我国的工农业生产，以及工农业生产与人们生活的关系，知道工人、农民付出的辛勤劳动与智慧，尊重他们的劳动。（我们的中国 6）

33. 了解我国的交通发展状况，感受交通在人们生活中的重要作用，关注城乡交通存在的问题。（我们的中国 7）

34. 知道现代通信的种类和方式，体会现代传媒，尤其是网络与人们生活的关系。在有效获取信息的同时，增强对信息的辨别能力，遵守通信的基本礼貌和网络道德、法律规范，做到文明上网。（我们的中国 8）

35. 知道我国是有几千年历史的文明古国，掌握应有的历史常识，了解中华民族对世界文明的重大贡献。珍爱我国的文化遗产。（我们的中国 9）

36. 知道近代我国遭受过列强的侵略以及中华民族的抗争史。敬仰民族英雄和革命先辈，树立奋发图强的爱国志向。（我们的中国 10）

37. 知道中国共产党的成立，知道中华人民共和国成立和改革开放以来取得的成就，加深对社会主义祖国和中国共产党的热爱之情。（我们的中国 11）

38. 知道中国人民解放军是保卫祖国、维护和平的重要力量，热爱中国人民解放军。（我们的中国 12）

39. 知道自己是中华人民共和国的公民，初步了解自己拥有的基本权利和义务。知道我国颁布的与少年儿童有关的法律、法规，学习运用法律保护自己，形成初步的民主与法制意识。（我们的中国 13）

40. 比较不同国家、地区、民族的生活习俗、传统节日、服饰、建筑、饮食等状况，从不同的角度，尝试探究差异产生的原因，尊重文化的多样性。（我们的共同世界 2）

41. 初步了解一些人类的文化遗产，激发对世界历史文化的兴趣。（我们的共同世界 3）

42. 初步了解我国与世界各国的经济相互依存关系，及其给人们生活带来的影响。（我们的共同世界 4）

43. 初步了解科学技术与人们生产、生活及社会发展的关系，认识科技要为人类造福，崇尚科学，反对迷信。（我们的共同世界 5）

44. 知道我国所加入的一些国际组织和国际公约，了解这些国际组织的作用。知道我国在国际事务中的影响日益增强。（我们的共同世界 7）

45. 感受和平的美好，了解战争给人类带来的影响，热爱和平。（我们的共同世界 8）

三、模块训练点

依据“儿童与社会”模块主题与课标内容，其训练点主要有：

1. 儿童身心的自我健康成长。（儿童与自我）
2. 儿童在家庭生活中的责任担当。（儿童与家庭）
3. 儿童融入学校的集体活动。（儿童与学校）
4. 儿童在社区生活中的文明教养与公益意识。（儿童与社区）
5. 儿童对祖国的了解理解及爱国之情。（儿童与祖国）
6. 儿童了解不同的文化，尊重文化的多样性，热爱和平。（儿童与世界）

四、模块教学案例简析

● **案例四**

案例 4～7

齐心真好[①]

执教人：邓祖贤

（一）教学目标

1. 知识目标：了解合作的重要性，知道社会生活中有许多事情只有合作才能做好。

2. 能力目标：能与同学合作，共同做事。

3. 情感目标：培养合作意识与合作精神，体会“合作真好”。

4. 行为目标：培养学生愿意合作、主动合作、努力合作、智慧合作的习惯。

5. 过程与方法：① 通过播放本课主题内容让学生了解合作的重要性，达成知识目标；② 通过阅读小故事《杰出的合作》开展主题讨论，培养学生的合作意识与合作精神，体验在集体活动中的合作乐趣，达成情感目标；③ 通过两次“拉球”游戏让学生能与同学一起做事，从而培养学生愿意合作、主动合作、努力合作、智慧合作的习惯，达成能力目标和行为目标。

（二）教学重点

能与同学合作做事，体会“合作真好”。

（三）教学难点

培养学生愿意合作、主动合作、努力合作、智慧合作的习惯。

（四）教学过程

1. 观看视频导入新课。

同学们观看“中国女排世界杯夺冠之路”的视频；观看前教师用下面的导语引出录像的主题。

老师：在 2004 年雅典奥运会上，中国女排取得了集体项目唯一的一枚金牌。15 年过去了，是什么让她们在今年世界杯上创造了 11 连胜的“奇迹”呢？请看中国女排夺冠之路的赛事实况片段。

2. 体验故事游戏讲授新课。

（1）阅读小故事《杰出的合作》，交流讨论。

老师：故事读完了，同桌间交流阅读感受。

深入讨论：为什么需要合作？有没有一个人做不了的事情?有没有必须靠两个人才能完成的事情？有没有需要更多人才能完成的事情？

结合上面事例，进一步总结说明：合作容易把事情做好。

教师出示多组合作场景图进行强化与拓展，如：打扫教室清洁、集体赛事中获得的奖状、锦旗等，并配以恰当解说。提问：在我们班上、我们周围还有这样的合作事例吗？

---

① 李季湄主编：《小学品德与社会》（六年级下册），“学会合作”下二级主题，2015 版第 3-5 页。

小结：就像同学们说的这样，无论是战胜学习困难还是赢得集体荣誉，都需要我们之间的合作，合作让我们更开心。

（2）实验操作“拉球”游戏。

老师：合作究竟是不是像大家三言两语形容的这样简单呢？现在大家一起做个实验，老师先让两组的同学合为一组一起做实验（乒乓球放在矿泉水瓶里，每个人手上有一根线，同时把瓶内的乒乓球拉出来），大家试着用最快、最简单的办法，把乒乓球快速地拉出来。

学生都有顺序地一个接一个地把乒乓球带了出来。

提问：老师特别奇怪，我们第一次做拉球和第二次做拉球，都是想把球拉出来，力往一处使，可为什么结果不一样呢？

小结：合作必须动脑子，为了同一个目标，齐心协力做事。

（3）体验“合作”快乐。

老师：同学们肯定还知道很多很多合作的例子，我们全班同学就来先体验一下合作的快乐，合作的力量。老师给每个组一张白纸，为了迎接2020年冬奥会的到来，你们要在白纸上设计一幅手抄报，向大家宣传、介绍冬奥会。我们看看哪个小组最爱动脑筋、最有创新，最能展现小组合作的力量。别急，先想一想，如果要合作好，是拿过来就开始做吗？

学生交流分工后合作完成冬奥会手抄报。

学生成果展示，小组成员依次介绍各自的任务，分享合作过程。

老师：我们第X组同学为了迎接2020年冬奥会的到来，一起分工协作完成了这幅手抄报，这就是我们合作的力量。

3. 复习巩固。

各组依次把冬奥会手抄报展示在黑板上，比一比谁的小组合作的更好，画得更好。

4. 拓展提升。

你们说，合作好吗？现在，老师相信大家都已经懂得“合作”的真谛：合作就是大家为了同一个目标，齐心协力，互相配合，取长补短，共同完成一项任务。体育比赛需要合作；研究开发新产品需要科研人员之间的合作；联合国“维和”需要国家之间的合作；社会生活中，很多事情只有合作才能做好，中华民族的伟大复兴需要你我他的合作。让我们一起大声地宣告：齐心真好！

（五）板书设计

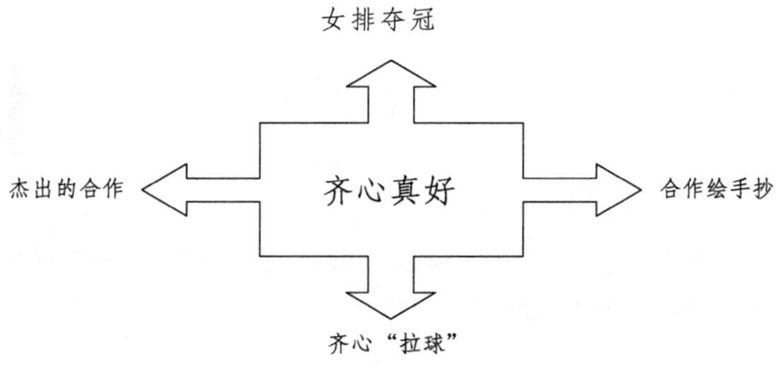

● **主题来源：**

选自教科版的《小学品德与社会》（六年级下册）小学教材单元主题“学会合作”中的二级主题“齐心真好”。

● **案例来源：**

本案例是由邓祖贤教师执教，刘艳芳教师指导完成。

● **案例教学模式：**

小组合作式教学模式。

● **案例教学方法：**

游戏法、讨论法、小组合作法。

● **案例简析：**

本案例是“儿童与学校”模块中的主题内容，体现了课标内容中的“知道每个人都生活在一定的集体中，明白一个集体只有团结合作、齐心协力才有力量。知道现代社会有竞争，更需要合作，竞争对手也是朋友。学会与人交流、合作，尊重他人，体验与人交流、合作的快乐，分享成功的喜悦”。[①]体会同学之间真诚相待、互相帮助的友爱之情；学会和同学平等相处；知道同学之间要互相尊重，友好交往。知道自己是集体中的一员，关心集体，参加集体活动，维护集体荣誉，对自己承担的责任负责。通过学校和班级等集体生活，体会民主、平等在学校生活中的现实意义。这个单元主要讲的是正确认识对手与朋友、合作与竞争、共享与双赢的关系，学会与人相处、与人合作。

本案例“齐心真好”二级主题采用小组合作法教学模式设计，通过游戏法、讨论法、小组合作法等多种教学方法的交叉使用，学生明白“齐心真好，合作力量大”的道理，能与同学一起做事合作。教学第一个环节通过“中国女排世界杯夺冠之路”视频故事让学生了解合作的重要性；教学第二个环节通过阅读《杰出的合作》故事与交流讨论，培养学生的合作意识与合作精神，体验在集体活动中的合作乐趣；教学第三个环节通过两次“拉球”游戏让学生能与同学一起做事合作，从而培养学生愿意合作、主动合作、努力合作、智慧合作的习惯。三个环节层层相叠，环环相扣，螺旋上升。

本案例设计思路缘于现代儿童青少年是家庭的中心，受到父母的过度保护与关注，缺乏合作意识，不太善予与人合作并体会合作共享的快乐，缺乏协调人际关系的能力的现状。因此训练教会学生在集体中拥有合作意识，学会与别人合作，互相学习，互相进步，具备与别人一起合作做事的能力，进而培养学生愿意合作、主动合作、努力合作、智慧合作的行为习惯。

● **案例五：**

上学路上[②]

执教人：张莹

案例 4～7

（一）教学目标

1. 知识目标：熟悉从自己家到学校的路；知道在上学路上不要玩耍、不吃不洁的食物、不和陌生人说话、遵守交通规则。

---

① 中华人民共和国教育部：《义务教育品德与生活课程标准》，2011 年版第 2-6 页。

② 鲁洁主编：《小学品德与生活》（一年级上册），“快乐每一天”下二级主题，2017 版第 8-19 页。

2. 能力目标：掌握基本的交通安全常识；培养学生在上学路上能自理自护的能力。

3. 情感目标：初步培养学生遵守交通、按时上学不迟到的规则意识和自我保护意识。

4. 行为目标：做到在上学路上遵守交通规则、按时上学不迟到，养成良好的饮食习惯和上学不迟到的习惯。

5. 过程与方法：通过“乐乐上学记”的木偶表演，让学生知道在上学路上不要玩耍，不吃不洁的食物，不和陌生人说话，遵守交通规则；通过连接“上学路线图”，让学生熟悉从自己家到学校的路，达成知识目标；通过交通警察叔叔进课堂现身示范交通规则，初步培养学生遵守交通、按时上学不迟到的规则意识和自我保护意识，进而掌握基本的交通安全常识，从而培养学生在上学路上自理自护的能力，达成情感目标和能力目标；通过学生参与活动、融入情景的粘贴画直观形象教学，让学生做到在上学路上遵守交通规则、按时上学不迟到，养成良好的饮食习惯和上学不迟到的习惯，达成行为目标。

（二）教学重点

培养学生在上学路上自理自护的能力。

（三）教学难点

初步培养学生遵守交通、按时上学不迟到的规则意识和自我保护意识。

（四）教学过程

1. 情景导入。

真高兴，能和大家一起学习，让我们成为好朋友，好吗？好。

同学们，清晨小公鸡喔喔地叫着（观看粘贴画 1），这时候太阳公公张开笑脸（教师贴粘贴画 2），白云阿姨轻舞着长袖，慢慢地飘上了天空（教师贴粘贴画 3），小鸟高兴地唱起来，花儿露出了美丽的大眼睛，我们的小朋友背起了小书包，也要上学啦（教师揭开粘贴画 4）。今天我们就一起来学习“上学路上”（教师指向粘贴字 5）。

2. 乐乐与警察叔叔的新课讲授。

（1）“乐乐上学记”木偶表演。

① 乐乐自己去上学。

同学们看，这是谁？鸭子，鸭子。哈哈，它叫“乐乐”，听听它要对我们说些什么？嗨，同学们好，我叫乐乐，今天认识你们这么多新伙伴，我可开心啦！对啦对啦，我要告诉你们一件事情，平时呀都是爸爸妈妈送我去上学，今天早晨我对爸爸妈妈说，我已经长大了啦，是小学生啦，我要自己去上学，爸爸妈妈听了，高兴地答应啦。哦，自己去上学了咯，你们愿意跟我一块去吗？愿意。

② 乐乐来到商店旁。

乐乐一蹦一跳地走出了家门，走着走着，乐乐来到了一家商店旁（教师揭开粘贴画 6），商店的橱窗里有好多好多的东西，你们都喜欢什么？喜欢商店橱窗里的什么东西？随便说一说。我喜欢小吊车，我喜欢电车，我喜欢铅笔，和你们一样，乐乐可喜欢这些东西啦，被深深地吸引住啦，乐乐不走啦，你们着不着急呀？着急。为什么着急？因为他不走他会迟到的，因为他要上学晚啦……说的真棒，让我们一起来催催乐乐，好不好？乐乐快走，乐乐快走，上学要迟到了……大家说得对极啦，我要赶紧走了，我要赶紧往前走。

③ 乐乐碰到陌生人。

走着走着，乐乐来到了一条僻静的小路上，这儿静悄悄的，一个人都没有。突然从对面走来了一个陌生人，接下来会发生些什么事呀？下面，老师来演陌生人，同学们谁想来演乐乐呀？王洋，你来演下乐乐吧。嗨，小朋友，你叫什么名字呀？我叫乐乐。乐乐呀，这么冷的天，去哪呀？我要上学去。不着急，这样吧，先和叔叔一起走，喝杯牛奶，吃块巧克力，然后让叔叔送你去上学，好不好？不行，不行，妈妈说啦，不让我吃别人东西。没关系的，叔叔不是别人，跟叔叔走吧。不行，叔叔，我要去上学啦，叔叔再见。好，你慢点走。王洋同学演得好不好？好。让我们鼓励鼓励下他：王洋，你真棒，你是我们的好棒样。谁还想再来演一下？李建。嗨，小朋友，你要去哪呀？我要去上学，叫什么名字？我叫乐乐。哦，你是乐乐，对啦，乐乐，爸爸妈妈那天跟我说，你自己上学，他们不放心，让我陪你一块儿去，行，跟我一起走吧。不行，不行，我的爸爸妈妈没有告诉过我，不让我跟别人去上学。那就是他们忘记告诉你啦，跟我走吧，这太危险啦，跟我一块走吧。不行，不行，我要去上学，叔叔再见，我要走啦。他也不理陌生人，他演得好不好？好。老师奖励给你一个小笑脸。鼓励鼓励他：李建，你真棒，你是我们的好榜样。

④ 乐乐同学你真棒。

同学们，你们觉得这两个同学做得对不对？对。为什么？因为这个陌生人是坏人，我们不能吃坏人的东西，要是吃了的话，坏人就把他领走，就上不了学啦。要是坏人把他领走，就找不到爸爸妈妈啦。看来咱们大家聪明极了，如果我们在一些偏僻的地方，碰到陌生人，我们可不能随随便便跟他走，更不能吃他的东西。好不容易乐乐摆脱了陌生人的纠缠，他长长地舒了一口气，情不自禁地唱起了“上学歌”。愿意跟他一起唱吗？愿意。咱们加上自己的小动作。(歌曲：上学歌)太阳当空照，花儿对我笑，小鸟说早早早，你为什么背上小书包？我要上学校，天天不迟到，爱学习爱劳动，长大要为人民立功劳。唱得真好，表扬表扬自己：嗨，嗨，我真棒，继续努力会更棒。

(2)“警察叔叔进课堂”实情真讲。

老师：乐乐穿过了小树林，走着走着，来到了十字路口，这时候他看见了一个头顶大钢帽身穿警服的叔叔，猜猜这个叔叔是谁？

同学：(齐声说)警察叔叔。

老师：想不想听警察叔叔为我们讲课。

同学：(齐声说)想。

让我们掌声欢迎警察叔叔。

① 初识红绿灯。

警察叔叔：同学们好。

同学们：警察叔叔好。

警察叔叔：咱们今天和乐乐一起比赛，看看谁最聪明，谁记忆力最好，谁最勇敢。

警察叔叔：咱们今天一起来认识一下交通标志。我要考同学们一个问题，同学们看没看过红绿灯？咱们来一起背一背红绿灯的儿歌。我请一位同学，勇敢一点。

同学：红灯停，绿灯行，黄灯亮了，等一等。

我们今天要做一个游戏。警察叔叔拿出纸牌。纸牌上有红黄绿三种颜色，警察叔叔教大家一起做动作。

② 认识交通标志。

认识斑马线、禁止通行线、交通危险标志等，警察叔叔继续教同学们认识交通标志。

老师出示斑马线、禁止行走图标、危险图标，让同学识别。教学生过马路要走斑马线，学会看标示图，做一名小交通员，巩固练习红绿灯的儿歌和动作。

乐乐顺利地穿过马路，来到工地上。那么工地都有些什么？

同学：卡车、机器。

老师：乐乐走到这会怎么样呢？请同学们来演一演。

同学上台演乐乐：这里有好多东西啊，我还是绕道走吧！

老师：乐乐演得真棒，那么乐乐为什么要绕道走呢？

同学齐声：很危险。

请同学来把刚刚警察叔叔教给大家的标志贴在黑板上，并教大家再一次认识交通标志。

3. 贴图标巩固新知。

老师回顾本节课所学的内容，并教小朋友一起来制作上学的路上所遇到的事情，用小图标贴上去。

最后将小朋友制作的卡片小图在黑板上展示出来，并请同学说说从家里到学校的路途会经过哪些地方，所需要注意哪些事项。

同学：我从家里出发到了商店，不能随便拿别人的东西，过马路的时候我要看红绿灯，红灯停下来，绿灯再行走，黄灯等一等。到工地时就绕一绕，再去学校。

4. 总结复习，拓展提升。

这节课教学目的就是让同学们认识红绿灯，过马路要注意安全，平平安安上学，再平平安安回家。

● **主题来源：**

选自 2012 苏教版的《小学品德与生活》（一年级上册）单元主题“快乐每一天”中的二级主题“5 上学路上”。

● **案例来源：**

本案例来源于张莹教师的一堂研究课，由吉首大学师范学院刘艳芳教师进行文字整理。

● **案例教学模式：**

情景式教学模式。

● **案例教学方法：**

游戏法、情景教学法、角色扮演法。

● **案例简析：**

本案例是“儿童与社会”模块中的主题内容，体现了 45 条课标内容中的“4. 认识常见的交通标志和安全标志，遵守交通规则。不到危险的地方去玩，避免意外伤害。”“13. 学习料理自己的生活，养成良好的生活习惯。”“25. 了解本地区交通情况，知道有关的交通常识，自觉遵守交通法规，注意安全”的要求。围绕 6 大训练点，关注儿童社会教育的话题，进而培养儿童在上学路上的自理和自护意识，更好重视儿童身心的自我健康成长。

这个单元主要讲的是“快乐每一天”，告诉儿童在上学路上做到不要玩耍、不吃不洁的食物、不和陌生人说话、遵守交通规则，做一个理性的快乐者。品德与生活课程是以儿童的生活为基础，能培养良好品德、乐于探究、热爱生活的儿童为目标的活动型综合课程。这就是说品德与生活要立足于学生的生活，立足于学生的活动，立足于学生的发展，所以

“上学路上”的教学案例设计，就是基于儿童的生活场景，让儿童参与教学活动，扮演喜欢的“乐乐”角色，通过好玩的粘贴画游戏，直观形象的学习，真正做到“玩中学”。而警察叔叔进课堂更是将学校教育与社会教育很好地融合，增强教学的吸引力、说服力、权威性。

本案例采用情景教学式教学模式设计，游戏法、情景教学法、角色扮演法等多种教学方法交叉使用。由于一年级学生自主学习能力较差，所以在学生贴一贴、说一说、演一演、连一连等活动中，教师要注意观察，及时发现孩子们在活动过程中出现的问题和困惑，并适时给予引导。教学第一个环节通过上学路上的“儿童粘贴画”活动，让学生熟悉从自己家到学校的路；教学第二个环节通过“乐乐上学记”木偶故事表演，让学生知道在上学路上不要玩耍、不吃不洁的食物、不和陌生人说话、遵守交通规则，具备初步的规则意识和自理自护能力；教学第三个环节通过警察叔叔进课堂真实场景再现，让学生做到在上学路上遵守交通规则、按时上学不迟到，养成良好的饮食习惯和上学不迟到的习惯。三个环节相互融合，互相渗透，环环相接，螺旋上升。

低年级儿童在上学路上，喜欢玩耍、买零食，不遵守交通规则，迟到现象也时常发生，不知道在路上玩耍、在商场门口玩、在地上玩弹珠、边走边玩溜溜球，在小摊小贩那买零食、边走边吃，走在机动车道、走在马路中央、走在路的左边、横穿马路、追逐小动物和车辆等都是不好的习惯。《上学路上》课例，通过“乐乐上学记”的木偶表演，让学生熟悉从自己家到学校的路，明白在上学路上不要玩耍，不吃不洁的食物，不和陌生人说话，初步培养遵守交通规则、按时上学不迟到的意识和自我保护意识。而警察叔叔进课堂的真景实情，则让学生掌握基本的交通安全常识，培养学生在上学路上自理自护的能力，做到在上学路上遵守交通规则、按时上学不迟到，养成良好的饮食习惯和上学不迟到的习惯。

● **案例六**

案例 4～7

在学校工作的人们[①]

执教人：谭钰

（一）教学目标

1. 知识目标：了解学校里除自己的老师以外的工作人员，了解他们的工作内容、工作方式以及工作感想。

2. 能力目标：学会以小组合作观察的方式展开学习活动，学会与人交流、合作、分享快乐。

3. 情感目标：理解这些人的工作对自己在学校健康、快乐的生活和学习是不可或缺的。

4. 行为目标：萌发学生尊重身边人劳动成果的意识。

5. 过程与方法：通过视频了解学校工作人员的工作，用实际行动表达感激之情。

（二）教学重点

1. 以小组合作的形式进行观察学习，并把自己观察的结果向小组汇报和交流。

---

① 戚万学，傅国亮，刘建效主编：《小学品德与社会》（三年级上册），“我爱我们的学校”下的二级主题，2017 版第 34-36 页。

2. 通过对这些人工作的了解，激发对他们的感激和尊敬之情。

（三）教学难点

懂得学校里其他工作人员对自己的学习和成长不可缺少，萌发对他们的感激和尊敬。

（四）教学过程

1. 课前观察，导入新课。

（1）上节课老师给大家布置了课后作业：以小组为单位，留心观察学校的各个部门，都有哪些人在学校工作？现在，请同学们说说你们小组观察到的情况吧。

学生按学校不同部门进行汇报，根据学生的述说，依次出示学校各部门的工作牌。

（2）刚刚听同学们介绍了学校中不同的部门和在这个部门工作的人们，老师这里有一些学校工作人员的照片，我们一起来看看吧！（教师相应地出示照片，学生观察，对学校工作的人们初步了解）

（3）教师补充学生没有观察到的部门以及工作的人。

（4）小结：通过刚刚的交流，我们了解到在我们学校除了给我们上课的老师之外，还有许多组织机构和部门都在为同学们服务，那这节课就让我们深入地去了解一下他们每天都在学校里做些什么，他们的工作给我们的学校生活带来什么样的影响呢？

2. 记录观察，体验情感。

（1）师：同学们，你们知道校长、教导主任、少先辅导员等人每天在学校做些什么工作吗？老师播放他们工作时的视频，请大家认真观看，并把你们手中的观察记录表填写好。

（不同小组记录不同部门的工作人员一天的工作情况，组内分工明确）

（2）刚刚观察视频中学校的工作人员一天的工作情况，你们小组的观察记录表都填好了吗？还有哪个小组有对你们观察的工作人员工作情况不清楚的，请举手示意，我们一起补充完整。

教师相机指导帮助学生完善每个小组的观察记录表，小组依次上台展示。

（3）原来每个工作岗位上的人每天都这么忙，看着你们手中对他们工作的记录，脑海中回想着他们工作的样子，请同学们发挥你们的想象，要是学校没有这些工作人员，学校将会变成什么样？

生：如果没有张爷爷每天给花朵浇水、除草，学校里的花就不会开得那么美！

生：要是学校图书馆里没有图书管理阿姨，我们去图书馆看书将会找不到我们想要的书籍。

（学生发挥想象，自由发言）

（4）大家刚刚的想象都是合情合理的，那老师想问大家，你们觉得，谁的工作最重要，学校一定不能没有他？

生回答，教师总结。

（5）小结：同学们说得都没错，学校里每个岗位的工作都很重要，我们幸福的学习生活来自学校里工作的每一个人。在我们学校里，各个工作岗位的人们每天都在辛勤地工作着，正是因为他们的存在，学校越来越好，让我们可以在学校里快乐地成长！

3. 表情达意，小结巩固。

（1）同学们，在学校里工作的人中，有许许多多的人，他们每天都在勤勤恳恳地工作着，一心只为学生，他们在自己的岗位上默默地奉献。他们的故事并不是这节课就能理解到的，我们要做生活的有心人，在生活中去观察他们，了解他们，体会他们工作的艰辛。面对这些工作人员，你有什么话要对他们说的？

（生举手回答）

（2）同学们说得都非常好！现在，拿出你们抽屉里的卡片，让我们在歌声中把你最想说的话表达出来，送给学校的工作人员吧。（教师播放歌曲《感谢》，学生写卡片）

4. 学生思考，拓展延伸。

老师是同学们心中最可爱的人，我们尊敬和感谢老师，除了用感谢卡表达自己的感激之情，我们还能用其他的方式向他们表示感谢吗？请同学们好好想想，并在课后付诸行动。

● **主题来源：**

选自科教版《小学品德与社会》三年级上册教材单元主题“我爱我们的学校”中的二级主题“在学校里工作的人们”。

● **案例来源：**

本案例由谭钰教师执教，刘艳芳教师指导完成。

● **案例教学模式：**

体验式教学模式。

● **案例教学方法：**

谈话法、小组合作法。

● **案例简析：**

本案例是“儿童与社会”模块中的主题内容，体现了45条课标内容中的（17）：了解学校主要部门的工作和发展变化，增强对学校的亲近感，尊敬老师，尊重学校工作人员的劳动（我们的学校生活2），了解学校工作人员的工作内容、工作方式，并理解学校工作人员的工作。①

本案例“在学校工作的人们”二级主题采用体验式教学模式设计，谈话法、小组合作法等多种教学方法的交叉使用，让学生学会以小组合作观察的方式展开学习活动，学会与人交流、合作、分享快乐。

本案例设计思路，《品德与社会》课程标准中指出：“教育必须贴近儿童的生活，反映儿童的需要。”本案例基于课程标准和学情分析，让学生从自己的生活世界出发，用自己的眼睛去观察社会，用自己的心灵去感受社会。所以，本课的整体设计思路为：走进生活——观察交流——理解尊重——学会感谢。

第三节　儿童与自然

教学内容提示：

（一）亲近大自然

（二）了解周边及区域大环境

（三）爱护环境节约资源

① 中华人民共和国教育部：《义务教育品德与社会课程标准》，北京师范大学出版社，2011年版第9页。

（四）人类只有一个地球

一、模块主题内容

1. 一年级

《大自然真美丽》《我爱美丽的生命》

2. 二年级

《我爱绿树，我爱蓝天》

3. 三年级

《家乡的山山水水》《有趣的家乡风情》

4. 四年级

《我的绿色日记》《大自然发怒的时候》

5. 五年级

《乡村新发现》《一方水土养一方人》

6. 六年级

《我们去环球旅行》《只有一个地球》

二、模块课标要求

1. 爱护家庭和公共环境卫生。（健康、安全地生活 4）

2. 了解天气、季节变化对生活的影响，学会照顾自己。（健康、安全地生活 6）

3. 了解当地多发的自然灾害的有关知识，知道在紧急情况下的逃生或求助方法。（健康、安全地生活 10）

4. 亲近自然，喜欢在大自然中活动，感受自然的美。（愉快、积极地生活 2）

5. 爱护动植物，节约资源，为保护环境做力所能及的事。（负责任、有爱心地生活 8）

6. 了解家乡的风景名胜、主要物产等有关知识，感受家乡的发展变化。（负责任、有爱心地生活 10）

7. 对周围环境充满兴趣，喜欢接触新鲜事物。（动手动脑、有创意地生活 2）

8. 喜欢利用身边的材料自制小玩具、小礼物或布置环境等来丰富和美化生活。（动手动脑、有创意地生活 3）

9. 能根据需要动手做简单的道具、小模型、小物品等来开展活动。（动手动脑、有创意地生活 4）

10. 能积极地出主意、想办法，扩展游戏或推进活动。（动手动脑、有创意地生活 5）

11. 学习用观察、比较、调查等方法进行简单的生活和社会探究活动。（动手动脑、

有创意地生活 6）

12. 能与同伴交流、分享、反思探究的过程或成果。（动手动脑、有创意地生活 7）

13. 能看懂学校和学校周边的平面图。能利用简单的图形画出学校平面图以及上学路线图。（我们的学校生活 2）

14. 能够识读本地区（区、县、市等）、旅游景区等小区域的平面示意图。正确辨认区域地图上的简单图例、方向、比例尺。（我们的社区生活 1）

15. 了解本地区的自然环境和经济特点及其与人们生活的关系；感受本地区的变化和发展；了解对本地区发展有贡献、有影响的人物，萌发对家乡的热爱之情。（我们的社区生活 2）

16. 了解本地区生态环境，参与力所能及的环境保护活动，增强环境保护意识。（我们的社区生活 11）

17. 知道我国的地理位置、领土面积、海陆疆域、行政区划。知道台湾是我国不可分割的一部分，祖国的领土神圣不可侵犯。（我们的国家 1）

18. 了解我国不同地区自然环境的差异，知道并理解这些差异对人们的生产和生活方式的影响。（我们的国家 3）

19. 知道我国是一个地域辽阔、有着许多名山大川和名胜古迹的国家，体验热爱国土的情感。（我们的国家 4）

20. 了解我国曾经发生过的地震、洪水等重大自然灾害，知道大自然有不可抗拒的一面。感受人们在灾害中团结互助的可贵精神。学习在自然灾害中自护与互助的方法。（我们的国家 5）

21. 知道世界的大洲、大洋的位置，能在地图或地球仪上找到相应的国家或地区。（我们的共同世界 1）

22. 初步了解全球环境恶化、人口急剧增长、资源匮乏等状况，以及各个国家和地区采取的相关对策，体会“人类只有一个地球”的含义。（我们的共同世界 6）

三、模块训练点

依据“儿童与自然”模块主题与课标内容，其训练点主要有：

1. 爱护环境卫生教育（家庭、公共）。
2. 识读平面识意图（学校、本地区）。
3. 了解地理位置（学校、社区、家长、中国、世界）。
4. 生态环境保护意识教育。
5. 自然灾害灾情教育。
6. 自然环境与人们生活的关系。
7. 自然环境的差异性教育。
8. 了解各地风景名胜（家乡、中国、世界）。

四、模块教学案例简析

● **案例七**

案例 4～7

花草树木点头笑①

执教人：周昱枝

（一）教学目标

1. 知识目标：能够说出生活中常见植物的名称；了解植物对人们生活的积极作用。

2. 能力目标：培养爱护花草树木的习惯及能力。

3. 情感目标：培养初步的环境保护意识，培养热爱并保护花草树木的情感，保护生态。

4. 行为目标：从身边小事做起，付诸实际行动爱护花草树木。

5、过程与方法：① 通过“植物名称大比拼”和“帮植物朋友做介绍”的游戏活动，让学生进一步了解花草树木，感受植物对人们生活的积极作用，从而达成知识目标；② 通过给保护花草树木出谋划策，让学生付诸行动，渗透学生对花草树木爱护的责任意识，培养爱护花草树木的习惯及能力，达成能力目标；③ 通过“我们的护绿行动”学习环节，让学生评一评议一议，该如何保护花草树木，培养热爱并保护花草树木的情感，达成情感目标；④ 通过给保护花草树木出谋划策，让学生付诸行动，培养学生爱护花草树木的习惯，达成行为目标。

（二）教学重点

能够说出生活中常见植物的名称，感受和发现植物对人们生活的积极作用。

（三）教学难点

培养初步的环境保护意识，愿意以实际行动爱护花草树木。

（四）教学过程

1. 创设情境，激趣导入。

师：告诉同学们一个好消息，（课件出示森林舞会的画面）森林里要开森林舞会了，植物朋友们想邀请大家一起参加，你们愿意去吗？（愿意）不过你们要经过几关考验，成为绿色小卫士才能去参加舞会，怎么样有信心吗？（有）好，那就让我们一起来进入争当绿色小卫士的行动吧！

师：我们先来分成三组，每个组以一种植物的名字作为你们小组的名字，现在各组同学讨论一下，给自己组取一个好听的名字吧！（各组取名字）

2. 认识花草树木。

（课件出示各种植物的图片）欣赏美丽的植物，了解这些美丽的植物能够给人带来美的享受。

师：这些植物多美呀，有了它们，我们的生活才变得绚丽多彩。我们的身边就有许许多多这样的植物，它们一年四季都陪伴着我们，同学们也一定知道很多花草树木的名字吧？

---

① 陈少娟主编：《小学品德与生活》（二年级下册），“让家园更美好”下的二级主题，2017 版 28-33 页。

下面我们来到第一关。看看哪个小组知道的植物多？

第一关：植物名称大比拼。

一分钟之内说出植物的名称，累计说得最多的小组获得比赛胜利。

生：紧张有序地抢答名称。

师：统计学生积分，并肯定学生：真厉害，你们认识这么多的植物，恭喜你们顺利通过第一关！

第二关：帮帮植物朋友做介绍。

森林舞会就要开始了，可是植物们还没有想好怎么表演好自我介绍呢，第二关就是要请大家来帮植物朋友们完成表演。

教师示范引导：我是荷花，夏天我开出红色、白色、粉色的花朵，长出圆圆大大的荷叶，下雨时人们都能拿它当雨伞；我结出的果子是莲子，营养又美味……

生选择自己喜欢的植物，以自我介绍的形式，向大家介绍自己熟悉或喜欢的植物的特征，如形状、颜色、生活习性、功用等。

听了大家的精彩介绍，植物朋友们也都纷纷称赞大家呢！（课件出示花草树木说的话）

3. 花草树木本领大。

通过刚刚的自我介绍，大家有没有对我们的这些植物朋友们更加了解呢？植物朋友还出了难题要考考你们，你们有信心吗？

（1）抢摘智慧果。

师：下面这个挑战是抢答摘果，小组比赛抢答，答中一个就奖励一颗智慧果，得果实多的组胜出。

花草树木是保护环境的能手，他们的本领可大了，你能说出它们都有哪些本领吗？

（小组讨论抢答）

除了保护环境，有些植物还可以食用、用作药材、香料、木材等，看看这些植物你认识吗？还有什么用途？（课件出示植物图片）

（学生抢答。如有困难教师相机提示，帮助完成）

师：你们的表现棒极了，数数你们篮子里的智慧果，哪组胜出？

为了奖励你们，这些果实送给你们了!开心吗？这可是平常留心生活善于观察积累知识给你们带来的收获。

（2）制作光荣簿。

师：花草树木为我们立下了这么多功劳，我们给它们做个光荣簿好吗？

前后四个人为一小组合作完成这个光荣簿，把你们收集到的植物卡片拿出来，先在小组里介绍一下，然后把它贴在光荣簿里，并在旁边标出它的作用。

生：学生小组合作交流，完成任务。（师指导）

4. 我们的护绿行动。

师：花草树木为我们人类提供了许多有益的帮助，我们应该怎样对待他们？

生：爱护花草树木，保护环境。

但是在我们的生活中总有些人有意无意地伤害花草树木。下面我们来看看他们是怎么做的？这样的行为对吗？为什么？

（教师课件出示反面案例情境图）

生：自由回答，畅所欲言。

讨论：遇到这样的情况，我们应该怎样做？怎样才能防止这样的事情发生，保护我们的植物朋友呢？你有什么保护花草树木的好办法吗？

生：不践踏草坪，不能摘花折枝，种树，给花草树木浇水施肥……

师：同学们的办法可真多！为了不让损害花草树木这样的事情再发生，我们也行动起来为植物朋友们做点什么吧！ 我们可以成立一个护绿小队，就从我们的校园开始，让我们用行动来爱护花草树木。

5. 小结评议，情感升华。

因为有了你们的爱，大自然中的花才会更美，小草才会更绿，树木才会更挺拔，花草树木才会高兴地点头笑（板书：笑脸+文字）

师：地球是我们的家，我们只有行动起来，真诚地与动物、植物和谐共存，我们的大地妈妈才会露出笑脸.我们生活在大地妈妈的怀抱里才会更快乐、更幸福。那么现在我宣布大家都已经成为合格的绿色小卫士了，为我们出色的表现鼓掌吧!

师：现在就让我们一起去参加森林舞会吧!（课件出森林舞会的图片并播放音乐，学生走出座位，手拉着手）

课件出示，学生齐读："我们用绿色装点春天，我们用五彩为大地作画，我们生活在每个地方，广阔的土地就是我们的家。"

● **主题来源：**

选自人民教育出版社的《小学品德与生活》（二年级下册）单元主题"让家园更美好"中的二级主题的教材内容。

● **案例来源：**

本案例由周昱枝教师执教，刘艳芳教师指导完成。

● **案例教学模式：**

游戏教学模式。

● **案例教学方法：**

谈话法、游戏法、讨论法、小组合作法等。

● **案例简析：**

本案例是"儿童与自然"模块中的主题内容，体现了 22 条课标内容中的（4）亲近自然，喜欢在大自然中活动，感受自然的美。（愉快、积极地生活 2）（5）爱护动植物，节约资源，为保护环境做力所能及的事。（负责任、有爱心地生活 8）（15）了解本地区的自然环境和经济特点及其与人们生活的关系。（我们的社区生活 2）（16）了解本地区生态环境，参与力所能及的环境保护活动，增强环境保护意识。（我们的社区生活 11）①

这个单元主要讲的是人与自然的关系，旨在让学生建立初步的生态意识，重视自己的生活环境。本主题是让学生认识一些常见的花草树木，了解花草树木除了能美化环境，还能为我们提供资源，改善我们的生活，让儿童在感受植物重要作用的同时，提升环保意识，

① 中华人民共和国教育部：《义务教育品德与社会课程标准》，北京师范大学出版社，2011 年版第 8-9 页。

教育学生热爱自然，保护环境，爱护花草树木。

本案例“花草树木点头笑”二级主题采用游戏教学模式设计，谈话法、游戏法、讨论法、小组合作法等多种教学方法的交叉使用，让学生懂得应该爱护花草树木，保护生态。教学第一个环节通过创设参加森林舞会的情境，激发学生兴趣，引入主题；教学第二个环节通过游戏活动让学生了解花草树木，知道花草树木的本领大，感受和发现植物对人们生活的积极作用；教学第三个环节，通过争当绿色小卫士的游戏活动，让学生评一评议一议，进一步加深对花草树木的了解，培养学生爱护花草树木的习惯；教学第四个环节通过“小结评议，情感升华”学习环节，渗透给学生对花草树木爱护的责任意识，让学生懂得该如何保护花草树木，培养他们热爱并保护花草树木的情感。四个环节互相联系，层次分明，螺旋上升。

本案例设计思路，是缘于低年级儿童活泼好动，天真纯洁，他们已经能够关心自己的生活环境，对大自然的事物有强烈的好奇心，对寻求自然界的奥秘有极强的愿望。根据学生的这些生理和心理特点，教师应该设计一系列他们喜欢参与的交流活动、游戏活动以及实践活动，让学生在活动中有所参与、有所发现、有所感悟、有所创造、有所升华，让其关注生活、热爱自然，并从小树立起爱绿护绿的情感和环保意识，养成爱护花草树木的好习惯。

第四节　物质科学

教学内容提示：

（一）物质特征

（二）空气与水

（三）运动与力

（四）多种能量

一、模块主题内容

二、模块课标要求

1. 物体具有质量、体积等特征。（物体 1）
2. 材料具有一定的性能。（物体 1）
3. 物质一般有三种状态：固态、液态和气态。（物体 1）
4. 利用物体的特征或材料的性能，把混合在一起的物体分离。（物体 1）
5. 物体在变化时，构成物体的物质可能改变，也可能不改变。（物体 1）

6. 水在自然状态下有三种存在状态。(水 2)

7. 有些物质在水里能够溶解，而有些物质在水里很难溶解。(水 2)

8. 空气具有质量并占有一定的空间，形状随容器而变，没有固定的体积。(空气 3)

9. 空气是由氮气、氧气、二氧化碳等组成的混合物质。(空气 3)

10. 空气的流动是风形成的原因。(空气 3)

11. 可以用某个物体相对于另一个物体的方向和距离来描述该物体在某个时刻的位置。(运动 4)

12. 通常用速度大小描述物体运动的快慢。(运动 4)

13. 物体的机械运动有不同的形式。(运动 4)

14. 有的力直接施加在物体上，有的力可以通过看不见的物质施加在物体上。(力 5)

15. 物体运动的改变和施加在物体上的力有关。(力 5)

16. 声音因物体振动而产生，通过物质传播。(能量 6)

17. 太阳光包含不同颜色的光，光遇到不同的物质时传播方向会发生改变。(能量 6)

18. 热可以改变物质的状态，以不同方式传递，热是人们常用的一种能量表现形式。(能量 6)

19. 电可以在特定物质中流动，电是日常生活中不可缺少的一种能源。(能量 6)

20. 磁铁有磁性，可对某些物体产生作用。(能量 6)

21. 自然界有多种表现形式的能量转换。(能量 6)

三、模块训练点

1. 能对身边常见物体进行观察、描述特征和分类；了解周围用塑料制成的物品，并能谈一谈周围塑料制品给人们的生活带来的便利；尝试归纳总结水、油、醋、牛奶等液体的共同特征；尝试分析日常生活中的一些变化是属于没有新物质生成的变化。

2. 用温度计测量并记录冰块及冰块变为水的温度，认识水的三种状态；实验并观察食盐溶解过程，探究影响物质在水中溶解快慢的常见因素。

3. 实验证明空气占有空间；了解空气如何流动。

4. 学会用线绳、直尺等工具测量物体的位置并描述物体的位置；尝试说明判断运动快慢的依据；尝试让各种物体运动，观察物体不同运动形式，能够用图示、文字等方式描述运动的状态与过程。

5. 观察磁铁吸引回形针来了解磁力可以隔一段距离产生作用；了解常见力对物体的作用以及物体体积和形态的改变；观察力可改变物体的运动形态。

6. 通过观察和实验，探索声音在液体中的传播和在固体中沿各个方向传播；了解声音产生的原因；感知声音高低和强弱的变化。观察和实验了解光源、光的传播、人眼看到物体的条件；认识形成影子的条件；了解光的直线传播与反射；了解太阳光由各种颜色的光组成；学习正确使用温度计；了解表示物体冷热程度的单位；感知加热和冷却可以对物体的形状和状态产生影响。了解控制电路的方法；了解物体的导电性能；尝试发现能被磁铁吸引的物体；学会正确使用指南针；探索磁极的相互作用；了解声能转换为电能，再转换为声能的过程。

四、模块教学案例简析

● **案例八**

案例 8～10

拱形的力量[1]

执教人：杨华

（一）教学目标

科学知识目标：

1. 了解拱形受到压力时，向下和向外传递给相邻的部分，如果能抵住拱形的外推力，拱形就能承受更大的压力。

科学探究目标：

1. 利用实验探究的方法，得出拱形的受力特点，并能制作一个承重较强的拱桥。

2. 能在合作探究中不断地思考，逐步深入地研究关于拱形的问题。

科学态度目标：

能初步感受到生活中的许多小事物蕴含着大道理，科学技术与我们的生活紧密相关。

（二）教学重难点

重点：学生在实践探究中能根据拱形的形变来分析拱形受力的状况。

难点：学生能根据拱形受力后形状的变化，分析出拱形受力的状况。

（三）教学准备

学生：拱纸 3 条、垫圈 30 个、实验记录单、螺帽若干个、粗笔 1 支。

教师：拱纸 10 条、平纸 3 条、垫圈 30 个、实验记录单、螺帽 25 个、粗笔 3 支、教鞭、课件、演示台。

（四）教学过程

1. 激趣导入，激发探究

兴趣是最好的老师，只有激发起学生的探究兴趣，才能唤起学生学习的原动力。为此，我贴近学生生活实际，将具有湘西代表性的古城建筑物古城楼作为引入，抓住学生的眼球，让学生对城楼拱形门有一定的形象概念。此时顺势而问：刚才大家所看到的是古城楼，为什么大门要筑成拱形呢？拱形在生活中到底有哪些奥秘？这节课我们来进行探究。从而引出拱形承重实验探究环节。

2. 科学实验，主动探究

实验探究是寻求真理的实践，我将本实验分为对比实验和合作探究实验，让学生亲历实验过程，探究出拱形承重的秘密。

（1）对比实验：

此环节我采用教师演示法，让学生观察发现，拱形和平板谁能承受更大的压力。

实验过程：运用两张纸，两本书，在书上搭建一座平板，一座纸拱，分别向平板和纸

---

①《科学》（六年级上册），教育科学出版社，2002 版第 31-32 页。

拱逐一放垫片，让学生仔细观察变化。此时学生分析出两者受力原因，推断出平板形与拱形承重能力差异和受力特点，得出结论：平板形受力是垂直向下的，纸拱的受力是向下和向两边传递的，拱形承受的力要大于平板承受力，此时我出示动态演示图1、图2，直观演示受力的动态效果。

（2）探究实验：

《义务教育教学课程标准（2011 版）》指出：科学探究是科学学习的中心环节。学生学习科学的主要途径是亲身经历探究过程，使学生体验学习科学的乐趣，提高探究能力，获取知识，形成尊重事实，善于质疑的科学态度。

这一环节分小组进行，要求各小组先制定实验方案，然后讨论交流，教师适时引导，得出以下方案——

实验名称：拱形承重。

所需器材：书本、A4纸、回形针、记录表。

改变的条件：抵住拱足书本的数量。

不变的条件：纸拱、跨度、回形针。

实验记录表1：

两侧书本数量（本）	承受回形针数（颗）

（3）实验结论：

分组实验后，让每一小组汇报实验结果，共同得出结论：拱形受压会产生一个向外推的力，抵住这个力，拱形就能承载很大的重量。此时我进行动态演示，直观强化和巩固拱形受力特点。通过实验探究落实了本课的重点。

3. 总结归纳，延伸探究

为了突破本课难点，我继续组织同学们进行延伸性实验。让同学们知道人们利用拱形承载力的特点，用小块的砖、石材也可以建造很大的拱。

此环节给学生们提供了材料，让学生自主设计探究方案，分工合作，自行完成实验任务，极大地调动了学生的动手热情。学生通过自己搭建拱桥得出了宝贵的实验结论，加深了对拱的受力原理的认识。

实验名称：搭拱桥。

实验器材：不同形状的积木，钩码。

实验要求：分小组利用积木搭建一座拱桥，比一比哪个小组搭建的拱桥承重力强。

实验记录表2：

书本数	承载物名称	数量	拱桥的变化

实验结束后引发思考：拱形的承载量的大小与哪些因素有关？此时同学们的结论有：①与本身材质的硬度有关；②与摆放位置，产生受力均衡有关；③与摆放跨度有关；④与是否有拱足有关；⑤与纵宽有关。我让同学们将这些思考作为课后实践探究作业，进一步拓展加深学习。

（五）课外实践，拓展探究

为了让学生感悟到拱形在生活中的运用，回顾本课重难点，我展示中外的拱形建筑，让同学们感受人们利用拱形的原理创造了许多奇特的建筑，在这些建筑中强化拱形的特点，引出科学改变生活的力量。

● **主题来源：**

《拱形的力量》是义务教育小学科学教科版六年级上册“形状与结构”单元的第三课。

● **案例来源：**

本案例由吉首市乾城德雅小学杨华教师完成。

● **案例教学模式：**

探究式教学模式。

● **案例教学方法：**

实验演示法、合作探究法。

● **案例简析：**

本案例是“物质科学”模块中的主题内容，选取生活中常见的拱形结构，希望学生在实践探究中不断发现问题，了解拱形受力的状况，找到拱形能承受较大压力的原因，提出增强拱形承重能力的方法。教材精心设计了几个体验和实验活动，让学生了解到拱形的结构特点是把受到的压力分解成向下和向外的推力，通过提出问题——尝试——总结经验——改进实验，再尝试——再获得成功的探究过程中找到拱形承受巨大压力的原因，认识拱形受力的特点。

● **案例九**

电磁铁的磁极①

执教人：吴厚明

（一）教学目标

1. 科学知识

（1）知道电磁铁也有南北极。

（2）知道电磁铁的南北极是可以改变的。

案例 8～10

2. 科学探究

（1）依据实验，对改变电磁铁磁极的因素做出猜想。

（2）针对可能改变电磁铁磁极变化的因素，制定计划并实施探究活动。

3. 科学态度

培养学生实事求是、认真细致、与人合作的实验习惯。

---

①《科学》（五年级下册），教育科学出版社，2000 版第 31 页。

4. 科学、技术、社会与环境

了解电磁铁的磁极在生活中的运用及科学技术对社会发展的价值。

（二）教学重点

探究实验设计。

（三）教学难点

针对可能改变电磁铁磁极变化的因素，制定计划并实施探究活动。

（四）教学准备

教师准备：磁极不同的电磁铁二个、电池、电池盒、开关、小磁针。

学生准备：电池、电池盒、开关、导线、铁钉、小磁针。

（五）教学过程

1. 教学导入

问题导入：磁铁有南北极，电磁铁是根据电能产生磁的原理制作的“人造”磁铁，它也有南、北极吗？

（1）学生分组讨论，做出猜想。

（2）引导学生讨论：如果电磁铁也有南、北极，用什么方法检验？

（3）在学生充分讨论之后，教师演示分别将磁极不同的两组电磁铁的钉尖与钉帽靠近小磁铁，学生观察判断两组电磁铁的钉尖与钉帽的磁极，填写《实验记录表一、电磁铁的磁极》（附 2）。

（4）师生小结：通过实验检验，电磁铁也有南、北极。

板书课题：电磁铁的磁极

2. 合作探究

（1）发现探究问题——改变电磁铁磁极的原因。

引导学生分析《实验记录表一　电磁铁的磁极》发现两组电磁铁的磁极不同，得出要探究的问题——改变电磁铁磁极的原因是什么？

（2）做出猜想。

① 分组讨论，做出猜想，把本小组的猜想填写在《我们的猜想》（附 3）表中。

② 小组汇报交流各组的猜想，并说一说猜想的依据。

③ 根据各组的汇报，引导学生根据电磁铁的结构，小结改变电磁铁的磁极的原因可能是电池正负极的连接和线圈缠绕的方向。

通过对改变电磁铁的磁极的可能性原因进行筛选，让学生明确探究的方向，是探究活动继续进行的关键。学生通过前面的学习已经有制作电磁铁的能力，对电磁铁的结构已经有了解，在前一课《电磁铁的磁力》的学习中，学生已经了解电池节数、线圈匝数等因素会改变磁铁的磁力大小，如果学生认为这些因素也可能对磁极有影响，教师也不必直接否定学生，让学生在后面的探究过程中用实验进行检验。

（3）制定实验计划。

① 小组讨论制定小组实验计划，完成《第××小组实验计划》（附 4）。

各小组根据自己猜想的原因去制定实验计划，教师在进行分组指导的时候应从实验方法的可行性、实验步骤的合理性、实验条件的控制等方面对学生进行指导。

② 交流讨论，完善实验计划。

分小组介绍自己的实验计划，小组之间交流，对实验计划提出意见及改进方法。根据交流情况各小组再一次修改、完善实验计划。

制定实验计划是实验操作得以顺利进行的保证，也是学生创新思维的起点，在这个环节中，教师要用心引导，充分利用组内交流、组间交流等形式启发学生的思维，让学生养成倾听别人的意见、乐于与人交流合作的良好学习习惯。掌握实验计划的制定方法，了解科学实验的严谨性、可行性，掌握在实验设计中对实验条件的控制。

（4）分组实验、填写小组实验记录表。

各小组按自己的实验计划实施探究活动，记录实验结果。

在学生操作过程中，老师要提醒学生认真细致、规范操作、实事求是。

（5）根据实验的记录，得出实验结论。

（6）各小组交流实验结论，进行总结：通过实验发现，改变线圈缠绕的方向、改变电池正负极的连接可以改变电磁铁的磁极。

3. 学生自我评价

通过本课的学习，你有什么收获？你觉得自己有哪些优点，哪些方面还有待加强学习？

4. 课外延伸

根据电磁铁磁极可以改变这一原理，你能否设计一件作品？（玩具、日常生活工具等）

5. 教学评价设计

评价内容	评价方法	
	自己的评价	小组的评价
是否认真观察实验现象并积极思考。	☆ ☆ ☆ ☆	☆ ☆ ☆ ☆
对可能引起变化的因素我提出了( )个猜想。	☆ ☆ ☆ ☆ ☆	☆ ☆ ☆ ☆ ☆
在制定实验计划中，我是否积极思考，提出了（ ）个建议。	☆ ☆ ☆ ☆	☆ ☆ ☆ ☆
实验过程中，我是否规范操作，认真细致地观察，并做好记录。	☆ ☆ ☆ ☆	☆ ☆ ☆ ☆
我是否认真倾听别人的发言，并且乐于接受别人的意见。	☆ ☆ ☆ ☆	☆ ☆ ☆ ☆
在本次学习过程中我的( )个方面的能力得到锻炼：我了解到学习的内容运用在生活中( )个地方。	☆ ☆ ☆ ☆	☆ ☆ ☆ ☆

6. 附件

附 1：板书设计

电磁铁的磁极

电磁铁也有南、北极。

改变线圈缠绕的方向，改变电池正负极的连接可以改变电磁铁的磁极。

附 2　　电磁铁的磁极

次数	钉尖的磁极	钉帽的磁极
1		
2		

附 3 我们的猜想

猜想 1	
猜想 2	

附 4 第______小组实验计划

研究的问题	
我们的猜想	
实验器材	
实验步骤：	
组员签名：	

● **主题来源：**

选自湖南省科学技术出版社《科学》五年级下册第一单元第 3 课。

● **案例来源：**

本案例创编：湖南省保靖县岳阳学校吴厚明教师提供，徐桂荣教师修改。

● **案例教学模式：**

发现式科学探究。

● **案例教学方法：**

采用小组讨论、合作探究、自主评价等方法。

● **案例评析：**

本案例是物质科学领域“6.6 自然界有多种表现形式的能量转换”模块中的主题内容，体现了课标内容中的“一种表现形式的能量可以转换为另一种表现形式的能量”。[①]用电池、铁棒、导线制作一个电磁铁，观察电磁铁产生磁力的现象。本节课本身知识点含量或科学概念不是很多，但给学生留下的探索、观察的空间确实很大。依据学生思维发展状况，开放性地让学生探究改变电磁铁磁极变化的因素，从而获得对电磁铁的性质较为全面的认识。通过教学使学生明确电磁铁也有南、北极，改变线圈缠绕的方向，改变电池正负极的连接可以改变电磁铁的磁极。重点训练学生制订书面计划的能力，引导学生学会制订合理、可行的计划，训练学生用清晰的思路、规范有序的操作和正确的方法搜集证据、验证猜想，培养学生制订计划的能力。本案例设计思路：在探究式教学中重视训练学生制订实验计划的能力，重视学生创新思维的培养，引导学生思考讨论实验设计，彻底放开学生的思维，让学生带着自己的实验计划有序地进行实验操作。在教学设计中突出学生的主体地位，教师引导学生发现问题、进行猜想、制订实验计划、进行实验验证、得出实验结论并交流。对教师与学生的角色定位把握得当，在每个环节中注重引导学生积极思维，克服学习过程中遇到的困难，得到解决问题的方法，而不是教师示范让学生依样模仿，也并非给出一个现有的实验操作步骤让学生按步演练。

① 中华人民共和国教育部：《义务教育科学课程标准》，北京师范大学出版社，2011 年版第 21 条。

第五节 生命科学领域

教学内容提示：

（一）多种多样的生物

（二）生命的基本特征

（三）生物与自然环境

（四）人体结构与健康

一、模块主题内容

二、模块课标要求

1. 生物具有区别非生物的特征。（生命的基本特征 7）

2. 地球上存在不同的动物，不同的动物具有许多不同的特征，同一种动物也存在个体差异。（生命的基本特征 7）

3. 地球上存在不同的植物，不同的植物具有许多不同的特征，同一种植物也存在个体差异。（生命的基本特征 7）

4. 知道细胞是生物体的基本组成单位。（生命的基本特征 7）

5. 地球上多种多样的微生物与我们的生活密切相关。（生命的基本特征 7）

6. 植物具有获取和制造养分的结构。（植物 8）

7. 植物的一生会经历不同的发展阶段，其外部形态也会发生相应的变化。（植物 8）

8. 植物能够适应其所在的环境。（植物 8）

9. 动物通过不同的器官感知环境。（动物 9）

10. 动物能够适应季节的变化。（动物 9）

11. 动物的行为能够适应环境的变化。（动物 9）

12. 人体有感知各种环境刺激的器官。（人体 10）

13. 人体具有进行各种生命活动所需的器官。（人体 10）

14. 人脑具有高级功能，能够指挥人的行动，产生思想和情感，进行认知和决策。（人体 10）

15. 脑需要被保护。（人体 10）

16. 生活习惯和生存环境会对人体产生一定影响。（人体 10）

17. 生物有生有死：从生到死的过程中，有不同的发展阶段。（动植物繁殖后代 11）

18. 生物繁殖后代的方式有多种。（动植物繁殖后代 11）

19. 生物体的后代与亲代非常相似，但也有一些细微的不同。（动植物繁殖后代 11）

20. 有些曾经生活在地球的植物和动物已不复存在，而有些现今存活的生物与它们具有相似之处。（动植物繁殖后代 11）

21. 动物和植物都有基本生存需要，如空气和水；动物还需要食物，植物还需要光，栖息地能满足生物的基本需要。（生物与环境 12）

22. 动物的生存依赖于植物，一些动物吃其他动物。（生物与环境 12）

23. 动物会给植物的生存带来影响。（生物与环境 12）

24. 自然或人为干扰能引起生物栖息地的改变，这种变化对于生活在该地的植物和动物种类、数量可能产生影响。（生物与环境 12）

三、模块训练点

1. 参观动物园或养殖场，观看各种媒体资料，利用动物图片进行分类。讨论动物与人类的关系，开展保护动物的宣传活动。

2. 在校园和社区中观察常见的树木，为校园或社区树木挂标牌；查阅本市的市花或市树的有关资料。

3. 用显微镜观察洋葱表皮细胞，观察各种动植物细胞图片等。

4. 亲手种下盆栽植物的种子，观察和记录种子萌发成幼苗，再到开花结果的过程。

5. 利用图片等资料，对比沙漠中、盐碱地及海底的植物在外部形态上的异同。

6. 通过视觉、听觉、嗅觉、味觉、触觉分别感受不同的食物或物体，了解不同感觉器官的功能。

7. 通过观看燕子冬季飞往南方，夏季又返回北方等图片或视频，初步了解动物适应季节变化的多种方式。

8. 通过测量、统计和分析全班同学的肺活量，讨论呼吸系统保健、呼吸系统传染病、抽烟、一氧化碳中毒、大气污染等与呼吸有关的问题。

9. 制定自己的作息计划。

10. 从健康的角度评价家庭生活质量（可以从饮食、家居环境、生活习惯等方面评价）。

11. 种养一株植物或照顾一种小动物一段时间，观察并记录生物体的成长过程。交流栽培植物和饲养小动物的经验和体会，展示观察记录。

12. 展示一株植物生命过程的照片。

13. 利用照片视频等资料，了解恐龙等已经灭绝的生物。

14. 参观动物园或养殖场，观看各种媒体资料，利用动物图片进行分类。讨论动物与人类的关系，开展保护动物的宣传活动。

15. 调查当地主要的经济作物、观赏植物和珍稀植物；调查当地近年来新出现的食用植物品种。

16. 用简单的实验或依据生活经验，探讨水、阳光、空气、温度、肥料等因素对植物生长的影响。例如，探讨水对种子萌发的影响。

17. 讨论人类保护自然环境和维持生态平衡的重要性；讨论人如何与自然和谐相处，保持可持续发展。

四、模块教学案例简析

● **案例十**

案例 8～10

观察鱼①

执教人：吴厚明

（一）教学目标

科学知识目标：

1. 了解鱼类有适应水生环境的鳃、鳍、鳞片等身体结构，具有呼吸、运动等生命体基本特征。

2. 知道鱼用鳍运动，用鳃呼吸。

科学探究目标：

1. 经历和体验从整体观察到局部观察小动物的探究过程。

2. 能用图画、文字（或拼音）、语言等方式记录、描述鱼的主要特点。

科学态度目标：

发展学生研究小动物的兴趣，树立认真细致、实事求是的科学观察态度。

科学、技术、社会与环境目标：

懂得在观察活动中珍爱生命，观察结束后把小动物放归大自然，学会保护小动物。

（二）教学重难点

重点：观察鱼的身体特征，用画简图的方式记录下来。

难点：观察鱼的运动和呼吸。

（三）教学准备

学生：鱼、鱼缸、学生活动手册。

教师：备用鱼养在鱼缸里，准备教学课件、班级记录单等。

（四）教学过程

1. 聚焦：鱼的身体是什么样的。

（1）课件出示谜语：

没胳膊没腿，
从来不离水。
走路不用脚，
摇头又摆尾。
（谜底：鱼）

（2）提问：你能说说，鱼生活在哪些地方？课件分别出示鱼在小溪、池塘、大河和大海里的图片。

---

①《科学》（一年级下册），教育科学出版社，2017 版第 38-39 页。

（3）之前我们观察研究的小动物都只能生活在陆地上，而鱼却能够生活在水里，你知道原因吗？和鱼的身体会不会有什么联系？这节课我们就一起来观察鱼,探索鱼身上的秘密。（板书：观察鱼）

2. 探索：观察鱼。

（1）观察鱼的外部身体结构，画一画。

① 今天老师带来了一条大鲫鱼。（展示大鲫鱼实物）鲫鱼是一种我们常见的鱼类，大家或许比较熟悉。每个组都会领到一条鲫鱼，大家需要仔细观察它的身体，并把它画在活动手册上。（PPT 出示活动手册）

教师提示：A. 从侧面观察鱼，边观察边画，画得越像越好；B. 不打扰小鱼，观察过程中保持安静，不可用手及其他物体触碰水和鱼；C. 手册上的画只是一个参考，请按照你观察到的鲫鱼结构进行绘画。

② 学生观察记录，教师巡视指导。（要关注那些鱼结构没有画完整的同学，为之后的汇报交流做铺垫）

③ 汇报交流。

教师展示几位学生所画的鱼：比较一下，这些同学画的鱼的结构一样吗？（对比的方式，让学生更容易把注意力放在鱼的结构上，指向性更加明确）

④ 预设：

A. 鱼鳍的数量不一样。

问：鱼有几个鳍？分别长在什么地方？（引导学生细致观察）教师 PPT 出示：鳍、胸鳍、腹鳍、臀鳍和尾鳍。

问：鱼鳍的作用可能是什么？它是怎样运动的？教师可以指导学生用手比画。

B. 有些没有鱼鳞。

教师介绍：鱼的身上有鳞片，鳞片呈半圆形，有光泽。

C. 有些没有鳃盖。

问：鳃盖在哪个部位？你观察到它有什么特点？它是怎样运动的？可能有什么作用？（引导学生关注鳃盖里面的鳃，并猜测可能与呼吸有关）

出示实物鱼鳃，观察并思考鱼鳃的作用？（可以播放微视频：鱼的呼吸）

D. 引导学生关注所画的一些共同部位。如：鱼嘴、鱼眼。

（2）观察鱼的内部身体结构，猜一猜。

① 刚才我们观察了鲫鱼身体的外部结构，那鲫鱼身体里面会有什么呢？（预设：鱼骨头、内脏等）

② PPT 出示鲫鱼内部骨骼图片。

③ 出示鲫鱼骨骼标本。鲫鱼身体里有着许多骨头，这跟我们之前观察的蜗牛的身体一样吗？说说你的想法？

④ 正是由于鱼有着坚硬的骨头，所以许多几亿年前的鱼类能够作为化石被保存下来。（出示鱼化石）

3. 总结观察鱼的结果，说一说。

（1）今天我们观察了鲫鱼，说说你对鲫鱼有哪些新的认识。

（2）请完善我们的鲫鱼像。

（五）板书设计

观察鱼

呼吸→鳃

运动→鳍

● **主题来源：**

选自科学教育出版社的《科学》一年级下册单元主题“观察动物”中的三级主题。

● **案例来源：**

本案例创编：湖南省保靖县岳阳学校吴厚明教师提供。

● **案例教学模式：**

观察式教学模式。

● **案例教学方法：**

观察法、探究法、合作交流法。

● **案例简析：**

本案例是继“观察一种动物”及“给动物建个‘家’”后，以鱼为对象，继续开展对动物个体的观察活动。鱼类分布广泛，易得、易养，是水生脊椎动物的代表。它的身体形态与青蛙等陆生动物有较大的区别，具有明显的适应水生环境的身体特征。有鳍、有鳃等是这类动物分类的重要特征。多种多样的鱼类展现了动物世界的多样性，体现了动物适应环境的特点。

本课的教学内容主要分为鱼的外形特点、鱼的运动和鱼的呼吸三大板块。通过引入“鱼的身体是什么样的”这一问题，引导学生对鱼的身体结构特点进行探究；然后通过观察发现鱼的运动主要是靠鱼鳍来完成的；接着思考鱼嘴不停地一张一合、鱼鳃一开一闭，到底是在干什么，引导学生观察鱼是怎样呼吸的；最后通过研讨，让学生明白鱼因为生活在水里所以具备用鳍运动、用鳃呼吸、身上还长有鳞片等特征，从而归纳出动物身体的外形特点与生活环境是有关系的。

● **案例十一**

身体的结构[①]

执教人：孙俏俏

案例 11～13

（一）教学目标

科学知识目标

1. 人体根据外观可以分为头、颈、躯干、四肢四部分，根据功能的不同人体还会有

①《科学》（四年级上册），教育科学出版社，2002 版第 64-65 页。

不同的结构划分方法。

2. 理解身体各部分的协调工作，利于我们健康地生活。

科学探究目标：

1. 通过感觉器官和实践活动的结合，探究身体内部结构。

2. 有顺序、有目的地利用各种观察方法对身体结构进行观察，并做好观察记录。

科学态度目标：

感受人体构造的精巧与和谐之美，养成认真细致、实事求是的科学观察态度。

科学、技术、社会与环境目标：

懂得尊重、关爱残障人，学会爱惜我们的身体，热爱生命。

（二）教学重难点

重点：观察身体的组成部分，认识人体结构对称的特点；通过对气泡图的分析，理解人体不同的结构划分方法。

难点：应用感官并结合实验活动，了解身体内部的结构。

（三）教学准备

学生：黑袋子、墨水、气泡图、红领巾、观察记录单。

教师：备用鱼养在鱼缸里，准备教学课件、人体贴图、跳绳等运动器材。

（四）教学过程

1. 导入新课，学生体验。

（1）出示蜗牛图片，提问：我们在上个学期的科学课中认识了许多的动物小朋友，蜗牛就是其中之一，你还记得它的身体分为哪几部分吗？那么蚂蚁呢？

引导：它们都有自己独特的身体结构，那么我们人的身体有什么奥妙呢？

（2）揭题：我们今天就来研究自己身体的结构。（板书课题：身体的结构）

教师以学生活动促思考，激起学生探究的欲望，为本课的教学奠定情感基础。

2. 观察身体外形，体验内部结构。

（1）观察身体的外形。

① 全班讨论：找学生当模特，其他学生谈观察到的信息。让学生观察到人体可以分成头、颈、躯干、四肢几个大的部分。

② 教师及时贴人体图，并板书。

③ 教师总结：身体的结构从外形上可以分为四个部分：头、颈、躯干、四肢。（板书）

④ 小游戏：

A. 我说你做——点点你的头，转转你的颈，举起你的上肢，跺跺你的下肢，摇摇你的躯干。

B. 填空题：

我们的身体有左（ ）右（ ），括号中填身体部位名称。

小游戏既能强化重点，让学生明确身体的四大部分，又能使学生得到放松，让学生感受到科学探究的趣味性。

⑤ 认识身体的对称：

A. 从头顶到鼻尖画一条线，可以把人的身体分为左右两部分，比较身体的左右两部分，发现有什么特点？（左右对称）

B. 说说怎样左右对称？通过讨论和汇报交流，使学生明确：人体的左右两部分是左右对称的；人体的左边和右边的眼、耳、鼻、上肢、下肢等各部分不仅大小、长短、粗细、颜色、形状差不多，而且位置都是差不多的。通过体验活动认识人体的左右对称的特点，感受人体构造的精巧与和谐之美，以及对称的好处。

C. 学生活动：亲自体验身体左右对称结构的好处。

活动一：让学生先用两只手系红领巾，接着用一只手系红领巾，让学生体会两只手比一只手做事方便灵活。

活动二：两位同学台上比赛跑步，其中一位同学只用一条腿跑，看看谁跑得快。

那么，对称的好处究竟在哪儿呢？对称的身体可以让我们运动的时候保持平衡，让我们更加的方便。另外对称的身体外形使我们看上去很美。

小结：同学们通过刚才的活动仅仅只是体验了一会儿，可是那些残疾人却时时刻刻不方便，如果我们生活遇到这样的人该怎么对她们呢？（关爱残疾人）

（2）观察身体内部。

过渡：再看咱们的身体，从上到下都被一层皮肤包裹着，那我们的皮肤底下有什么？

① 教师用解暗箱的游戏引入（突破难点）：

教师准备一个黑袋子，里面有一些物品。教师让学生想办法推测里面的物品，并说出自己这样猜测的理由。学生通过用手摸、捏、摇、听等方法猜测。这个黑袋子就像我们人体身上的皮肤，所以我们也可以用这些观察方法来感觉、推测身体里面有什么。

② 小组合作探究身体的内部结构。课件出示活动要求。学生拿出 1 号信封里面的记录单，并按照上面的方法小组进行观察、记录。

设计意图：小组合作能充分发挥互助学习的优势，学生在小组学习中学会了与人交流、分享、共同合作，培养学生合作意识和探究精神。

③ 汇报交流：通过小组合作学习，学生的思路打开了，想出了许多好办法。小组内推选代表汇报观察结果。

附表：

表　我知道的身体内部构成

观察方法	观察发现
用眼睛看	
用耳朵听	
用手摸、捏	

小组同学相互合作按一定顺序仔细观察，并将观察记录下来。发现多少，记录多少。

④ 贴一贴：教师给每组同学分发一些内脏器官图，学生贴在身上正确位置，看哪组贴得最正确。

⑤ 教师小结：通过看、听、摸、捏等方法我们知道人体内部结构非常复杂。

3. 了解身体是怎样工作的。

过渡：这些复杂的外部器官和内部器官组成了我们的身体，让我们身体活动起来，可以做哪些不同的活动呢？（跳绳、跑步、听音乐等。）人的身体是一个整体，在生命活动中各部分是互相密切配合的。接下来，我们来看看我们身体的各器官是怎样配合身体的运动和工作的。

（1）请一位同学做模拟跳绳的活动，其他同学观察思考：身体哪些部位参与了活动？教师采访跳绳的同学：在跳的过程中和跳后，有什么感觉？为了更方便记录和分析，老师和学生一起完成气泡图。把活动的内容写在“气泡图”的中心，参与活动的身体部位填在周围小气泡里。

（2）学生制作各种气泡图。

过渡：我们发现一个跳绳的活动由心、肺、大脑和手多个身体部位共同参与完成，那么其他的活动呢？老师选了几个具有代表性的活动我们一起来对它进行研究。

活动要求：每组自主选择一种熟悉的活动，完成2号信封中的气泡图。学生分组活动。教师提供材料。小组长记录，组员讨论回答。

附气泡图：

跳绳时身体的哪些部位参与了活动

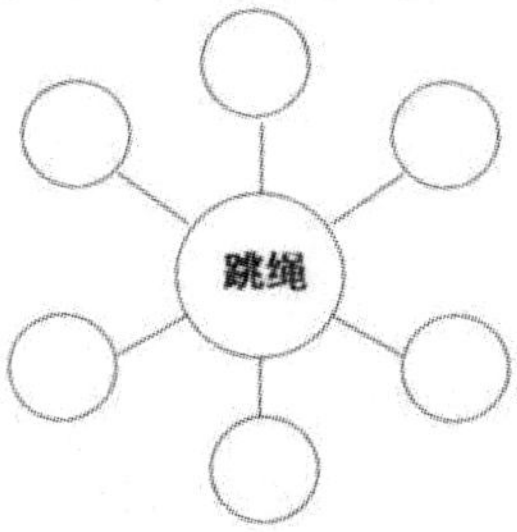

小组探究内容不同，因此，使得全班的探究面扩大，为身体结构的再分类奠定基础。

（3）展示作业、汇报交流。

① 指名两个小组到前面来汇报，把他们的气泡图贴在黑板上，说一说身体的哪些部位参与了这个活动，是怎样参与活动的？

② 对照两组活动的气泡图，看看哪些是相同的。

通过交流使学生认识到：同一个活动需要身体多个部位参与完成：在不同的活动中有相同的身体部位参与了活动。

③ 提出问题：这些部位在不同的活动中是负责什么工作的？出示课件简介。

小结：由此，我们还可以把身体这样分类，有负责运动的器官，有负责呼吸的器官，有负责血液循环的器官，有负责消化的器官，有负责协调指挥各部分的器官。

学生汇报时教师引导学生思考、对比、分析，将身体器官根据不同功能再次分类，这个过程就是科学推理的过程，也是学生探究能力、思维能力形成的过程。

4. 拓展延伸，情感升华。

请同学们欣赏一个视频。

小结：刚才是我国体操健儿的精彩画面，他们的姿态是那样美丽。同学们，身体每天都陪伴着你，拥有健康的身体，生命才更有活力。让我们更多地关爱生命，爱护身体。

（五）板书设计

身体的结构

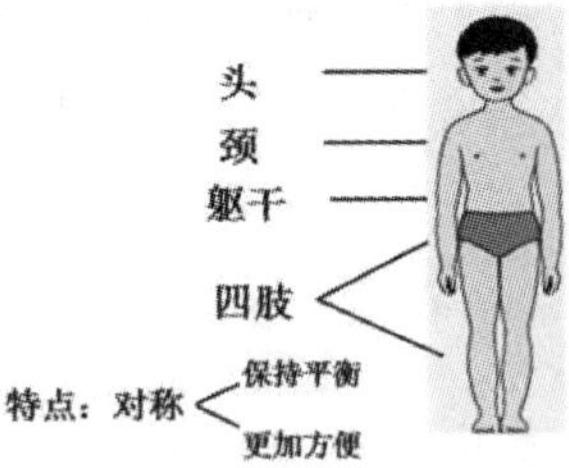

● **主题来源：**

《身体的结构》是小学科学教科版四年级上册“我们的身体”单元第一课。

● **案例来源：**

本案例由孙俏俏创编，吉大师院符智荣教师指导完成。

● **案例教学模式：**

体验式教学模式。

● **案例教学方法：**

激趣法、游戏法、体验法。

● **案例简析：**

本案例是“生命科学”模块中的主题内容，以“活动”贯穿教学始终，充分体现启发性原则和主导性原则。根据“主导和主体”“学习与探究”的关系以及学生的实际情况，采用了以下教法：① 激趣法。以体验活动激发学生兴趣，使用多媒体辅助教学，变单调讲知识为直接体验，通过丰富的感性活动，激发了学生的学习兴趣。② 游戏法。通过游戏设置情境，鼓励学生大胆观察、体验、小组合作，给每个学生提供锻炼的机会。③ 体验法。通过引导学生亲自参与体验各种学习活动，指导学生进行科学探究。

本案例通过“小模特”提问，引导他们规范各部分的名称；通过小游戏等引导他们在体验中感悟身体各部分的功能；通过“贴一贴内脏图”使学生正确掌握内脏的分布位置；通过推测黑盒子的方法引入身体内部结构，引导孩子们找到一些蛛丝马迹，推测身体内部的结构有什么，给他们一把主动思索的钥匙；再用气泡图，直观形象地认识人体各部分既分工又合作，大家才能健康成长。这样就把抽象的思维直观化，并利用不断充实气泡图内容和归类整理，逐渐清晰思考的轨迹，实现思维的可视化。

第六节　地球与宇宙科学

教学内容提示：

（一）宇宙星体的运动

（二）地球上各种物质

（三）地球是人类家园

一、模块主题内容

1. 二年级上

《我们的地球家园》

2. 二年级下

《我们关心天气》《天气日历》《温度与气温》《风向和风速》《降水量的测量》《云的观测》《总结我们的天气观察》

3. 五年级

《地球的运动》《昼夜交替现象》《人类认识地球及其运动的历史》《证明地球在自转》《谁先迎来黎明》《北极星“不动”的秘密》《地球在公转吗》《为什么一年有四季》

4. 六年级

《宇宙》《地球的卫星》《月相变化》《我们来造“环形山”》《日食和月食》《太阳系》《在星空中》《探索宇宙》

二、模块课标要求

1. 地球每天自西向东围绕地轴自转，形成昼夜交替等有规律的自然现象。（地球与太阳系 13）

2. 地球每年自西向东围绕太阳公转，形成四季等有规律的自然现象。（地球与太阳系 13）

3. 地球围绕地球运动，月相每月有规律地变化。（地球与太阳系 13）

4. 太阳系是人类已经探测到的宇宙中很小的一部分，地球是太阳系中的一颗行星。（地球与太阳系 13）

5. 地球被一层大气圈包围着。（地球上的物质及构造 14）

6. 地球表面有由各种水体组成的水圈。（地球上的物质及构造 14）

7. 陆地表面大部分覆盖着土壤，生存着生物。（地球上的物质及构造 14）

8. 地球表面覆盖着岩石。（地球上的物质及构造 14）

地球内部可以划分为地壳、地幔和地核三个圈层。（地球上的物质及构造 14）

9. 地球为人类提供各种自然资源。（地球是人类的家园 15）

10. 人类生存需要不同形式的来源。（地球是人类的家园 15）

11. 人类生存需要防御各种灾害，人类活动会影响自然环境。（地球是人类的家园 15）

三、模块训练点

根据地球科学领域模块的主题与模块内容，其训练点有：

1. 观察、记录、描述太阳每天东升西落的现象，认识太阳每天位置变化规律，学习观察的方法。

2. 观察、记录一天中不同时段和一段时间内阳光下影子的方向和长短，描述影子变化的规律，模拟地球自转和围绕太阳公转的运动状态，并将影子的变化与地球运动联系起来。

3. 持续观察、记录一段时间内（上半月）月球在天空中的位置变化和月相变化，学习长期观测的方法；用游戏等方法，模拟日、地、月三球的运动模式。

4. 收集资料，认识太阳系八颗行星及其大小、位置的相对关系。

5. 使用气温计测量一天中不同时段或不同地点的气温，描述一天中气温变化的大致规律；观察、测量、记录一段时间的天气现象。

6. 运用地球仪或世界地图，简要说明地球上的海陆分布状况，以及陆地上有不同类型的水体；做与地球水循环有关的成云致雨的模拟实验。

7. 观察土壤标本，知道土壤的基本成分，做对比试验，比较沙质土、黏质土和壤土的特征。

8. 利用图片和视频资料，或通过模拟实验，初步了解地震和火山喷发形成原因。

9. 调查日常生活中垃圾分类、资源回收、物品重复使用等情况。

查阅和分析资料，认识一些资源、能源及其形成过程；认识我国是一个资源短缺的国家，我们需要节约能源，积极开发利用新能源。

10. 观看台风、洪涝、干旱等气象灾害，以及地震、火山喷发等自然灾害的图片或视频资料，了解防御各种灾害的措施。

11. 调查、考察当地水体或空气污染情况，提出一些防治水体或空气污染的合理化建议。

四、模块教学案例简析

● **案例十二**

岩石会改变模样吗①

执教人：张兰巧

案例 11～13

（一）教学目标

科学知识目标：

1. 理解岩石在大气、气温、水、生物等长期联合作用下会发生风化现象。

2. 掌握风化作用会改变地球上的地形地貌，但这种变化是在缓慢的过程中进行的。

科学探究目标：

1. 根据岩石变化的特点，做冷热变化、流水、植物等对岩石影响的模拟实验，尝试推测岩石变化的原因。

2. 根据模拟实验中的现象，想象并初步解释自然界中岩石变化的原因。

3. 用自己擅长的方式表达探究结果并进行交流，知道对别人研究的结论提出质疑也是科学探究的一部分。

4. 能用流程图或图画表示岩石风化的过程。

科学态度目标：

---

①《科学》（五年级上册），教育科学出版社，2002 版第 51-52 页。

1. 保持与发展想要了解世界、喜欢尝试新的经验、乐于探究与发现周围事物奥秘的欲望。

2. 欣赏自然界岩石变化形成的景观，获得美的体验。

科学、技术、社会与环境目标：

体验过程与方法中证据、逻辑推理及运用想象建立假设和理解的重要性。

（二）教学重难点

重点：通过模拟实验，验证冷热变化、流水等对岩石的影响。

难点：根据模拟实验中的现象，想象并初步解释自然界中岩石变化的原因。

（三）教学准备

多媒体课件、透明塑料瓶、酒精灯、镊子、烧杯、火柴、水、小岩石、碎砖块、图片。

（四）教学过程

1. 新课导入。

（1）谈话揭题。

教师拿起一块岩石，问：这是什么？（生：石头）石头是俗称，它有个规范的名字叫“岩石”。（板书：岩石）

教师再拿起另一块岩石，问：比较一下，这两块岩石的模样有什么不同？（板书：模样）（引导学生从大小、表面光滑程度、棱角等方面回答）

教师拿起其中一块岩石。问：如果要改变这块岩石的模样，你有什么办法？在“模样”前补充板书：改变。（引导学生运用铁锤敲、在地面上用劲摩擦、用另一块岩石撞击等方法，随机请学生当场演示，演示时一定要强调岩石模样前后的对比）

教师问：假如我把岩石放在水中弄湿，或者在岩石外表涂上水彩养料，你觉得岩石的模样有没有改变？

教师小结：刚才，我们用人力因素改变了岩石的模样，如果把这些岩石放在自然环境中，它们的模样会不会改变呢？（补充板书：会……吗？）揭示课题《岩石会改变模样吗》。

设计意图：通过实物的展示，认识岩石，通过追问，理解岩石模样的改变是指什么，从人为改变岩石的模板，激发学生探究自然界的岩石是如何改变模样的，揭示课题。

（2）看图讨论，引入新课。

图片引领观察：教师课件出示连续6天拍摄的一组图片：要求学生先观察在这6天里，这块岩石的模样有没有发生改变？学生观察汇报。

引申拓展：那7天后、8天后，岩石的模样会改变吗？如果是8年呢？800年又或者是8000年呢？

学生思考：为什么随着时间的推移，岩石又改变了模样呢？这其中，是什么引发了改变？

激活实验动机：是不是在某些因素作用下，岩石模样就会发生改变呢？（学生讨论）学生提出需要进行模拟实验进行验证。

设计意图：学生对周围的世界具有强烈的好奇心和积极的探究欲，让学生观察图片，进而通过提问，引发思考，使他们能够主动积极思考是什么力量让岩石的模样发生变化，通过猜测，激发学生探索的热情，请他们自己提出问题、解决问题。

2. 设计模拟实验，验证岩石风化原因。

引导猜测：自然界中的什么力量让坚硬的岩石模样发生改变呢？请大家认真思考2

分钟，然后举手回答。(教师板书大大的问号)

谁来说一说？说的时候请其他同学认真听，看哪一小组最会听。学生自由回答：冷风、热、水、风、生物……(根据学生回答，以问号为中心向外辐射板书)

深入引导：几十年、几百年，甚至更久的时间才能观察到岩石的改变的模样，那我们有没有办法在本堂课的几分钟时间里，观察到冷热使岩石的模样发生改变呢？

小组合作交流，讨论设计模拟实验。(老师提问引导：用什么模拟大自然中太阳晒使岩石温度升高，用什么模拟大自然中岩石温度降低。如何去做这个实验，怎么去判断岩石的模样发生了改变？水流的冲击又该怎么模拟呢？)

刚才这些因素都是同学们猜测的，我们得验证一下是不是这些因素改变岩石的模样，但是在验证开始前，老师有几点要求希望大家做到。(出示多媒体 P1 要求)

首先在实验报告单上记录你们验证的是这些因素中的哪一个，在你们验证的因素前面打钩。然后想好该怎么做，推测实验结果。现在开始实验。(实验途中，教师查看各组实验情况，并进行指导)

设计意图：以学生为主体，引导学生自主探究，同时通过教师提问让学生明确模拟实验中各物体分别模拟自然界的物体与现象，让学生知道观察的目的。通过学生的模拟实验，让学生直观地了解冷和热的作用、流水冲击能使岩石发生变化。

汇报实验结果：孩子们请收好实验材料，刚才老师看大家都很认真，现在请大家汇报一下你们的实验，说一说验证的因素，发现了什么，结论是什么。

请做相同实验的小组代表发言说说异同，鼓励提出质疑的小组。

生物作用使岩石发生变化(课件展示：被树根破坏的岩石图片、被动物破坏的岩石图片)

追问：你观察到了什么？说明了什么呢？

总结引出风化概念。(擦掉问号，板书风化)出示老师拍摄的照片，回到我们课堂开始的问题，这块岩石会改变模样吗？大约要多久？从而提出“风化是一个长期而漫长的过程，短期内难以察觉”的结论。

引导学生用简洁的文字或简图来说明岩石的风化过程。

多媒体出示被风化的佛像，小组讨论如何保护佛像不被风化。

设计意图：佛像的图片，了解岩石的风化导致许多的石雕艺术被破坏，激发学生保护文物的意识，增强学生课外探究的兴趣。

3. 图片欣赏：风化作用改变了地形地貌。

4. 课堂小结：学生总结学到的知识。

5. 课外拓展：调查家乡特殊的地质景观，分析形成原因。

6. 板书设计(略)。

● **主题来源：**

选自科学教育出版社的《科学》五年级上册第三单元《地球表面及其变化》第三课的内容。

● **案例来源：**

本案例由张兰巧编，吉首大学师范学院李雪峰教师指导完成。

● **案例教学模式：**

实验验证式学模式。

● **案例教学方法：**

观察法、合作探究法，实验法、讨论法。

● **案例简析：**

本课的知识点比较独立，它由“寻找岩石变化的痕迹”和“探索岩石变化的原因”两个活动组成，第一个活动中，教材向学生提供了 5 幅岩石的插图，揭示了自然界中引起岩石变化的几种基本力量，并通过插图中小孩的提问，提出要探究的问题：自然界中的什么力量使岩石发生变化？第二个活动由三个实验组成，目的是使学生通过模拟实验，明白“温度变化、风或地表变动、植物根的作用”都是引起岩石变化的原因。

案例采用实验探究教学模式，让学生设计实验方案，并准确描述所观察到的实验现象，找到产生此现象的根本原因。教学时，积极引导孩子把实验现象与生活现象联系起来，从而找出影响岩石变化的自然因素。教材中的三个实验，是孩子们与老师一起寻找证据的过程，而寻找证据论证自己的假设是科学研究中的重要环节。

教材中还出现了关于“风化”的描述，强调了“长期”和“联合”两个要素。最后的问题“山上的岩石为什么布满裂缝？山脚为什么堆满碎石？这些碎石再继续变化会变成什么样呢？”体现了运用科学知识解释生活现象的课程理念。

第七节　技术与工程

一、模块主题内容

二、模块课标要求

1. 人工世界和自然世界不一样。（人工世界 16）
2. 工程和技术产品改变了人们的生产和生活。（人工世界 16）
3. 技术发明通常蕴含着一定的科学原理。（技术发明 17）
4. 技术包括人们利用和改造自然的方法、程序和产品。（技术发明 17）
5. 工具是一处物化的技术。（技术发明 17）
6. 工程是以科学和技术为基础的系统性工作。（工程技术设计 18）
7. 工程的核心是设计。（工程技术设计 18）
8. 工程设计需要考虑可利用的条件和制约因素，并不断改进和完善。（工程技术设计 18）

三、模块训练点

1. 通过观察周围的环境，发现自然世界和人工世界的不同。

2. 使用手机、电饭煲、洗衣机、卷笔刀等常见的科技产品，掌握使用的方法；调查当地的工程项目，了解其设计进程和功用。

3. 通过阅读等活动了解一些著名工程师和发明家，分析工程师和发明家的研究过程，体会设计和发明离不开创新的勇气、坚强的毅力和持续的努力。

4. 观察一些生物运动系统的主要结构，了解它们和仿生机械之间的关系。

5. 尝试将周围简单科技产品分解，了解其各部分之间的功能。

6. 使用锤子、刀具、温度计、酒精灯等常见的简单工具，对身边的物品进行简单的加工、测量、加热等。识别生活中常见的测量仪器，运用基本测量仪器来测量和比较长度、时间、温度等量的大小，体会使用工具的优越性。

7. 通过使用杠杆、滑轮、轮轴、斜面等简单机械，体会机械能够省力，工作更加方便；在生活中寻找常见的简单机械的应用实例，观察简单机械装置的结构和作用，运用杠杆、滑轮、齿轮等简单机械装置的传递改变力的大小。

8. 认识自己家的住房环境系统，了解家庭电力的供应系统，并知道安全使用常见的家用电器，了解梁柱、楼板、墙、门窗、楼梯等材料，以及各个系统及各个系统是如何协调工作的。

9. 通过按图装配、按流程完成等程序性说明书、完成一架玩具飞机的组装，讨论设计图、说明书和成品之间的关系。

10. 在家里或校园中观察常见的物品，寻找这些物品的不足和缺陷；查阅有关资料，对设计方案加以改进。设计通过不同途径传递信息的简单方案。

四、模块教学案例简析

● **案例十三**

案例 11～13

使用工具①

执教人：陈红艳

（一）教学目标

1. 认识和使用 6～10 种常用的工具，通过使用工具，从感性了解工具，并能针对某件工具表述自己的感受或提出问题。

2. 尝试使用工具，并在操作中能思考和提出问题；在使用某一件工具后能有条理地表述自己的观点和发现，同时乐于倾听和交流。

3. 意识到工具和机械的使用是人类进步的重要标志。

4. 工具的使用让我们的生活更方便更美好。

（二）教学重点

自主实践体验使用工具的过程。

（三）教学难点

使用简单工具的体会和经验。

（四）教学准备

---

①《科学》（六年级上册），教育科学出版社，2011 版第 2-3 页。

带钉子的长方形的木板、起钉锤、镊子、剪刀、小刀、开瓶器、螺丝刀、老虎钳等常用工具。

（五）教学过程

1. 谈话导入

同学们，今天老师遇到难题了，老师把今天上课的东西放在这个盒子里，盒子打不开了，谁愿意帮老师打开？

学生试图用手扳开、用起子、螺丝刀轻松打开。

教师：说说你使用起子打开盒子的感受。

学生：方便、省力、快速等。

教师：刚才我们打开盒子用到什么工具？我们家里的长辈也经常使用这些物品。生活中，人们总是会选择使用一些合适的工具，可以更好地解决问题，工具改变我们的生活。今天这节课我们就要在课堂上一起来认识一些工具，并学会使用它们。板书课题“使用工具”

2. 学生探究。

（1）课件出示使用工具的活动要求，完成“使用工具”活动记录单。（包括要求学生要使用的工具、工具名称及完成的任务、感受或问题等）

表："使用工具"学生活动记录单

班级：	小组：	日期：		
活动要求	工具名称及活动任务	使用打“√”	二选一	
			感受	问题
指定使用的工具	1. 一字螺丝刀（取螺丝钉） 2. 指甲剪（剪指甲） 3. 老虎钳（夹断铁丝等） 4. 镊子（夹纸片或回形针） 5. 核桃夹（夹核桃） 6. 羊角锤（钉或拔出木块上的钉子）			
建议使用的工具	1. 扳手（拧螺帽） 2. 起子（撬开瓶盖） 3. 十字螺丝刀（拧出和拧入螺丝钉）			
注意危险工具	水果刀（只要削一片水果）			
选择一个你们想要研究的问题				

（2）学生自主有序地从材料区选择工具。（交换研究材料）

活动工具名称：镊子 10 个、起子（撬瓶盖）4 个、老虎钳 5 把、核桃夹 5 个、指甲剪 1 个、羊角锤 2 个、一字螺丝刀（拧螺丝）和十字螺丝刀各 4 组、扳手 5 组、钉锤 3 个、水果刀（注意安全）等；铁丝、核桃、带盖的瓶子、水果等。

（3）学生活动。

教师：关注学生“不会使用”的工具进行个别辅导；关注学生对最感兴趣的工具使用；关注学生出现的普遍问题等，思考后续引导策略。

3. 学生研讨。

根据大多数同学对工具使用和研究（个别学生可能还没来得及使用，要求他们课后继续认识和使用）进行交流。让同学们说一说在使用工具时发现有什么窍门。

学生汇报交流。

教师可以展示钉了大铁钉的木板,有哪位学生能把钉子从木板中拔出来？可以借助哪种工具来帮忙？教师演示拔钉子的过程。

学生再次体验，促使学生对工具的作用认识得更加深刻。

4. 聚焦。

根据学生相互交流中发现的新问题，找出进一步研究的方向。

5. 教师小结。

今天这节课让我们发现有一些很费力、很难做的事情,如果我们使用了工具就可以省力、方便地完成。巧妙地使用工具能让我们做得更好。

6. 实践运用。

（1）教师提供实物，选择合适的工具完成工作（选择一种能让我们省力、觉得方便的工具）

（2）在家中认真观察常用工具并实践使用。

（六）板书

使用工具

指定使用的工具：一字螺丝刀、指甲剪、老虎钳、镊子、核桃夹、羊角锤

建议使用的工具：扳手、起子、十字螺丝刀

注意危险工具：水果刀

选择一个你们想研究的问题，说明它的重要性

● **主题来源：**

使用工具是教育科学出版社小学科学六年级上册第 1 单元《工具与机械》第 1 课。

● **案例来源：**

本案例由湖南省吉首市谷韵民族小学陈红艳创编，徐桂荣教师修改。

● **教学模式：**

探究式教学模式。

● **教学方法：**

实验-研讨法。

● **案例简析：**

本案例是《工具和机械》单元的起始课。通过常见工具和器械的操作与使用，引导学生意识到人们的生活离不开各种工具，工具是人的力量的一种延伸。

本案例分为三部分：第一部分是课的引入、任务布置和活动的指导；第二部分是学生以小组为主进行工具的使用；第三部分是让学生在使用工具之后，谈谈自己使用工具的体会。

本案例让学生尝试使用 6 ~ 10 种工具,极大地调动了学生的积极性,培养了学生动手、动脑、学会思考的好习惯。木板、钉子、钉锤等直观性教具的适时展示和运用比较恰当,使学生在实践尝试中发现问题:为什么做同样的事情,用不同的工具会有不同的效果？通过对现象的比较分析，学会用科学的方法去解决问题，取得良好的教学效果。使学生体会到“做”的成功和乐趣，并养成动手做解决问题的习惯。

本案例在教学设计时增加了对全册内容的简单介绍,让学生真正地触摸、使用常用工具，引发学生学习需求，提出问题，为以后的学习打下了良好的基础。

第七章　小学其他学科教学案例

第一节　信息技术

教学内容提示：

（一）信息技术简介
（二）操作系统简单介绍
（三）用计算机画画
（四）用计算机作文
（五）网络的简单应用
（六）用计算机制作多媒体作品
（七）LOGO 绘图

一、模块主题内容

二、模块课标要求

1. 初步了解信息技术基本工具的作用：采集信息、存储信息、传输信息、处理信息如录音机、电话机、传真机、电视机、磁盘、光盘、照相机、雷达、计算机等。（模块一——信息技术简介 1）

2. 从外观上了解计算机的基本组成和作用。（模块一——信息技术简介 2）

3. 比较熟练地掌握键盘和鼠标器的基本操作。（模块一——信息技术简介 3）

4. 初步了解承载信息的几种媒体；了解计算机在学习、生活中的应用。（模块一——信息技术简介 4）

5. 了解与信息技术相关的文化、道德和责任；培养使用计算机的良好习惯。（模块一——信息技术简介 5）

6. 掌握操作系统的简单使用方法。（模块二——操作系统简单介绍 1）

7. 学会一种汉字输入方法。（模块二——操作系统简单介绍 2）

8. 学会文件和文件夹（目录）的基本操作。（模块二——操作系统简单介绍 3）

9. 学会使用基本的绘图工具。（模块三——用计算机画画 1）

10. 学会绘制图形。（模块三——用计算机画画 2）

11. 学会给图形着色。（模块三——用计算机画画 3）

12. 学会编辑修饰图形。（模块三——用计算机画画 4）

13. 掌握一种文字处理软件的基本操作。（模块四——用计算机作文 1）

14. 学会文章编辑、排版和保存的基本方法。（模块四——用计算机作文 2）

15. 学会插入图片、艺术字（美术字）和表格。（模块四——用计算机作文 3）

16. 了解有关网络的基本常识。（模块五——网络的简单应用 1）

17. 学会使用浏览器浏览信息、下载并保存有用信息。（模块五——网络的简单应用 2）

18. 学会收发电子邮件。（模块五——网络的简单应用 3）

19. 了解多媒体素材类型。（模块六——用计算机制作多媒体作品 1）

20. 学会一种常用的多媒体制作工具制作、编辑简单的多媒体作品。（模块六——用计算机制作多媒体作品 2）

21. 学会展示多媒体作品。（模块六——用计算机制作多媒体作品 3）

22. 学会用 LOGO 基本绘图命令绘制基本图形；添加颜色；并组成组合图形。（模块七——LOGO 绘图 1）

23. 学会用 LOGO 音乐命令演奏乐曲。（模块七——LOGO 绘图 2）

24. 了解用控制命令操作机器人的方法。（模块七——LOGO 绘图 3）

25. 了解 LOGO 简单编程。（模块七——LOGO 绘图 4）

三、模块训练点

“信息技术”模块，依据模块主题与课标内容，其训练点主要有：

1. 信息技术的应用环境及信息的一些表现形式。

2. 学生对计算机的感性认识，了解信息技术在日常生活中的应用，培养学生学习、使用计算机的兴趣和意识。

3. 能够通过与他人合作的方式学习和使用信息技术，学会使用与学生认识水平相符的多媒体资源进行学习。

4. 初步学会使用网络获取信息、与他人沟通；能够有意识地利用网络资源进行学习、发展个人的爱好和兴趣。

5. 知道应负责任地使用信息技术系统及软件，养成良好的计算机使用习惯和责任意识。

6. 在条件具备的情况下，初步了解计算机程序设计的一些简单知识。

四、模块教学案例简析

● 案例一

案例 1～2

健康上网 文明上网[①]

执教人：田方见

（一）教学内容

“健康上网 文明上网”，是响应习主席网络战略强国思想而开展的主题活动，旨在营造网络安全人人有责、人人参与的良好氛围。本课通过观看和分析“个人信息与泄露”视频、讨论网络中遇到过的问题等环节，让学生掌握基本的网络安全知识，提高学生的网络安全意识，了解并掌握如何在纷繁复杂的网络世界里趋利避害、抵制诱惑，健康上网，文明上网。

（二）教学对象

生活在信息时代的小学六年级学生，日常生活中对网络生活已经有了较多的了解，享受了网络世界带来的无尽的便捷。但由于小学生的辨别能力不高，自制力较弱，常常会出现沉迷于网络、遭受网络暴力等问题。并且小学生在遇到网络问题时缺乏有效的解决措施，与家长、老师也缺乏交流。“健康上网文明上网”这一课将普及网络中常见的问题和解决方法，帮助同学们更好地利用网络并克服其带来的弊端。

（三）教学目标

1. 知识与能力：

（1）了解网络的双面性以及常见的网络问题。

（2）掌握应对网络问题的措施。

（3）知道如何克服网络的弊端更好地使用网络。

2. 过程与方法：

（1）通过视频导入，引出网络问题。

（2）通过表达对视频的感想，意识到网络带来的弊端。

（3）通过小组交流讨论，寻求日常网络问题的解决方法。

（4）通过知识问答的形式，增强自我保护意识。

3. 情感态度与价值观：

（1）辩证看待网络带来的影响，克服网络的弊端，利用网络辅助学习。

（2）正确认识网络带来的危害，学会应对常见的网络问题，抵制不良诱惑。

（3）树立正确的价值观，不受外来文化的渗透。

（四）教学重点与难点

教学重点：正确认识网络文化环境以及上网的利与弊。

教学难点：学会文明健康上网，规范上网行为。

（五）教学策略

根据教学内容与学生实际，本课采用问题教学策略，以“健康上网 文明上网”为主

---

① 湘西州开展 2019 年网络安全宣传周活动，吉大师院附小组织网络安全学习。

线，通过观看“个人信息与泄露”视频、网络常见问题的课件等提出问题，学生通过讨论解答老师的问题，与老师进行交流和互动，明白网络是把双刃剑。在同学的讨论分享和老师归纳总结中，学习如何理智对待复杂的网络世界，同时知道遇到威胁和利诱时应该向谁求助、怎样保护自己。教学流程设计为：课前准备——创设情景——学习新知——评价总结。

（六）教学媒体

1. 多媒体教室。

2 导入视频。

3. 课件。

（七）教学过程

教学环节	教师活动	学生活动	设计意图
课前准备	1. 座位、场地安排 进入录播室，按照教室座位入座 2. 提出上课要求 入座后保持安静	进入录播室，按座位入座	养成良好的课前常规准备
创设情境	1. 引出话题：响应习主席的要求，开展网络安全周活动，学习健康上网文明上网的相关知识 2. 观看视频，并说出视频中的现象以及自己的感想	观看视频 表达自己的感想、与老师交流	创设情境，让学生观察并交流自己的感想，引出主题
学习新知	（一）任务一：与老师交流视频中的现象 1. 举手发言 视频中的现象说明了什么问题？ 2. 归纳：在信息高速发展的时代，互联网给我们带来无尽的便捷，同时也要关注其带来的安全隐患和危害 （二）任务二：展示课件上经常出现的网络问题，小组探讨解决方法，以及为什么要这样解决 1. 小组讨论 2. 派小组代表上台发言 归纳：网络游戏对个人健康、家庭带来的影响；遭受网络威胁时及时向成年人求助；网络暴力、网络诈骗带来的危害 （三）任务三：列举网络成瘾新闻实例和网络成瘾的相关数据，说明其对健康的影响	讨论和发言 听讲 思考 讨论 发言、倾听 听讲	列举新闻实例，贴近生活，增强说服力。利用讨论、视频、问答等形式，激发学生的学习兴趣，引起学生的思考
评价总结	1. 课堂总结 本节课主要讲网络丰富了我们的生活，为我们的学习提供了大量的资源，但也会渗透不良信息，造成安全隐患。需要正确认识网络安全，理性对待网络，避免网络带来的不良影响，更好地利用网络学习 2. 随堂检测，完成与本堂课所学知识相关的试卷，下节课进行讲解	思考、聆听 做题	进行教学反馈，总结全课。复习和巩固课堂内容

● **主题（教材）来源：**

《全国青少年网络文明公约》

● **案例来源：**

吉首大学师范学院附属小学田方见老师的“健康上网，文明上网”课堂。

● **案例教学模式：**

问题-探究式。

● **案例教学方法：**

以问答法为主，以讨论法、讲授法为辅。

● **案例简析：**

本案例是《全国青少年网络文明公约》所提倡的重要内容，贯彻了习近平总书记网络强国战略思想，体现了思想品德课标中的（1）了解迷恋网络和电子游戏等不良嗜好的危害，抵制不良健康的生活方式[①]（2）合理利用互联网等媒介，学会理性利用现代媒介参与社会公共生活[②]（3）在有效获取信息的同时，增强对信息的辨别能力，遵守通信的基本礼貌和网络道德、法律法规，做到文明上网。

本案例“健康上网，文明上网”主要采用问题-探究模式设计，问答法、讲授法、讨论法等多种教学方法的交叉使用，让学生理智、辩证地看待网络，并提高网络安全意识，加强自我防范。具体分析如下：

《全国青少年网络文明公约》指出要善于网上学习，不浏览不良信息；要维护网络安全，不破坏网络秩序；要增强自我保护意识，不随意约会网友；要有益身心健康，不沉溺虚拟时空。“健康上网，文明上网”这一课与公约的主要内容相契合。

（一）对案例教学设计过程分析

在我国《中小学教师教育技术能力标准（试行）》中，教学设计被定义为：主要依据教学理论、学习理论和传播理论，运用系统科学的方法，对教学目标、教学内容、教学媒体、教学策略、教学评价等教学要素和教学环节进行分析、计划并做出具体安排的过程。根据这一定义，我们认为教学设计过程一般分为前期分析（包括教学内容分析、学习者特征分析）、教学目标的阐明、教学策略的制定（包括教学媒体的选用）以及教学评价 4 个部分。

本案例的整个教学设计过程完整清晰。首先，设计者在对教学内容（健康上网，文明上网）和教学对象（小学六年级学生）深入分析的基础上具体详细地阐明了“健康上网，文明上网”这一主题的三维目标：知识与能力、过程与方法、情感态度与价值观。该三维目标的阐明，构建了整个案例课堂教学完整的目标体系，与传统的教学过程过分注重基础知识与基本技能的教学所造成的学生主体性的缺失、情感性的缺失和创造力的缺失相比较，其真正做到了对知识、能力、态度的有机整合，体现了对学生在学习中的主体地位的高度重视和充分肯定。其次，为了解决课堂上的重点难点内容，实现该三维教学目标，本案例结合学生特点选择了相应的教学程序（课前准备——创设情景——学习新知——评价

---

① 中华人民共和国教育部：《义务教育品德与社会课程标准》，北京师范大学出版社，2011 版。

② 中华人民共和国教育部：《义务教育品德与社会课程标准》，北京师范大学出版社，2011 版。

总结），教学方法（讲授法、讨论法、问答法等）和教学媒体（多媒体教室、视频、多媒体课件）。最后，在整个教学过程中，教师通过不断的提问，对学习者的回答做出总结。课程结束前还进行了随堂检测，加强对课堂知识的巩固和应用。

（二）对案例教学模式分析

本案例采用的是问题探究式教学模式。采用探究式模式进行教学，要求学生在教师指导下，通过以“自主、探究、合作”为特征的学习方式对当前教学内容中的主要知识点进行自主学习、深入探究并进行小组合作交流，从而较好地达到课程标准中关于认知目标与情感目标要求。在课堂教学上要抓住以下几个环节：提出问题，解决问题，应用知识，培养能力，拓展思维。

探究式教学模式不仅可以较深入地达到对知识技能的理解与掌握，更有利于创新思维与创新能力的形成与发展。探究式教学模式涉及两个方面——既要充分体现学生在学习过程中的主体地位，又要发挥教师在教学过程中的主导作用。离开其中的任何一方，探究式学习都不可能有良好的效果。例如在本案例中，学生分组讨论在网络中常遇到的几个问题及其解决方法，并在课堂上分享交流小组收获和个人身边事例；老师则在交流分析的过程中给予点拨并最后总结。学生们充分融入整个课堂之中，在老师的带领下取得更高的学习效率。

探究式教学相对于传统教学模式而言，是融知识传授、能力培养和素质提高为一体的创新教学模式。在教学过程中通过实施以探究为本的学习模式，能为学生提供一个在学习过程中发现世界和探索世界的宽松环境，为学生提供研究问题的时间和空间，激发学生创新的欲望，并以学生为主体，支持学生个性的发展，同时也促进教师和学生间相互交流。

（三）对案例教学策略和方法的分析

本案例展现的是一堂相对简单但极为重要的网络安全普及课。分析其教学策略与方法我们将从以下几点着手。

1. 视频导入课堂的方式，让课堂以趣味开头

课堂的导入在每节课程中所起的作用是很重要的。成功的导入，能创设情景，营造气氛，调动情感，激发兴趣，引发思考。好的课前导入还能融洽师生关系，营造和谐气氛；能激发学生的潜在意识，引发学生表现欲；能让学生的注意力更集中，激发学生的求知欲。在本案例中，老师用一段视频导入课堂，引起学生的兴趣，迅速将同学们的注意力集中在网络安全隐患上，对下一步的探讨研究起了很大作用。

2. 讲授结合提问的方式，让师生有效对话

讲授结合提问，是指教师讲授和学生提问相互回应的教学方法。其优点主要有：第一，老师的讲授和学生的提问有机地结合起来，不再是单向地传授知识；第二，学生在课堂上可以参与其他同学的问题之中，提高课堂参与度，促进双方的共同发展成长。在本案例中，为了引发学生的思考，老师提出了一系列的问题，循序渐进、由浅入深，如“你在视频中看到了什么？”“它是通过什么查找到别人的个人信息的？”“我们在上网的过程中遇到了一些什么样问题？又该怎样处理这些问题呢？”等。师生在这些问题中共同探索如何“健康上网 文明上网”，学生将自己的理解和老师适时的补充相结合，在“答”与“思”之中

对课堂内容进行深入理解。

3. 小组讨论分享的方式，让学生充分思考和交流

讨论法是在教师的指导下，学生以全班或小组为单位，围绕教材的中心问题，各抒己见，通过讨论或辩论活动，实现教学目标的教学方法。

优点在于，由于全体学生都参加活动，可以培养合作精神，激发学生的学习兴趣，提高学生学习的独立性。本案例中，为了学习如何解决日常生活中的常见的网络安全问题，老师让学生小组讨论。学生对老师提出的一系列问题进行交流后，每组派代表分享本组的答案。在整个过程中，学生积极讨论交流，其思维能力、口头表达能力和交际能力都得到不同程度的锻炼。

- **案例二**

夸夸我的家乡——确定主题和搜索素材[①]

执教人：肖雪锋

（一）基本说明

1. 模块：小学信息技术基础。

2. 年级：小学六年级上册。

3. 所用教材版本：湖南电子音像出版社。

4. 所属的章节：第二单元第六课第一节。

5. 学时数：40 分钟（电脑室授课）。

案例 1～2

（二）教学设计

1. 教学目标：

（1）如何对素材信息进行查找与搜索。

（2）获取、保存信息及对信息进行收集整理。

2. 教学重点、难点：

信息的收集、整理、发布的方法。

3. 情感态度与价值观：

通过网上信息收集、整理，培养学生自主学习的能力及团队协作、勇于探索的精神。

4. 设计思路：

本节课主要内容偏重理论，又缺乏理论的深度，如果只由教师讲解就会显得比较枯燥，因此本堂课的设计思路是从具体的案例入手，引导学生进行思考、讨论，最后得出基本的结论，形成一定的概念，达到理解和应用的目的。教师的主要任务在于积极引导，调动学生的积极性。

（三）教学过程

教师活动（传授新知、导入新课）——学生网络活动（探索新知、收集信息）——学生课堂活动（阅读信息、整理信息）——师生活动（汇报学习内容）

主要教学过程：

---

① 湖南省教育学会：《信息技术》（六年级上册）第二单元，湖南电子音像出版社。

教师活动	学生活动
以“我的家乡”为案例导入	
老师来自湖南的西部。你们猜猜我来自哪里？ 我的家乡很美，美在沈从文的书里、黄永玉的画里、宋祖英的歌里，今天就让我带大家去走一走	学生猜猜老师来自什么地方
1. 投影：《我的家乡》	观看投影
2. 今天，我来到了郴州，听说这也是一个美丽迷人的地方，你们能跟我及在座的老师介绍一番吗	学生介绍自己的家乡郴州美丽风景
3. 都说百闻不如一见，我现在就迫不及待想看看你们的家乡美丽的风景了，你们有什么好办法吗	学生说出他们的好办法
新授——如何查找“我的家乡”相关信息	
4. 谁愿意上来告诉我你是怎么进行搜索查找信息的？ ① 在相关的专题网站进行查找； ② 使用搜索引擎，打开浏览器——输入网址——输入关键词。 （教师总结与讲解搜索信息的方法）	学生上台操作演示
新授——如何保存“我的家乡”图片文件	
5. 这张图片真漂亮，我想留下这张图片，谁来帮帮我？ ① 右键图片另存为；② 复制、粘贴	学生上台传授如何保存网络上的图片
6. 太谢谢了，我也来试一下。 老师按照学生教的方法进行操作。 （注：同名文件不能保存在同一目录里）你们真是太棒了	
全体学生进行上机操作	
7. 现在，请大家保存两张自己最喜欢的图片。可以是家乡的美景，也可以是家乡的美食与特产	全体学生进行保存图片的练习
8. 谁愿意把自己保存的图片和大家一起分享欣赏。 问：这是张什么图片？你为什么喜欢	展示学生的学习成果
过渡：看样子，只有图片还是不够的，我们可以给图片配上文字说明，这样就可以让全世界的朋友都了解我们家乡的风土人情。接下来，就请同学们把刚才保存的图片做一份说明，并写出你的推荐理由：你为什么选择这张图片	
知识拓展《来自家乡的报告》信息技术的应用	
9. ① 我的家乡在________，那里的________、________和________的景色都迷人。今天我给各位老师推荐一个我认为最值得一看的风景________推荐理由：______________________________。 ② 我最爱吃家乡的______________________________。 ③ 我知道家乡的土特产有__________。我想推荐他买__________，因为__________	全体学生进行《来自家乡的报告》的制作
	展示学生成果
课后总结	
10. 网络的力量太强大了，平时你们都用网络做些什么？通过这节课的学习你有什么收获与体会	学生回答
今天这节课，我们借助网络，可以更详细地了解了我们家乡的美丽。我们也可以运用网络把我们的家乡展示给全世界	

《夸夸我的家乡》来自家乡的报告：

<table>
<tr><td colspan="2">姓名：</td><td>时间：</td></tr>
<tr><td rowspan="3">来自家乡的报告</td><td colspan="2">我的家乡在__________，那里的__________、__________和__________的景色很迷人。今天我给各位老师推荐一个我认为最值得一看的风景：__________。
推荐理由：</td></tr>
<tr><td colspan="2">我最爱吃家乡的：</td></tr>
<tr><td colspan="2">我知道家乡的土特产有__________。我想推荐大家带__________，
因为__________</td></tr>
<tr><td colspan="3">学习体会、收获</td></tr>
</table>

● **主题（教材）来源：**

选自湖南省义务教育实验教科书《信息技术》六年级上册第二单元“谁不夸我家乡美——图片和影片的编辑与处理”主题中的第一个内容，湖南省教育学会编著，由湖南电子音像出版社、北京理工大学出版社以及北京师范大学出版社联合出版。

● **案例来源：**

选自吉首大学师范学院附属小学信息技术教师肖雪峰的课题教学案例，此案例曾获湖南省中小学教师赛课一等奖。

● **案例教学模式：**

案例教学模式。

● **案例教学方法：**

以讲授法、演示法为主，以观察法、练习法为辅。

● **案例简析：**

本案例是“谁不夸我家乡美——图片和影片的编辑与处理”模块中的主题内容，体现了 25 条课标内容中的“17.学会使用浏览器浏览信息、下载并保存有用信息”。围绕 6 大训练点，关注学生初步学会使用网络获取信息，与他人沟通，进而培养学生有意识地利用网络资源进行学习、发展个人的爱好和兴趣。

本案例“夸夸我的家乡——确定主题和搜索素材”主题采用案例教学模式设计，通过讲授法、演示法、观察法、练习法等多种教学方法的交叉使用，让学生明白“主题的确定和素材的搜集”。具体分析如下：

湖南省义务教育实验教科书《信息技术》六年级上册第二单元“谁不夸我家乡美——图片和影片的编辑与处理”主题由浅至深共包含六个内容：“确定主题和搜索素材”“分析整理素材”“处理图片”“制作电子相册”“裁剪合成影片”“编辑制作影片”。本案例“夸夸我的家乡——确定主题和搜索素材”是该主题的第一个内容，该内容既是“模块五：网络的简单应用”的重要内容，又是“模块六：用计算机制作多媒体作品”的基础内容，属于承上启下的内容。本案例的设计者从具体的案例入手，引导学生进行思考、讨论素材搜索、获取和保存的方法，最后得出基本的结论，使学生置身案例中，通过问答的形式形成了一定的信息素养，提高了学生的信息获取能力，并最终达到使学生在学习生活中应用的目的。《中小学信息技术课程新课标》针对小学生的网络应用技能提出的要求是：通过信息技术课程使学生具有获取信息、传输信息、处理信息和应用信息的能力，教育学生正确认识和理解与信息技术相关的文化、伦理和社会等问题，负责任地使用信息技术；培养学生良好的信息素养，把信息技术作为支持终身学习和合作学习的手段，为适应信息社会的学习、工作和生活打下必要的基础。由此可见，本案例“夸夸我的家乡——确定主题和搜索素材”的设计很好地体现了新课标的要求。

（一）对本案例教学设计的分析

教学设计是一种指导教师更有效地开展教学活动的应用技术，是上好一堂课的关键。根据教学设计的理论基础和实施方法的不同，教学设计模式分为三种基本类型：以“教”为主的教学设计模式、以“学”为主的教学设计模式、以“教师为主导、学生为主体”的教学设计模式（何克抗，1998）。本案例的教学设计属于以“教”为主的教学设计模式。

以“教”为主的教学设计是一种以行为主义理论和认知主义理论为基础，以教师为教学活动的中心，以知识的传授和习得为最终目标的教学设计。其教学活动开展的过程为：教师首先围绕某一课题进行学习者特征和学习需要分析，然后根据分析的情况规范地阐述该课题的教学目标，进而选择相应的教学内容和教学策略，最后对整个教学活动开展教学评价。本案例的教学设计正是遵循了这样的一个设计过程：教师围绕“夸夸我的家乡——确定主题和搜索素材”这一主题，根据学生的需要和特点，详细地阐述了这堂课的教学目标，选择了以“具体案例”为主的教学策略，并且通过课上的问答和课后的“来自家乡的报告”形式对学生掌握教学目标的情况进行了教学评价。

以“教”为主的教学设计其焦点在“教学”上，非常突出教师在教学过程中的主导作用。整个教学过程就是教师运用系统理论循序渐进地设计和完成的，整个教学活动过程都是在教师的组织和监控下完成的。本案例的教学从开场白的导入——对案例“我的家乡”的讲解——学生介绍自己的家乡——说出自己的好办法——老师讲解相关知识——学生上机操作——图片需配文字的过渡——知识拓展“来自家乡的报告”——最后总结，这一过程充分地体现了教师的主导作用，整个教学过程都是在教师有效组织和监控下按着原来的设计意图完成的。

以“教”为主的教学设计虽然有利于教师主导作用的发挥，有利于教师组织、监控整个教学过程，有利于教学目标的完成，有利于系统科学知识的传授，有利于学生全面打好各学科的知识基础，但是也有其自身的不足之处：由教师主宰课堂，容易忽视学生在学习过程中的主体地位，不利于激发学生的创造性思维、发散思维、批判思维和想象力。因此，为了更好地提高教学效果，激发学生的学习兴趣和动机，采用以教为主的教学设计时，要多关注教学活动的设计，根据不同的教学目标、教学内容，选用不同的教学媒体来辅助教师的讲解，努力为学生创设真实的教学情境，让学生在身临其境的任务中达到对知识的吸收与理解；除此之外，在教学过程中，教师还应该多组织学生围绕相应的内容开展讨论，让学生多自由发表其意见，在讨论的过程中激发学生的思维能力。

总的来说，以“教”为主的教学设计经过众多专家和学者几十年的深入研究和发展，已形成一套非常完整严密且具有很强实用性和可操作性的理论体系。该模式对客观事实的介绍、行为的矫正、简单认知加工任务（如规则记忆、基本事物的关联、匹配区分等）的完成、动作技能的学习，甚至问题解决技能的培养（如归类、规则的推导、程序的建立等等）等均比较适合。

（二）对本案例教学模式的分析

本案例采用的是案例教学模式。

“案例教学”最早可追溯到古希腊时期苏格拉底的“产婆术”，最主要的特点就是老师通过与学生的对话使学生获得对事物的认识，通过老师举一反三、触类旁通的提问，引发学生思考，锻炼学生思考问题的能力。所谓的“案例教学”，实际上是一种以教师预备案例为线索，师生通过对案例相关内容的分析、讨论和评价，从而获得相关知识，发展自身能力，形成良好个性品质的教学模式。

本案例正是运用了这样一种教学模式：老师根据教学任务的要求，在教学过程中以案例“我的家乡”为线索，通过对“我的家乡”案例的展示、分析以及层层递进式的提问（如，你们能跟我及在座的老师介绍一番吗？——你们有什么好办法吗？——谁愿意上来告诉我你是怎么进行搜索查找信息的？——这张图片真漂亮，我想留下这张图片，谁来帮帮我？——这是张什么图片？你为什么喜欢？——网络的力量太强大了，平时你们都用网络做些什么？等等），引导学生进行思考和讨论，从而使学生获得了通过网络查找、搜索、获取、保存并整理信息的技能，同时还培养了学生运用已有的知识分析和解决实际问题的能力，最终达到教学目标的要求。

（三）实施“案例教学”应关注的方面

1. 案例选择的基本依据

在运用“案例”进行教学的过程中，案例的好坏直接影响着案例教学的效果，因此，进行案例教学的基本前提条件是选择合适的案例。在案例的选择上我们需要依据以下几个条件：① 教学需要。案例的选择要依据教学的需要，符合教学目标的要求，能帮助教师完成教学任务。② 学生知识结构。案例的选择要考虑学生已有的知识结构，难易程度应该适应学生的发展水平。③ 教师的教学水平。案例的选择还应该考虑到教师本身的教学水平，应该选择自身水平能驾驭的案例进行教学。

2. 围绕“案例”有效地组织课堂讨论

实施案例教学的课堂中，教师应该注意有效地组织学生积极参与讨论，在师生问答和学生讨论的过程中不断吸收各种观点，从而形成各种有效的解决问题的方法。本案例中，教师通过《我的家乡》的案例，向学生展示其家乡的美景、美食、特色文化等，然后引导学生介绍自己的家乡，思考如何让老师见到自己的家乡，层层递进，不断地组织学生进行积极的讨论。在讨论和发言的过程中，教师不断地总结大家想到的办法（通过专题网站查找；使用搜索引擎搜索等）。在这一过程中，教师一定要做好“引导者”的角色，组织发动好课堂的讨论，否则会导致讨论流于形式而失去意义。

3. 注重反馈与评价、归纳与总结

实施案例教学的课堂中，教师应该对教学的全过程进行有效的归纳和评价。教师要对学生的学习、参与讨论的情况和结果及时地反馈，对教学内容及时地归纳，引导学生在课后进一步思考。本案例中，教师不断地通过“太谢谢了，我也来试一下”“你们真是太棒了”“只有图片还是不够的，我们可以给图片配上文字说明”等对学生的回答进行反馈，对教学内容进行了归纳，尤其是知识拓展部分——来自家乡的报告，既能引发学生的进一步思考，又能让学生对所学的知识加以巩固：既是对课堂教学内容的归纳总结，又是对学生掌握教学内容情况的评价。

4. 运用案例教学的原则

（1）鼓励参与原则。开展案例教学必须保证学生有积极参与的热情。首先，就选择使用的案例来讲，最好是源于生活、贴近现实生活的，这样的案例对学生来讲，有一定的吸引力：其次，在案例教学过程中，教师应时刻扮演好自己“引导者”的角色，而非“讲授者”的角色，要清晰而明确地认识到自身的角色：最后，在案例教学过程中，教师应该通过各种方式方法鼓励学生参与课堂的交流和讨论。

（2）启发性原则。案例教学要发挥出培养学生思维能力的作用，就必须使教学过程具有启发性。因此，在案例教学中，教师提出的问题以及在教学过程中对学生问题讨论的引导，都应该具有启发性，能引发学生的思考，开拓学生的视野，激发学生探索兴趣，从而形成解决问题的办法，达到预期的教学目标。

（3）适应性原则。运用案例教学不仅要满足学生和教学目标的需要，还需要适应不同的教学内容。因此，我们在选择案例进行教学时，要综合考虑教学目标、学生已有的发展水平、教学内容三者对其的影响。

第二节　小学心理健康教育

一、模块主题内容

二、模块课标要求

1. 帮助学生认识班级、学校、日常学习生活环境和基本规则。（三、心理健康教育的主要内容 6.小学低年级）

2. 初步感受学习知识的乐趣，重点是学习习惯的培养与训练。（三、心理健康教育的主要内容 6.小学低年级）

3. 培养学生礼貌友好的交往品质，乐于与老师、同学交往，在谦让、友善的交往中感受友情。（三、心理健康教育的主要内容 6.小学低年级）

4. 使学生有安全感和归属感，初步学会自我控制。（三、心理健康教育的主要内容 6.小学低年级）

5. 帮助学生适应新环境、新集体和新的学习生活，树立纪律意识、时间意识和规则意识。（三、心理健康教育的主要内容 6.小学低年级）

6. 帮助学生了解自我，认识自我。（三、心理健康教育的主要内容 6.小学中年级）

7. 初步培养学生的学习能力，激发学习兴趣和探究精神，树立自信，乐于学习。（三、心理健康教育的主要内容 6.小学中年级）

8. 树立集体意识，善于与同学、老师交往，培养自主参与各种活动的能力，以及开朗、合群、自立的健康人格。（三、心理健康教育的主要内容 6.小学中年级）

9. 引导学生在学习生活中感受解决困难的快乐，学会体验情绪并表达自己的情绪。（三、心理健康教育的主要内容 6.小学中年级）

10. 帮助学生建立正确的角色意识，培养学生对不同社会角色的适应。（三、心理健康教育的主要内容 6.小学中年级）

11. 增强时间管理意识，帮助学生正确处理学习与兴趣、娱乐之间的矛盾。（三、心理健康教育的主要内容 6.小学中年级）

12. 帮助学生正确认识自己的优缺点和兴趣爱好，在各种活动中悦纳自己。（三、心理健康教育的主要内容 6.小学高年级）

13. 着力培养学生的学习兴趣和学习能力，端正学习动机，调整学习心态，正确对待成绩，体验学习成功的乐趣。（三、心理健康教育的主要内容 6.小学高年级）

14. 开展初步的青春期教育，引导学生进行恰当的异性交往，建立和维持良好的异性同伴关系，扩大人际交往的范围。（三、心理健康教育的主要内容 6.小学高年级）

15. 帮助学生克服学习困难，正确面对厌学等负面情绪，学会恰当地、正确地体验情绪和表达情绪。（三、心理健康教育的主要内容 6.小学高年级）

16. 积极促进学生的亲社会行为，逐步认识自己与社会、国家和世界的关系。（三、心理健康教育的主要内容 6.小学高年级）

17. 培养学生分析问题和解决问题的能力，为初中阶段学习生活做好准备。（三、心理健康教育的主要内容 6.小学高年级）

三、模块训练点

依据“行为习惯”模块、“心理健康”模块及“安全教育”模块主题与课标内容，其训练点主要有：

（1）学生理解并遵守学校的规章制度。

（2）学生能积极地融入集体中，学习如何同他人相处，对集体有正确的认识。

（3）学生养成良好的学习习惯，逐步增强学习能力，学生认识并了解“自我”。

（4）学生认识情绪并学会控制自己的情绪。

（5）学生正确认识困难，学会如何解决困难。

（6）学生认识到生命的珍贵，珍惜自己的生命。

（7）学生能够辨别危险，学会如何保护自己。

四、模块教学案例简析

● 案例三

了解真实的自己①

执教人：朱志鹏

案例 3～5

（一）教学目标

1. 知识与技能目标：理解自我的概念。

2. 过程与方法目标：通过学习深入了解自我。

3. 情感态度与价值观目标：学会客观评价自己，肯定自己的优点，也意识到自己的缺点。

（二）教学重点

通过对生理自我、社会自我、心理自我的学习探究，深入了解自我。

（三）教学难点

学会客观评价自己，肯定自己的优点，也意识到自己的缺点。

（四）教学过程

1. 活动导入。

老师：同学们，请大家拿出小镜子照一照，问问自己，我是谁？我是什么样的一个人？把想到的答案和大家分享一下。

学生：（回答）

老师：大家都说了很多很多关于自己的事情，十分有趣。今天，我们就通过几个小活动来探究“我是谁？”这个问题。

2. 新课新授。

活动一　我的成长信息

---

① 俞国良主编：《心理健康》（五年级上册），北京师范大学出版社，2013 版第 16-20 页。

老师：过了一个暑假，同学们回到学校，大家相互仔细端详一下，有没有发现自己或别人有什么变化？比如外貌、身高、发型、性格等，把自己和同桌的成长信息写下来。

（学生写完）

老师：接下来，请同桌之间交流，自己写的成长信息和同桌观察到的一致吗？哪些是你没有发现的？

学生：有的是外貌，有的是性格。

老师：很好，其实我们认识自己，一般都是从三个方面去认识：生理上、社会上、心理上。大家在书上把相关内容画出来。现在大家知道我们从哪几个方面去认识自己了吗？

学生：知道了。

老师：接下来我们开展另一个活动。

活动二　我是谁

老师：我们知道该怎么去认识自己，那么你知道自己有哪些特点吗？你能用一些形容词来描述自己吗？从书上给出的形容词检核表中找出形容自己的词语，并模仿例句，在白纸上写出十句话。注意，一定要写出最真实的自己。

（学生写完）

老师：接下来，老师请几个同学和大家分享一下，他们是如何认识自己的。

学生：（回答）

老师：很好，刚才这些同学分享的自己，既有优点，也有缺点。能做到这一点很棒，说明大家都能客观地评价自己。那么我们要如何对待自己的优点和缺点呢？结合书上的内容，大家讨论一下，告诉老师。

学生：（回答）

老师：大家说的都有道理，其实要正确对待自己的优点和缺点，就要做到以下几点。要了解自己的优点和缺点；要和信任的成年人一起分析自己的优点和缺点；要时刻意识到自己的缺点；请信任的成年人不断督促自己改正缺点。

3. 复习巩固。

老师：今天我们学习了如何认识自我，大家知道要从哪三个方面认识自我的特点吗？

学生：生理上、心理上、社会上。

老师：我们每个人都有优点和缺点，我们要如何正确对待自己的优点和缺点呢？

学生：要了解自己的优点和缺点；要和信任的成年人一起分析自己的优点和缺点；要时刻意识到自己的缺点；请信任的成年人不断督促自己改正缺点。

4. 拓展提升。

老师：通过今天的学习，大家学会了如何去认识自己，评价自己，那么老师布置一个课后作业。下课后准备三张纸，一张给自己，一张给同学，一张给自己的父母，分别写出自己的两个优点和一个缺点，比较一下有哪些不同？和爸爸妈妈一起把大家说的优点和缺点总结一下。下课。

● **主题来源：**

选自北京师范大学出版社《心理健康》（五年级上册）第一课“了解真实的自己”。

● **案例来源：**

本案例是吉首大学师范学院附小朱志鹏教师的一节活动课。

● **案例教学模式：**

活动式教学模式。

● **案例教学方法：**

活动法、小组合作法。

● **案例简析：**

本案例体现了《中小学心理健康教育指导纲要（2012 年修订）》中“小学高年级学生正确认识自己的优缺点和兴趣爱好，在各种活动中悦纳自己”的要求。

本案例“了解真实的自己”采用活动法教学模式，活动法、小组合作法等多种教学方法综合运用，让学生认识自己的优缺点。首先通过活动一“我的成长信息”，让学生从不同方面了解自我，达成知识目标。其次通过活动二“我是谁”，借助小组合作探究，让学生达成能力目标和情感目标。最后通过老师的总结拓展，让学生认识到如何正确对待自己的优点和缺点。

本案例设计思路：五年级儿童自我意识强烈却没有正确认识自己的能力，常常只接受好的评价，不接受坏的评价。“了解真实的自己”的活动教学模式设计，让学生明白自我有很多方面，有优点也有缺点，都是自我的一部分，我们应当正确对待优点和缺点。

● **案例四**

学会彬彬有礼①

执教人：朱志鹏

案例 3～5

（一）教学目标

1. 知识与技能目标：明白什么是文明的行为。

2. 过程与方法目标：在生活中学会与他人文明相处。

3. 情感态度与价值观目标：理解对他人文明才能让自己快乐，自发做一个文明的小学生。

（二）教学重点

在生活中学会与他人文明相处。

（三）教学难点

理解对他人文明才能让自己快乐，自发做一个文明的小学生。

（四）教学过程

1. 图片导入。

老师：大家看看黑板上的四幅图，看完后请一个同学告诉老师，这四幅图讲了一个什么故事。

学生：张明对待同学很凶，推同学，抢同学的东西，结果大家都不理张明。

老师：很好，看过了图片后，老师有几个问题问大家，第一个问题是，为什么大家都不理睬张明呢？

学生：因为张明对其他人很凶（类似皆可）。

① 俞国良主编：《心理健康》（二年级上册），北京师范大学出版社，2013 版第 42-49 页。

老师：大家回答得很棒，我们现在知道张明对人很凶。那么第二个问题，如果你遇到张明这样的同学，你会有什么感觉？

学生：我会觉得很不开心。（类似即可）

老师：是的，我们都会觉得不开心。那么，假如你是张明，你会怎么做呢？

学生：我会道歉，再也不这样了。

老师：大家说得非常正确，我们刚才看到张明的行为，就是不文明的行为，大家刚刚讨论的时候也知道了，不文明的行为会让他人不开心，别人就不愿意理会你。那么我们应该做一个怎样的人呢？

学生：做一个文明的人。

2. 新课新授。

（1）游戏：演一演。

老师：同学们回答得很好，那么我们怎样才能做一个文明的人呢？接下来老师和大家玩一个游戏，游戏的名字叫“演一演”，就是让大家表演如何做一个文明的人。书上有四个情景，同学们一起告诉我，是哪四个情境？

学生：向同桌借橡皮时该怎么说？路上碰见老师该怎么做？想让妈妈帮我倒杯水怎么说？公交车上自己座位旁有位老奶奶站着要怎么做？

老师：大家找得很准确。现在，每两个同学为一个小组，每个小组选择其中一个情景准备，然后上台表演。注意表演的时候要分清楚角色，可发挥自己的想象力设计台词，但一定要体现文明的行为。

学生准备，老师下场予以指导。（5 分钟）

学生表演，老师予以鼓励。（15 分钟）

老师：刚才表演中大家的表现都非常棒，说明大家都知道如何去做一个文明的孩子，那么接下来，请大家读一读书上的故事，想一想，为什么我们要做一个文明的孩子呢？

（2）讨论：想一想。

老师：刚才表演中大家的表现都非常棒，说明大家都知道如何去做一个文明的孩子，那么接下来，请大家读一读书上的故事，想一想，故事讲了哪几件事？

学生：故事讲了三件事，第一件事是岳飞礼貌待人，得到了别人的帮助；第二件事是我犯了错，因为有礼貌被原谅；第三件事是我礼貌待人，我觉得很快乐。

老师：仔细思考这几个故事，和同学讨论一下，为什么我们要礼貌待人呢？

学生：（回答）

老师：因为礼貌待人可以获得他人帮助，礼貌待人可以获得他人谅解，礼貌待人还能让自己获得快乐。这就是我们要礼貌待人的原因。

3. 拓展提升。

老师：今天我们学习了礼貌待人，那么希望大家可以把今天所学的内容用到生活中去，想一想和同桌之间怎样提出请求，怎样表达感谢，怎样道歉。老师布置一个课后作业，就是回家之后，吃饭的时候对爸爸妈妈说：“爸爸妈妈你们辛苦了。”

● **主题来源：**

选自北京师范大学出版社《心理健康》（二年级上册）第十课“学会彬彬有礼”。

● **案例来源：**

本案例是吉大师院附小朱志鹏教师的一节活动课。

● **案例教学模式：**

游戏式教学模式。

● **案例教学方法：**

游戏法、讨论法。

● **案例简析：**

本案例体现了《中小学心理健康教育指导纲要（2012 年修订）》中“小学低年级学生要培养礼貌友好的交往品质，乐于与老师、同学交往，在谦让、友善的交往中感受友情”的要求。

本案例“学会彬彬有礼”采用游戏法教学模式设计，通过游戏法、讨论法等多种教学方法的综合运用，让学生明白如何去做一个文明的学生。首先通过游戏“演一演”，让学生切实地体会什么是文明的行为，达成知识目标。其次通过“想一想”，借助小组讨论，明白为什么要礼貌待人，让学生达成能力目标和情感目标。最后通过老师的总结拓展，让学生意识到在生活中应当时刻礼貌待人。

本案例设计思路：二年级儿童与人交往常常以自我为中心，只在意自己的快乐与否，不管他人是不是喜欢，缺乏礼貌待人的思想。“学会彬彬有礼”的游戏教学模式设计，适合二年级学生的身心发展特点，让学生在游戏中学会礼貌待人，并明白礼貌待人对自己是有利的。

● **案例五**

案例 3～5

培养责任心[①]

执教人：朱志鹏

（一）教学目标

1. 知识与技能目标：理解什么是责任心。

2. 过程与方法目标：分清哪些是有责任心的行为，哪些不是。

3. 情感态度与价值观目标：做一个有责任心的小学生。

（二）教学重点

分清哪些是有责任心的行为，哪些不是。

（三）教学难点

做一个有责任心的小学生。

（四）教学过程

1. 故事导入。

老师：今天我们学习“培养责任心”这一课。首先，请一个同学读一读课本上的故事，其他同学认真听，思考一个问题，文中班长所说的责任体现在哪些方面？

学生：朗读（回答）。

老师：那么，是不是只有班长才有责任呢？

① 俞国良主编：《心理健康》（四年级下册）北京师范大学出版社，2013 版第 23-28 页。

学生：不是。

老师：接下来我们就一起学习，什么是责任？我们有什么责任？要怎么做？

2. 新课新授。

（1）体验学习。

老师：阅读文中“心灵港湾”部分，总结责任心包括哪几个方面。

学生：两个方面，一个是对自己负责，一个是对自己所在的团体负责。

老师：作为小学生，如何对自己负责？如何对自己所在的团体负责？和同桌讨论讨论。

学生：对自己负责就是好好学习（树立崇高理想）；对团体负责就是为班级着想，把班级当作自己生活的一部分（让自己获得其他人的认可）。

老师：现在大家知道了什么是责任心，接下来，我们一起做几个活动，通过活动帮助大家分辨什么是有责任心的行为，什么不是。

（2）体验一：想一想。

老师：（在屏幕上显示）这是书上的几句话，大家读一读，然后回答下面的问题。

① 你觉得这些话对吗？为什么？

② 你讲过类似的话吗？讲的时候有什么感觉？

③ 以后碰到类似的情况，你应该怎么说？

给大家五分钟的讨论时间，把你的答案写在书上，然后请几个同学和大家分享。

学生：我认为不对，因为这些事情是我们自己的事情，不能把别人当作借口。我也说过，我说的时候感觉很愧疚。我以后不会再把自己的责任推给别人，而是好好承担自己该做的事情。（类似即可）

老师：说得很棒，接下来我们看看别人是怎么做的，你是否同意。

体验二：选一选。

老师：书本上给我们三件事请，每件事都有三种解决方案，认真思考，选择你认为正确的解决方案，并说一说你选择的原因。

学生：回答。（每一题可选三人，时间控制在三至四分钟，共十分钟左右。答案不唯一，但需引导学生理解责任心）

老师：通过刚才的活动，相信大家已经能够分辨哪些是有责任心的活动，哪些不是。我们看看书上的方法指南。

3. 拓展提升。

老师：书上告诉我们，培养责任心的方法有哪几种？

学生：五种。第一，从我做起；第二，对自己的行为负责；第三，关心集体；第四，关心国家大事：第五，有远大理想。

老师：希望大家能够记住这些方法。老师布置一个课后作业，回家之后，结合今天所学，和父母一起讨论，要如何培养自己的责任心？制定一个计划表。今天的课就到这里，下课。

● **主题来源：**

选自北京师范大学出版社《心理健康》（四年级下册）第二十三课“培养责任心”。

● **案例来源：**

本案例是吉首大学师范学院附小朱志鹏教师的一节活动课。

● **案例教学模式：**

体验式教学模式。

● **案例教学方法：**

活动法、讨论法。

● **案例简析：**

本案例体现了《中小学心理健康教育指导纲要（2012年修订）》中“小学中年级学生要培养学生了解自我，认识自我；树立集体意识，善于与同学老师交往，培养自主参与各种活动能力，以及开朗、合群、自立的健康人格”的要求。

本案例“培养责任心”采用活动法教学模式，活动法、讨论法等多种教学方法的综合运用，让学生明白如何去做一个有责任心的学生。首先，通过游戏“知识学习”，让学生明白什么是责任心，责任心有哪几个部分，达成知识目标。其次，通过活动“想一想”和“选一选”，借助小组讨论，让学生明白哪些行为是有责任心的表现，哪些行为是没有责任心的表现，让学生达成能力目标和情感目标。最后通过老师的总结拓展，让学生意识到在生活中应当怎样培养自己的责任心。

本案例设计思路：四年级儿童已经能够独立地处理一些简单的事情和人际关系，但本能地又十分依赖大人的帮助，常常把自己的事情当作是父母和旁人的事情。通过本课学习和活动讨论，让学生自我反省，自发地明白有些事情是自己的事情，应该自己承担。

参考文献

[1] 吴中豪. 小学语文课程与教学[M]. 北京：中国人民大学出版社，2010.

[2] 教育部基础教育课程教材专家工作委员会. 义务教育语文课程标准（2011 年版）解读[M]. 北京：高等教育出版社，2012.

[3] 吴中豪. 从教课文到教语文[M]. 北京：高等教育出版社，2012.

[4] 陈树民. 汉字特殊功能与教学创新[M]. 南京：南京大学出版社，2010.

[5] 赵镜中. 提升阅读力的教与学[M]. 台北万卷楼图书股份有限公司，2011.

[6] 薛发根. 为言语智能而教——薛发根与语文组块教学[M]. 北京：教育科学出版社，2014.

[7] 王漫. 语文新课程教学与教师成长[M]. 北京：中国人民大学出版社，2009.

[8] 肖川. 名师备课经验：语文卷[M]. 北京：教育科学出版社，2006.

[9] 王守恒. 小学语文课程与教学[M]. 北京：人民教育出版社，2006.

[10] 孙绍振. 批判与探寻：文本中心的突围和构建[M]. 济南：山东教育出版社，2012.

[11] 胡方奇. 从思维训练角度解析小学口语交际课主要类型[J]. 语文学刊，2011.

[12] 刘济远. 小学语文教学策略[M]. 北京：北京师范大学出版社，2010.

[13] 那炜筠. 小学语文课程资源的开发和利用[J]. 内蒙古师范大学学报：教科版，2008.

[14] 蒋蓉. 语文教育新论[M]. 长沙：中南大学出版社，2003.

[15] 王宁. 核心素养与语文课程[J]. 人大复印报刊资料，2017（1）.

[16] 李松林. 回到课堂原点的深度教学[J]. 基础教育参考. 2015,（16）.

[17] 钟东平,张朝明,蔡艳华,蒋群."用字母表示数"教学研究报告[J]. 湖南教育(下). 2013（03）.

[18] 中华人民共和国教育部. 义务教育数学课程标准：2011 年版[M]. 北京：北京师范大学出版社，2012.

[19] 马云鹏. 小学数学教学论[M]. 北京：人民教育出版社，2013.

[20] 黄翔. 数学课程标准中的十个核心概念[J]. 数学教育学报，2012（4）.

[21] 史宁中. 基本概念与运算法则——小学数学教学中的核心问题[M]. 北京：高等教育出版社，2013.

[22] 王永春. 小学数学与数学思想方法[M]. 上海：华东师范大学出版社，2014.

[23] 吴正宪，张秋爽，李惠玲. 和吴正宪老师一起读数学新课标[M]. 北京：教育科学出版社，2013.

[24] 张丹，小学数学教学策略[M]. 北京：北京师范大学出版社，2010.

[25] 陈雪梅，高红志，刘月艳. 小学数学课程与教学论[M]. 北京：北京师范大学出版社，2016：228.

[26] 中华人民共和国教育部. 义务教育英语课程标准：2011 年版[M]. 北京：北京师范大学出版社，2012.

[27] 安妮鲜花. 不能错过的英语启蒙——中国孩子的英语路线图[M]. 北京：外语教学

与研究出版社，2011.
[28] 屠蓓. 英语语音[M]. 北京：外语教学与研究出版社，2000.
[29] 田佩. 星教师·小学英语 2016TOP10 年度创新教学设计[M]. 蒲公英教育智库，2016.
[30] 章思英. 柯林斯少儿英汉汉英词典[M]. 北京：外语教学与研究出版社，2007.
[31] [美]威廉 H 麦加菲. 美国语文 1[M]. 赵燕飞，邱匀，译. 北京：北京理工大学出版社，2015. 9.
[32] 刘锐诚. 学生实用英语高考必备[M]. 北京：中国青年出版社，2011.
[33] [英]亚历山大，何其莘. 朗文. 外研社新概念英语 1[M]. 北京：外语教学与研究出版社，1997. 10（2016. 12 第 194 次印刷）.
[34] 雷升甜. 探讨小学美术教育中的色彩教学[J]. 时代教育，2015（24）：263.
[35] 李志辉. 小学美术教育中的色彩教学思考[J]. 科学中国人，2016（08）：274.
[36] 中华人民共和国教育部. 品德与生活课程标准[M]. 北京：北京师范大学出版社 2002.
[37] 中华人民共和国教育部. 品德与社会课程标准：实验稿[M]. 北京：北京师范大学出版社，2002.
[38] [美]斯塔弗尔比姆. 方案评价的 CIPP 模式[A]. 陈玉琨译，施良方校. 瞿葆奎教育学文集·教育评价[M]. 北京：人民教育出版社，1984.
[39] 苏霍姆林斯基. 给教师的建议[M]. 北京：教育出版社，2006.
[40] 王清平. 放眼生命的成长——品德与生活、品德与社会教学新视野[M]. 广州：广东教育出版社，2005.
[41] 张茂聪. 品德与社会教育导论[M]. 济南：山东教育出版社，2006.
[42] 张茂聪. 小学品德与社会课程标准研究与实施[M]. 济南：山东教育出版社，2005.
[43] 鲁洁. 再论“品德与生活”“品德与社会”向生活世界的回归[J]. 教育研究与实验，2004.
[44] 孙秀芹. 莫让新课程走入误区——《品德与生活》课程中几种现象的反思[J]. 山东教育，2004.
[45] 刘明远. 21 世纪，谁来教综合课——谈新课程结构的重建[M]. 北京：北京大学出版社，2002.
[46] [法]卢梭. 爱弥儿[M]. 李平沤，译. 北京：人民教育出版社，2001.
[47] 李稚勇，任京民. 论美国社会科课程标准之修订——兼论美国社会科发展趋势全球教育展望[J]. 教程·教材·教法，2009.
[48] 李稚勇. 美国中小学社会科课程的百年之争——美国社会科课程发展的生机与活力[J]. 课程·教材·教法，2008.
[49] 任京民. 美国社会科课程理念与课堂教学的关系[J]. 外国中小学教育，2008.
[50] 戚万学，等. 品德与生活：一年级（上册）[M]. 北京：教育科学出版社，2011.
[51] 戚万学，等. 品德与生活：一年级（下册）[M]. 北京：教育科学出版社，2011.
[52] 戚万学，等. 品德与生活：二年级（上册）[M]. 北京：教育科学出版社，2011.
[53] 戚万学，等. 品德与生活：二年级（下册）[M]. 北京：教育科学出版社，2011.
[54] 戚万学，等. 品德与社会：三年级（上册）[M]. 北京：教育科学出版社，2011.
[55] 戚万学，等. 品德与社会：三年级（下册）[M]. 北京：教育科学出版社，2011.

[56] 戚万学，等. 品德与社会：四年级（上册）[M]. 北京：教育科学出版社，2011.
[57] 戚万学，等. 品德与社会：四年级（下册）[M]. 北京：教育科学出版社，2011.
[58] 戚万学，等. 品德与社会：五年级（上册）[M]. 北京：教育科学出版社，2011.
[59] 戚万学，等. 品德与社会：五年级（下册）[M]. 北京：教育科学出版社，2011.
[60] 戚万学，等. 品德与社会：六年级（上册）[M]. 北京：教育科学出版社，2011.
[61] 戚万学，等. 品德与社会：六年级（下册）[M]. 北京：教育科学出版社，2011.
[62] 张茂聪. 品德与生活（社会）新课程教学法[M]. 北京：开明出版社，2003.
[63] 戚万学，等. 品德与生活教师教学用书：一年级（上册）[M]. 北京：教育科学出版社，2001.
[64] 戚万学，等. 品德与生活教师教学用书：一年级（下册）[M]. 北京：教育科学出版社，2001.
[65] 黄建平，等. 品德与生活教师教学用书：二年级（上册）[M]. 北京：教育科学出版社，2001.
[66] 黄建平，等. 品德与生活教师教学用书：二年级（下册）[M]. 北京：教育科学出版社，2001.
[67] 戚万学，等. 品德与社会教师教学用书：三年级（上册）[M]. 北京：教育科学出版社，2001.
[68] 戚万学，等. 品德与社会教师教学用书：三年级（下册）[M]. 北京：教育科学出版社，2001.
[69] 戚万学，等. 品德与社会教师教学用书：四年级（上册）[M]. 北京：教育科学出版社，2001.
[70] 戚万学，等. 品德与社会教师教学用书：四年级（下册）[M]. 北京：教育科学出版社，2001.
[71] 戚万学，等. 品德与社会教师教学用书：五年级（上册）[M]. 北京：教育科学出版社，2001.
[72] 戚万学，等. 品德与社会教师教学用书：五年级（下册）[M]. 北京：教育科学出版社，2001.
[73] 戚万学，等. 品德与社会教师教学用书：六年级（上册）[M]. 北京：教育科学出版社，2001.
[74] 戚万学，等. 品德与社会教师教学用书：六年级（下册）[M]. 北京：教育科学出版社，2001.
[75] JAMES P SHAVER JAMES: Michener and the Historical Future of Social Studies. In: Social Education 59(7)1955.

后记：学从“案”中来

两年多的写作终于圆满收官，此刻的小学课堂教学案例研究团队长长地吁了一口气。从组建团队到研究计划制订，我们相伴相随；从书稿目录编制到写作模块规划，我们一路风尘；从课堂案例选编到数字化内容呈现，我们潜心钻研。走过春夏秋冬，踏过黎明黑夜，终于完成了这本《小学课堂教学案例分析》。

学有千般，案有万例，学从“案”中来。依学定教，是永恒不变的课堂教学主旋律。案例教学是最有效的学习范式，在各种大大小小的案例海洋中，徜徉知识的美妙。为无识者给力，替半识者加瓦，让丰识者添花。集小趣为大趣，垒小案为大案，纂小法为大法。在教学过程中采用课堂实例分析、案例专题讨论、现场案例教学等多种方式，通过引导学生研究和分析案例，生动形象地解释某个学习内容，深刻揭示其内涵。案例教学分为确立案例主题、阅读案例、讨论案例、分析案例和得出结论等五大环节。在案例教学中，学生的自主学习能力、阅读分析能力和逻辑思辨能力都能得到实实在在的提升和发展。

一支团队就是一个人，一个人就是一支团队，我们相信团结就是力量，我们坚信用心付出就会有所收获。我们的团队有学富五车的高校教师，更有才高八斗的小学一线教师，高校与小学的对接成就了我们永远的情怀。《小学课堂教学案例分析》书稿第一章绪论，由刘艳芳老师完成；第二章小学语文教学案例，由周露芳、龙琳老师完成；第三章小学数学教学案例，由石艳平、罗啸老师完成；第四章小学英语教学案例，由王芸、刘艳芳老师完成；第五章小学音体美教学案例，由汪鑫、刘艳芳老师完成；第六章小学道德与法治和科学教学案例，由刘艳芳、向芬、徐桂荣老师完成；第七章小学其他学科教学案例，由刘小娟、朱志鹏老师完成；后记由刘艳芳老师完成。所有书稿的统筹和审稿最后由刘艳芳、杨华等老师完成，各个学科的数字化素材则由朱志鹏老师审定完成。

腹有诗书气自华，唯有不辜负，方能归初心。《小学课堂教学案例分析》得以顺利出版，感念各位同仁的鼎力相助，感恩吉首大学师范学院领导的大力支持，感谢西南交大出版社的倾心尽力！

刘艳芳　于吉首

2019 年 8 月 25 日